www.ajin.to

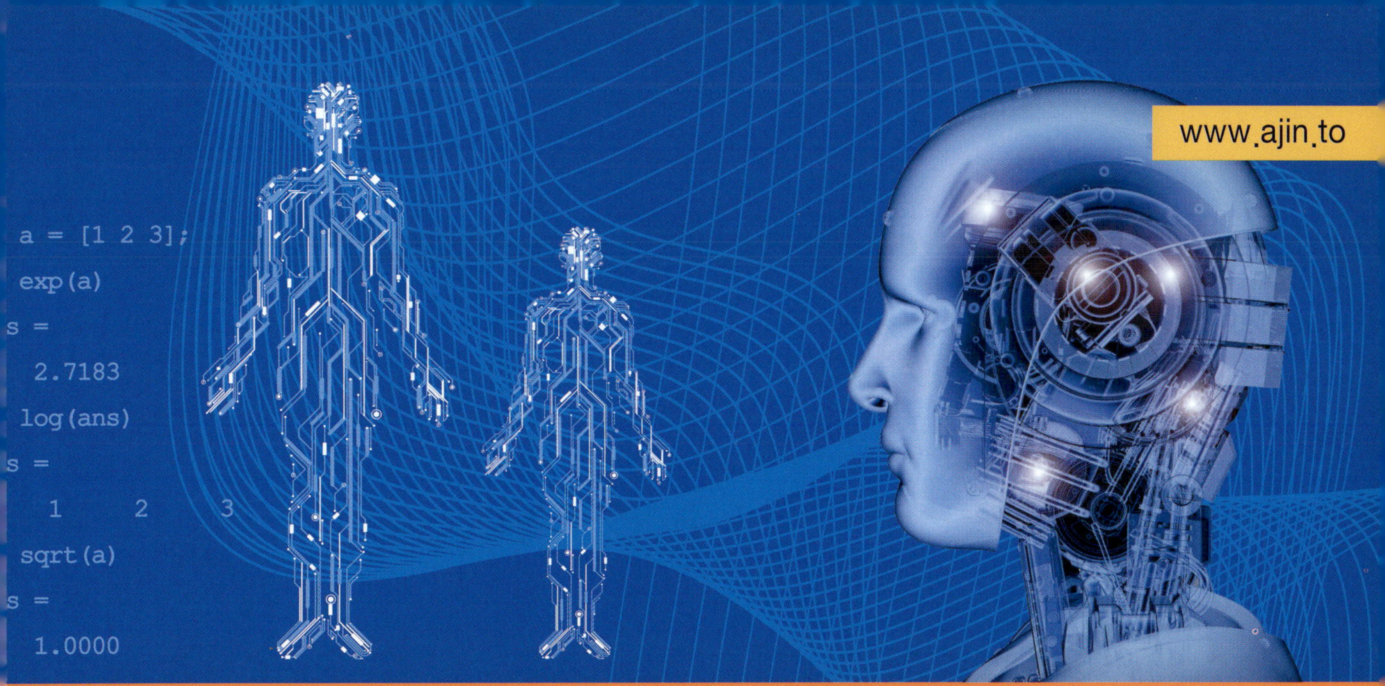

Simulink®를 배우자

이영준 저

A-JIN 도서출판 아진

"내가 가는 길을 그가 아시나니 그가 나를 단련하신 후에는
내가 순금 같이 되어 나오리라 (욥23 : 10)"

머리말

처음 Simulink 관련 책을 내고 벌써 5년이 넘었습니다. 그 사이에 Simulink에는 많은 기능이 추가 되었고, 그 기능들을 소개하기 위해서 책을 새롭게 쓰기 시작한게 벌써 1년이네요. 여러 가지 사정으로 책을 쓰는 일이 많이 늦어 졌습니다. Simulink의 UI는 가장 큰 변화가 R2012b 버전에 있었습니다. 좀 더 현대적인 형태로 변경되었으며, 지속적으로 사용자에게 모델링을 편리하게 할 수 있는 기능을 추가하고 있습니다. UI에 큰틀에 변화는 없지만, 사용자가 좀 더 효율적으로 빠르게 모델링을 할 수 있도록 다양한 기능을 추가하고 있으니, 새로운 버전이 나오면 기능을 배워 볼 필요가 있습니다.

Simulink는 대학생들이 제어 수업 시간에 배우는 것을 넘어서 임베디드 시스템 개발과 높은 신뢰도를 요하는 국방/항공(DO-178C), 자동차(ISO 26262), 철도(EN 50128), 의료 기계(IEC 62304)에 소프트웨어 개발에 많이 사용되고 있습니다. 이는 모델 기반 설계를 바탕으로 개발을 할 때 기본 플랫폼처럼 사용되는 제품이기 때문입니다. 실제 개발시에는 모델링에 추가해서 다양한 형태의 검증과 자동 C/C++ 코드 생성등으로 현장에서 많이 사용되고 있습니다.

인공지능과 같이 많은 데이터를 필요로 하는 요즘 데이터를 측정하기 위한 다양한 IoT 기기를 만들기 위한 하드웨어가 많습니다. 간단하게 사용되는 Arduino, Raspberry PI, LEGO Mindstorm EV3 등과 같은 하드웨어를 제어하는 알고리즘을 쉽게 구현해서 제어하도록 Simulink에서는 Target Support Package를 제공합니다.

Simulink는 취미를 위한 사용자부터 양산 제품 개발, 그리고 높은 신뢰도가 요구되는 시스템 개발까지 다양하게 사용될 수 있습니다.

책의 내용은 이러한 Simulink의 기본 개념적인 설명에 치중하고 UI에 대한 설명은 메뉴를 제외하고는 최소화 했습니다. 버전 사이에 차이를 최소화 하고 기본을 배울 수 있도록 구성이 되어 있으니, Simulink의 가장 기본적인 내용이라고 생각하시면 되겠습니다.

책을 시작해서부터 지금까지 기다려주신 아진 출판사의 김근배 사장님과, 매스웍스 코리아에 이종민 사장님과 직원들, 책을 출판하기까지 많은 도움을 주신 모든 분들에게 감사 인사를 드리고 싶습니다. 일일이 그 이름을 다 쓰지 못함을 양해 해 주리라 믿습니다.

마지막으로 사랑하는 어머님과 가족들, 그리고 지금은 세상에 계시지 않지만, 항상 저를 걱정하고 염려해 주신 할머니에게 이 책을 바칩니다.

이영준 드림

차 례

Chapter 1

Simulink 모델을 만들어 보자

1.1 기본적인 Simulink 모델 작성 및 실행

1.1.1 MATLAB과 Simulink

Simulink를 실행하기 위해서는 먼저 MATLAB을 실행해야 한다. MATLAB은 매스웍스 모든 제품의 가장 기본적인 제품으로 모든 매스웍스 제품은 MATLAB을 기반으로 동작한다. 때문에 Simulink를 실행할때도 MATLAB 환경에서 실행한다. MATLAB 환경은 그림 (1.1)과 같다.

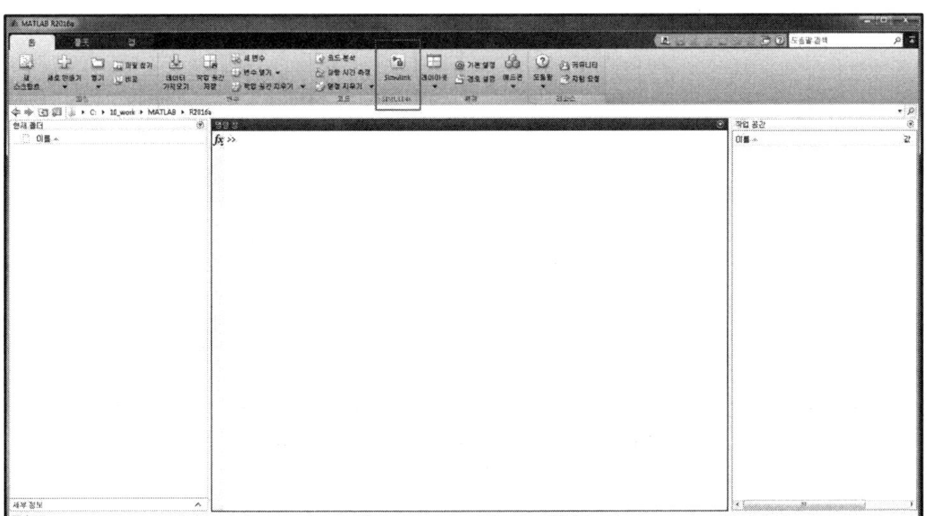

그림 1.1: MATLAB 환경

MATLAB의 경우 R2013b 버전부터 한글화가 진행되고 있다. 한글화는 기본적으로 MATLAB 관련 문서들부터 한글화를 하고 있으나, MATLAB의 데스크탑 환경의 경우 한글화가 거의 끝났다. MATLAB에서 명령어 실행은 그림 (1.1)에서 보는 것처럼 명령 창에 MATLAB의 명령어를 입력하고 엔터키를 누르는 순간에 명령어가 실행된다. MATLAB의 다양한 활용법은 이 책의 범주를 넘어서니 그 내용은 다른 책에서 설명하기로 하고, 여기서는 Simulink를 실행하는 방법을 알아 보겠다.

Simulink를 실행시키는 방법은 크게 두 가지가 있다. 첫 번째는 그림 (1.1) 메뉴의 중간에 있는 "Simulink" 아이콘을 클릭하거나, "명령 창"에 simulink를 입력하고 엔터키를 누른다. 두 경우 모두 그림 (1.2)처럼 Simulink Start Page라는 일종의 시작하기 화면을 보여준다.[1] New 탭과 Examples 탭을 이용하여 Simulink에서 원하는 모델을 열거나 다양한 예를 모델을 오픈해서 볼 수 있다.

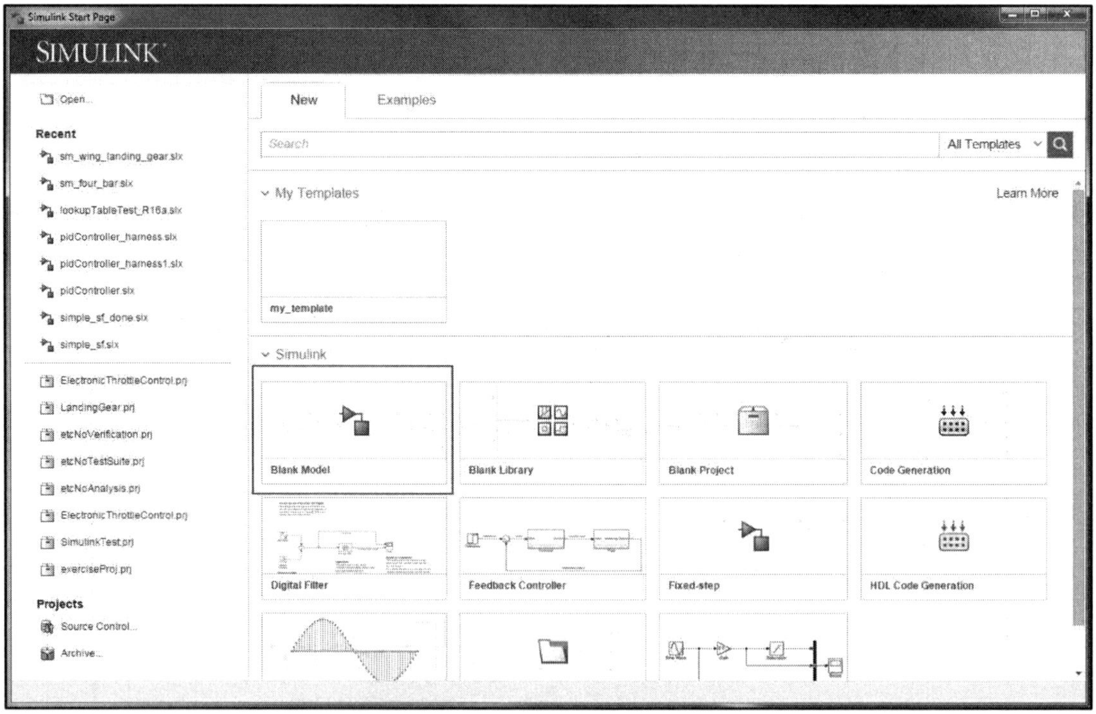

그림 1.2: Simulink Start Page

---

1) Simulink Start Page는 R2016a 버전부터 사용가능하며, 그 이전 버전에는 Simulink Library Browser가 바로 실행되었다.

Simulink로 모델을 만들려면 중간에 있는 Blank Model을 클릭하여, 그림 (1.3) 과 같이 모델 에디터가 오픈되며, 여기에 블록을 이용하여 모델링을 하게 된다. 기본적인 블록은 Simulink Library Browser에 있는 기본 라이브러리를 이용하게 된다.

이와 같이 비어 있는 모델 에디터를 오픈해서 모델링하는 방법이 있는 반면에 이미 모델의 이름을 알고 있으면, 그 모델 이름을 MATLAB의 명령창에 입력해서 실행하는 방법도 있다.

기본 블록을 이용하기 위해서는 Simulink Library Browser를 실행해서 사용해야 하는데, Simulink Library Browser를 실행하기 위해서는 그림 (1.3)에서 빨간 박스 안에 있는 아이콘을 클릭하면 된다.

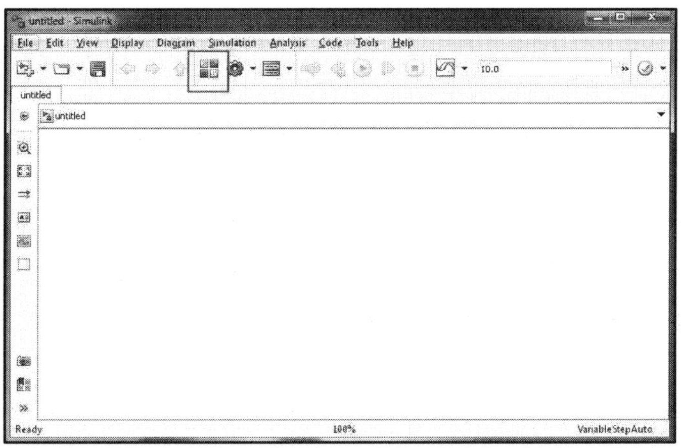

그림 1.3: 모델 에디터

1.1.2 Simulink Library Browser와 기본 라이브러리

그림 (1.4)와 같이 Simulink Library Browser의 경우 유저가 구매한 제품에 따라서 해당되는 블록 라이브러리를 보여 준다. 유저가 Simulink만 구매한 경우라도 모델링에 필요한 기본적인 블록은 모두 제공하고 있다. 특정 분야에서 꼭 필요한 블록들의 경우 블록들을 모아서 라이브러리 형태로 따로 판매를 하니 필요한 경우는 라이브러리를 구매하는 것이 훨씬 편하고 정확한 모델링을 할 수 있을 것이다. 본 책에서는 Simulink의 기본 라이브러리만을 이용해서 모델링하는 방법을 설명할 것이다.

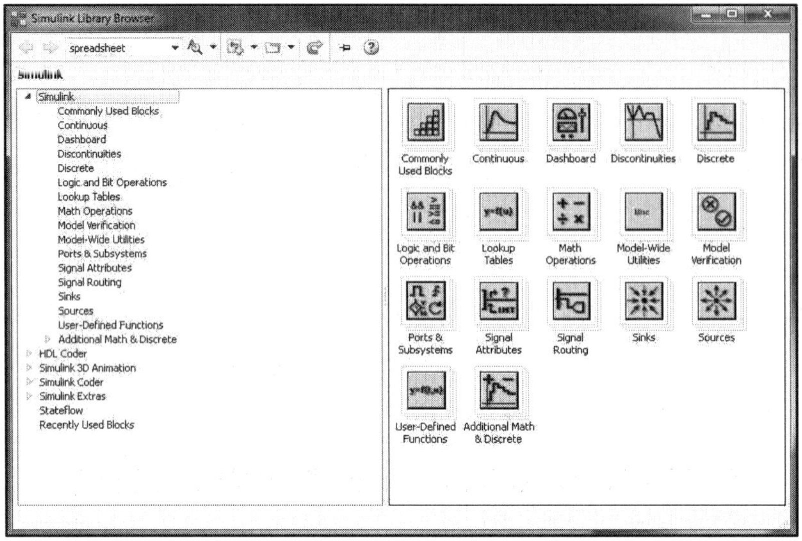

그림 1.4: Simulink Library Browser

그림 (1.4)에서 보는 바와 같이 Simulink 라이브러리는 총 17개의 카테고리를 가지고 있다. 각각을 간단하게 설명하자면 다음과 같다. 아래 설명중에 시그널을 언급했는데, 이 부분은 나중에 따로 설명하겠다.

Commonly Used Blocks 유저들이 자주 쓰는 블록들을 카테고리 상관 없이 모아 놓았다.

Continuous 연속 시스템을 모델링하는데 필요한 블록들이 있다. 대표적으로 Integrator 블록이나 Transfer Fcn 블록과 PID Controller 블록등이 있다.

Dashboard 게이지, 램프 등과 같이 결과를 보여 주는데 사용할 수 있는 블록과 스위치, 노브와 같이 시뮬레이션 도중에 값을 변경할 수 있게 하는 블록들이 있어서 Simulink에서 HMI(Human Machine Interface)를 구현할 수 있는 블록들이 있다.

Discontinuities 불연속을 구현할 수 있도록 Backlash, Dead Zone, Saturation 블록등이 있다.

Discrete 이산(discrete) 시스템 모델링을 위해 필요한 블록들이 있으며, Difference, Discrete PID Controller, Discrete Transfer Fcn 블록등이 있다.

Logic and Bit Operations 비트 단위의 조정이나 혹은 관계식으로 크다 작다등을 표현 하기 위한 블록들이 있으며, 대표적인 블록들이 Bitwise Operator, Logical Operator, Relational Operator 블록등이다.

Lookup Tables 룩업 테이블을 사용할 경우 사용할 블록들이 있으며, 값 사이에 계산을 어떤 보간법을 사용할지에 대한 것들도 옵션으로 줄 수 있다.

Math Operations 덧셈, 뺄셈등을 포함한 거의 모든 수학적인 연산 기호를 블록으로 제공 한다. 또한 sqrt, sin/cos 등과 같은 함수들도 블록으로 제공한다.

Model Verification 시뮬레이션 도중에 특정 값을 넘어 섰는지 등에 대해서 체크할 수 있는 블록등을 제공한다.

Model-Wide Utilities 모델에 전반적으로 쓰일 수 있는 블록등이 있지만, 실제로는 그리 쓸일이 없다.

Ports & Subsystems 다양한 종류의 서브시스템을 위한 블록등이 있다.

Signal Attributtes Simulink 시그널을 변경할 수 있는 블록등이 있으며, 대표적으로 Data Type Conversion, Rate Transition 블록등이 있다.

Signal Routing Simulink 시그널의 경로나 순서등을 바꿀수 있는 블록등이 있으며, 대표적으로 Switch, Goto, From 블록등이다.

Sinks 시뮬레이션의 아웃풋을 어떻게 처리할지에 대한 블록등이 있으며, 대표적으로 Scope, Out port 블록등이다.

Sources 시뮬레이션의 인풋을 어떻게 줄지에 대한 블록등이 있으며, 대표적으로 Constant, In port, Step, Signal Builder 블록등이다.

User-Defined Functions 유저가 직접 블록안에 함수 형태로 만들 수 있는 블록등이 있으며, 대표적으로 MATLAB Function, S-Function 블록등이 있다.

Additional Math & Discrete 이미 위에 있는 Math Operations와 Discrete 라이브러리에 있는 블록에 추가적으로 블록을 더 제공한다.

이전 버전을 사용한 유저들은 Dashboard라는 라이브러리는 본 적이 없을 것이다. 이 라이브러리는 R2015a에 처음 추가된 것으로 Simulink 상에서 HMI를 구현하는데 좋은 출발점이 될 것으로 보인다. 매스웍스에서는 이 라이브러리를 더 추가할 예정이지만, 어떤 것이 추가될지는 유저들의 피드백을 받고 할 예정이다.

1.1.3 Simulink 모델 만들기

새로운 모델을 만들기 위해서는 앞에서 한 것처럼 Simulink Start Page에서 Blank Model을 만들거나 혹은 Simulink Library Browser에서 그림 (1.5)와 같이 메뉴를 선택하거나 주어진 단축키인 Ctrl+N 을 실행한다.

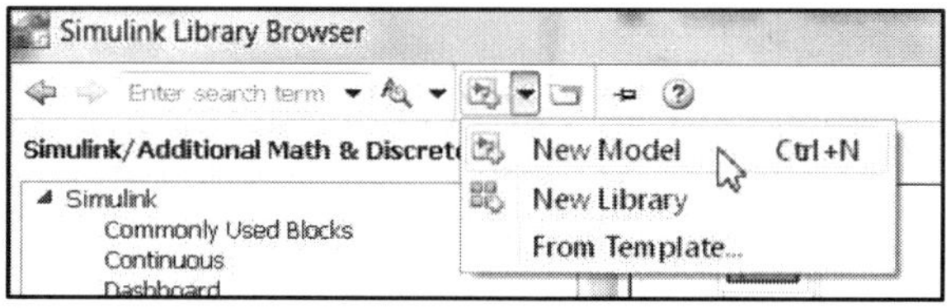

그림 1.5: 새로운 모델 메뉴

모델링을 할 때 두 가지 방법이 있다. 첫 번째로 예전 버전에서부터 해왔던 Simulink Library Browser로부터 블록을 드래그 앤 드롭 형식으로 하는 방법을 사용해 보겠다. R2014b 버전부터 새롭게 지원되는 스마트 에디팅 기능을 사용할 수 있지만, Simulink Library Browser에서 어떤 블록이 어느 라이브러리 카테고리 밑에 있는지를 알아야 손쉽게 모델링할 수 있다. 때문에 기본적인 카테고리안에 어떤 블록들이 있는지는 확인해 볼 필요가 있다.

새로운 모델은 그림 (1.3)과 같이 빈 공간으로 있는 모델 에디터에서 모델을 만들기 시작 한다.

예제 1 간단하게 한 개의 Constant 인풋을 두 개로 해서 더 하고 아웃풋을 Scope으로 결과를 볼 수 있게 해 보자. 즉 인풋이 u1 이라고 하면 아웃풋은 y1 = u1 + u1 이 되는 모델을 하는 것이다. 마지막 결과는 그림 (1.6)과 같아야 한다.

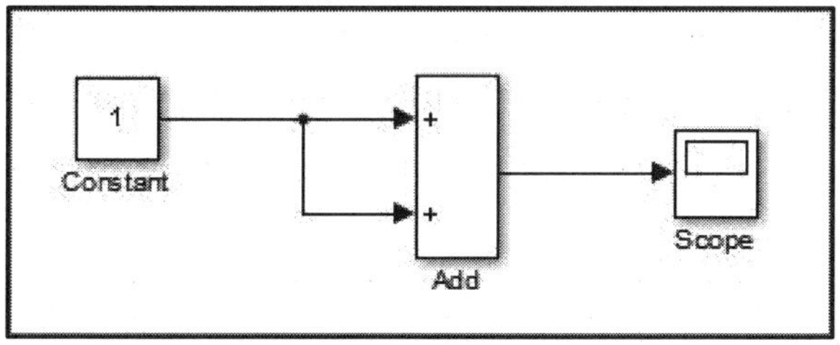

그림 1.6: 완성된 모델

표 (1.1)에 필요한 블록이 있으므로 이 블록들로 모델링을 해보자. 표 (1.1)에 있는 블록들을 Simulink Library Browser로부터 드래그 앤 드롭으로 모델 에디터에 그림 (1.7)과 같이 만들어 보자.

표 1.1: 예제 1을 위해 필요한 블록들

블록 이름	라이브러리 카테고리
Constant	Source
Add	Math & Operations
Scope	Sinks

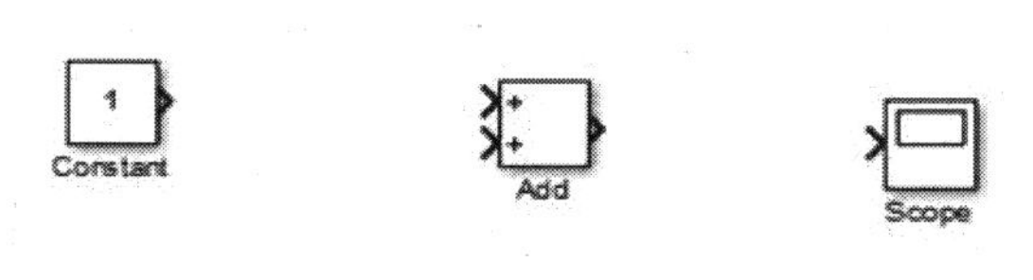

그림 1.7: 필요한 블록들의 나열

이런 블록들을 선으로 연결하는 것이 모델링하는 것이다. 먼저 모델링을 더 진행하기 전에 모델을 저장하고 진행하자. 모델의 저장은 일반적으로 윈도우 프로그램에서 저장하는 단축키인 Ctrl+s를 실행하거나 File → Save 메뉴를 실행한다.

블록 간에 선을 연결하는 방법은 마우스를 우측 방향으로 나와 있는 〉에 가까이 가져가면 그림 (1.8(a))처럼 + 로 변하는데, 이때 마우스 왼쪽을 클릭한채 이동하면 그림 (1.8(b))처럼 빨간색 점선의 화살표가 보여 진다. 이 선을 연결하고자 하는 블록의 〉 에 가져 가면 그림 (1.8(c))와 같이 검정색 실선으로 변경되며, 이 상태에서 마우스 왼쪽 클릭한 것을 놓으면, 그림 (1.8(d))와 같이 완성된다.

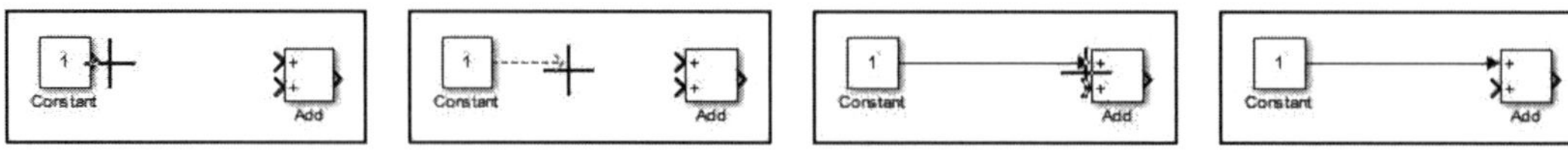

(a) 선 연결의 시작 (b) 선 연결 중간 (c) 선 연결 끝 (d) 완성된 선

그림 1.8: 블록간의 선 연결

이번에는 Constant 블록에서 나온 선을 하나 더 만들어서 Add 블록에 또 다른 인풋에 연결해 보자. 이러기 위해서는 먼저 Add 블록의 크기를 더 키우고, 그 다음에 Constant에서 선을 다시 연결해 보자.

그림 (1.9(a))와 같이 크기를 변경하고자 하는 블록 위에 마우스를 가져 가면 블록의 모서리에 사각형 점이 생긴다. 마우스로 네 모서리에 사각형 중에 하나를 선택하면 그림 (1.9(b))와 같이 선택된 블록이 하이라이팅되며, 마우스 커서도 변경이 된다. 그림 (1.9(c))처럼 원하는 모양이 되었으면, 마우스를 놓으면 된다. 기존에 연결되어 있는 선이 있으면, 같이 움직이면서 그 연결 형태가 변경될 수 있다.

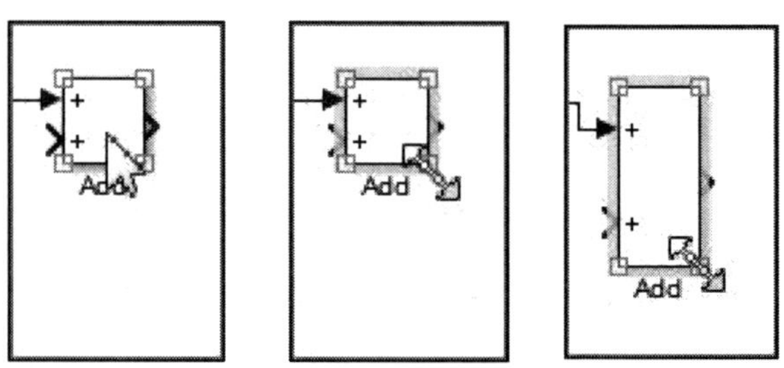

(a) 선택 (b) 변경 시작 (c) 변경 끝

그림 1.9: 블록 크기 변경

Simulink Library Browser에서 블록을 모델 에디터로 가져 오면 기본적으로 블록의 왼쪽으로 인풋을 받으며, 블록의 오른쪽으로 아웃풋을 내보내는 〉 가 생긴다. 〉

는 항상 한 개의 선만을 연결할 수 있다. 예제처럼 Constant 블록의 아웃풋을 Add 블록의 인풋에 연결해야 하는데, Constant 블록의 아웃풋에서 선을 하나 더 낼 수는 없다. 이런 경우에는 연결선에서 다른 선을 하나 더 만들 수 있다.

이런 경우에 연결선을 브렌치 한다고 하는데, 두 가지 방법이 있다.

- 연결선으로부터 브렌치해서 다른 블록의 아웃풋으로 연결하는 방법

1. 마우스를 그림 (1.10(a))처럼 연결선 위로 이동한다.
2. 브렌치하고자 하는 연결선에서 그림 (1.10(b))처럼 마우스 오른쪽 클릭으로 선택 한다.
3. 그림 (1.10(c))처럼 선택한 상태에서 드래깅하면, 빨간색 점선으로 연결선이 표시 된다.
4. 원하는 블록의 아웃풋에 그림 (1.10(d))처럼 연결한다.

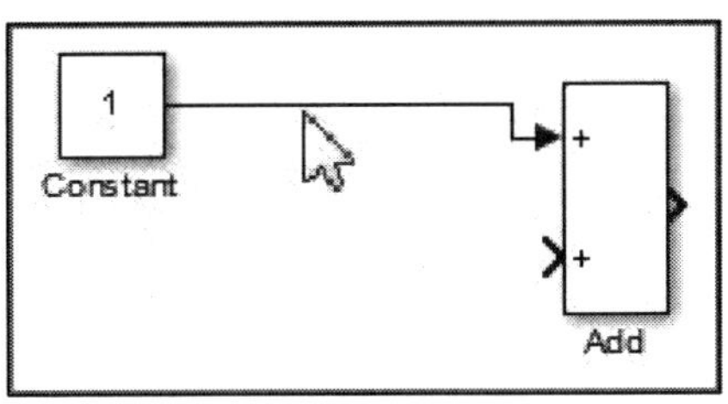

(a) 연결선에 마우스 선택

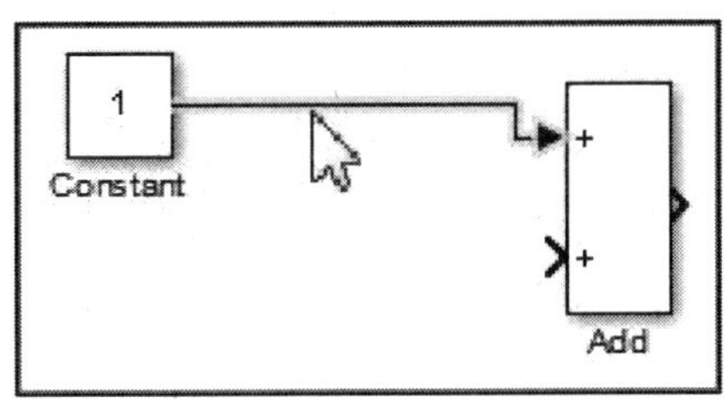

(b) 마우스 오른쪽 버튼으로 클릭

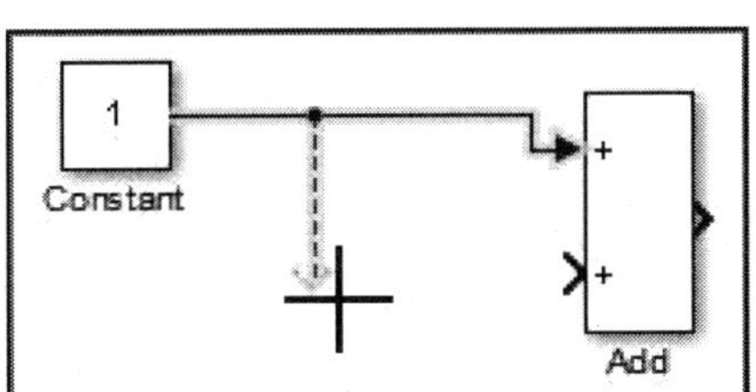

(c) 클릭한 상태에서 드래깅

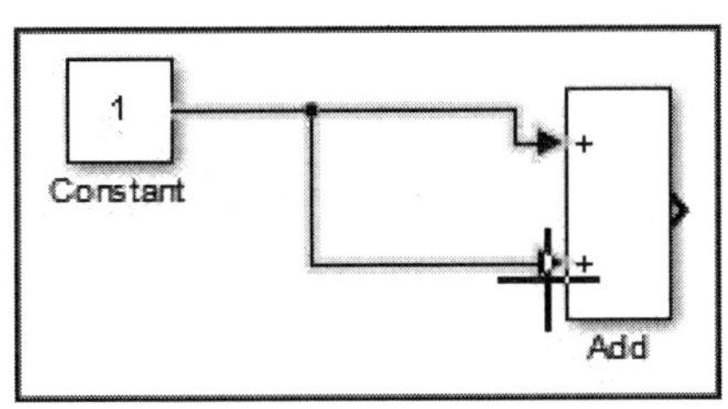

(d) 블록의 아웃풋에 연결

그림 1.10: 연결선에서 직접 브렌치하는 방법

- 연결하고자 하는 블록의 아웃풋으로부터 원하는 연결선에 연결하는 방법

  1. 블록의 아웃풋에서 마우스를 가져가면 그림 (1.11(a))와 같이 표시되므로 이때 마우스 왼쪽 클릭을 한다.
  2. 클릭한 상태로 드래깅하면, 빨간색 점선으로 그림 (1.11(b))처럼 보여 준다.
  3. 연결하고자 하는 연결선에 마우스가 가까이 가면 그림 (1.11(c))처럼 검정색 연결 선으로 보인다.
  4. 마우스를 놓으면 그림 (1.11(d))와 같이 브렌치를 할 수 있다.

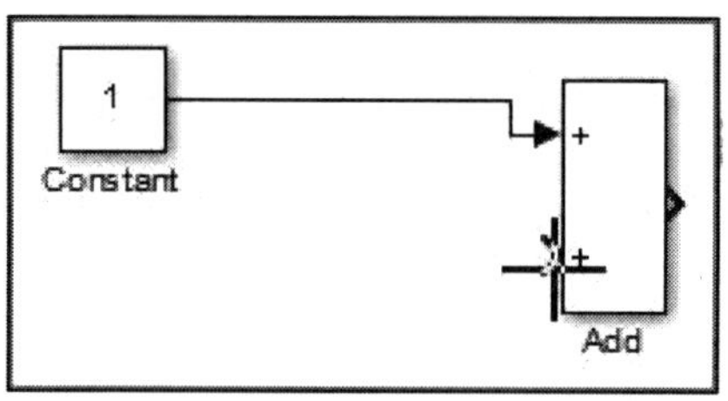

(a) 블록 아웃풋에 마우스 왼쪽 클릭

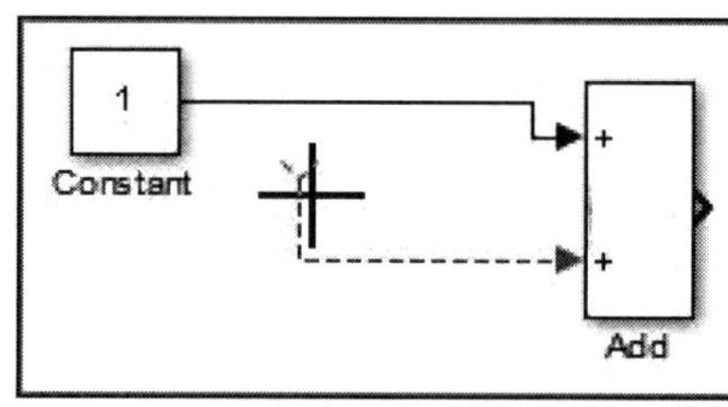

(b) 클릭한 상태에서 드래깅

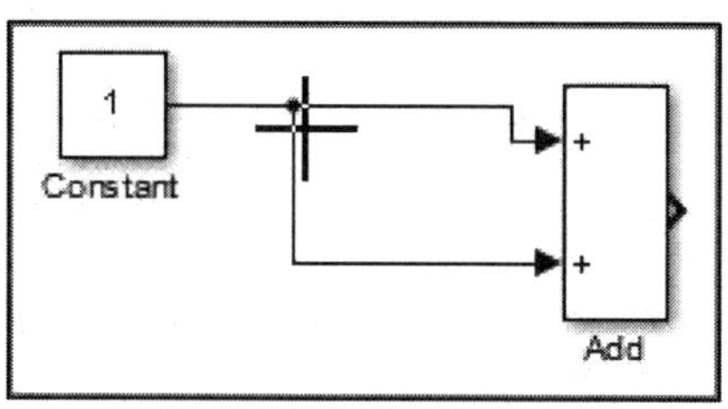

(c) 브렌치 하고자 하는 연결선에 선택

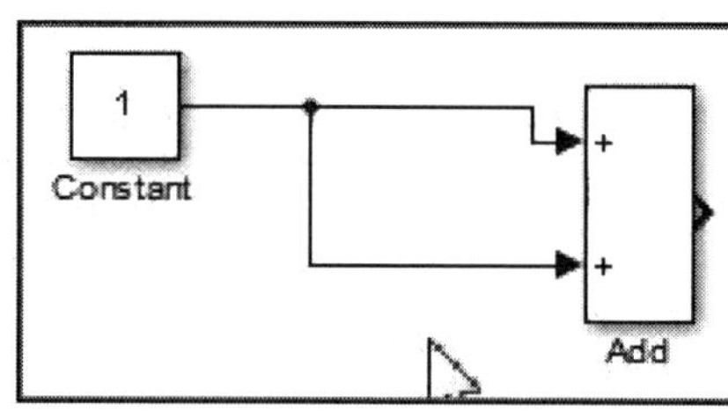

(d) 브렌치된 연결선

그림 1.11: 블록의 아웃풋으로 연결선을 브렌치하는 방법

그림 (1.12)와 같이 보기 좋게 모델을 완성하기 위해서는 블록과 연결선을 옮겨야 한다. 블록과 연결선의 브렌치의 경우 위치를 옮기기 위해서는 마우스 왼쪽으로 선택한 후 드래깅 하면 움직일 수 있다. 물론 연결선 자체도 마찬가지이다. 직접 해보면 충분히 알 수 있으므로 그림 (1.12)와 같이 만들어 보자.

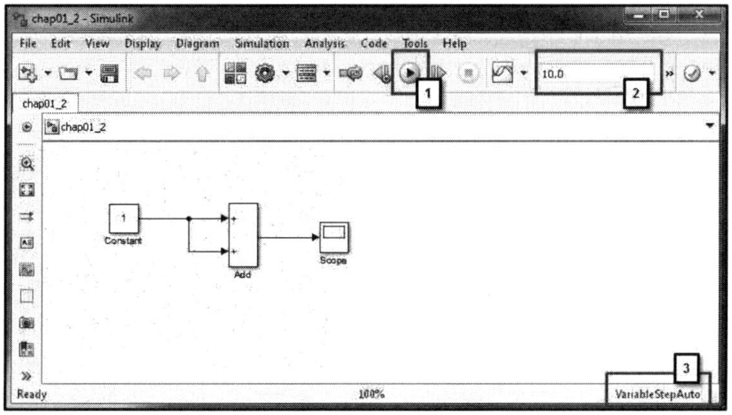

그림 1.12: 예제1 완성된 모델

모델이 만들어졌으니, 실행해서 그 결과를 보도록 하자. Simulink에서 시뮬레이션을 실행하는 방법은 그림 (1.12)에서 ①로 표시된 부분을 실행하면 된다. 총 시뮬레이션 시간은 ②로 표시된 곳에 있는 시간이며, 단위는 초이다. 즉 Simulink는 기본적으로 모델을 만들면 10초 동안 시뮬레이션되는 디폴트 값이 입력되어 있으며, ②에 원하는 시간을 초 단위로 입력하면 된다.

실행을 하고 나서 Scope 블록을 더블 클릭해서 기존 모델에 겹쳐서 보면, 그림 (1.13)과 같이 볼 수 있다. 그림 (1.12)의 ③과 그림 (1.13)의 ①을 보면 VariableStep Auto에서 auto(VariableStepDiscrete)로 변경되는데, 이는 Simulink 내부 엔진이 가장 적합 하다고 판단되는 솔버로 선택을 한다.[2] Simulink가 실제 모델을 실행하기전에 모델링이 제대로 되어 있는지, 그리고 필요한 모든 정보가 있는지를 체크하는 단계가 있는데, 이 단계에서 적합한 솔버가 선택되었는지 확인해서 적절한 솔버로 자동으로 변경된다. 이런 단계에 대해서는 다른 챕터에서 자세하게 알아 보겠다.

2) 솔버를 자동으로 가장 적합한 솔버로 선택하는 기능은 R2016a 버전부터 지원되는 기능이지만, 그 이전에도 Discrete인지 아닌지를 판별해서 자동으로 솔버를 바꾸는 건 가능했다.

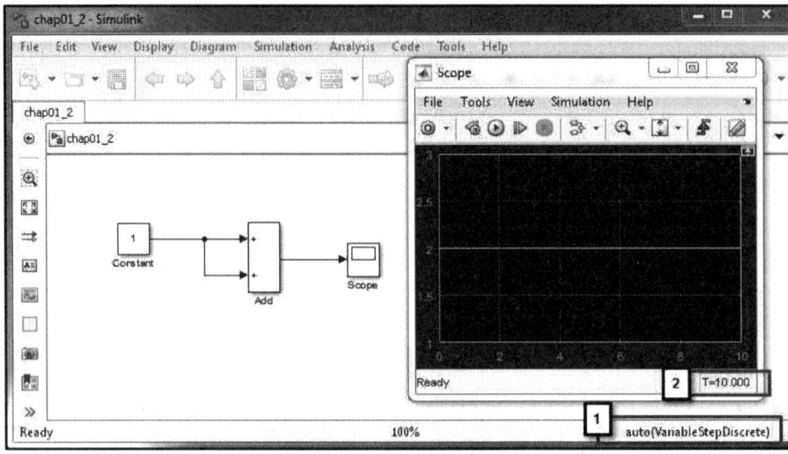

그림 1.13: 실행한 후 모델과 Scope의 결과

그림 (1.13)에서 Scope 블록의 결과를 보면 x축의 경우 단위가 초인 시간축이며, y축은 단위가 없이 그냥 숫자 값이다. 즉 Simulink에서 결과는 단순 숫자이므로 결과의 단위는 사용자가 알고 있어야 한다는 것이다. 또한 Scope 블록의 결과를 볼 때는 먼저 그림 (1.13)에서 ②에 있는 시간을 보면 현재 화면에서 마지막으로 보여지는 시간, 혹은 실행중에는 현재의 시뮬레이션 시간을 알려 준다. 시간이 너무 길어서 한 화면에 다 보여 주지 못할 경우에는 Offset을 보여 주는데, 이는 ②앞에 Offset이라고 표시가 된다. 이럴 경우 그래프에서 x축의 시작점이 0이 아니라 Offset 만큼의 시간을 더 하면 된다. 즉 ②의 시간에 Offset을 더 하면 된다. 시뮬레이션의 결과를 보면, Constant 블록의 1인 값을 더 하기 해서 아웃풋을 봤기 때문에 0초부터 10초 사이에 아웃풋은 2이며, Scope 블록에서 이 내용을 보여 주고 있다.

1.2 자유 낙하 운동에 대한 모델링

예제 1에서 했던 모델링의 경우 실제로 시간에 대해서 변화되는 부분이 없어서 실제로는 단순한 계산을 하는 모델이다. 이제는 엔지니어링 측면에서 많이 사용하는 미분 방정식을 모델링하는 방법을 알아 보겠다.

앞에서 설명한 Simulink Library Browser에서 블록을 드래그 앤 드랍으로 모델링하는 방법은 Simulink가 처음 만들어진 90년대부터 사용한 방법이다. R2014b에서부터 모델링을 더 빠른 속도로 할 수 있도록 스마트 에디팅 기능을 추가했다. Scope 블록을 이용하지 않고, Simulation Data Inspector를 이용해서 결과를 보는 방법을 배워 보겠다. R2014b에서 Scope처럼 시뮬레이션 중간에도 결과를 볼 수 있는 기능이 Simulation Data Inspector에 추가되었다.

예제 2

자유 낙하 운동에 대한 수학식은 다음과 같다. 이를 모델링 해보자.

$$v(t) = -gt + v_0 \tag{1.1a}$$

$$y(t) = -\frac{1}{2}gt^2 + v_0t + y_0 \tag{1.1b}$$

변수설명		
	v_0	초기속도 (m/s)
	$v(t)$	수직방향속도 (m/s)
	y_0	초기높이 (m)
	$y(t)$	시간에 따른 높이 (m)
	t	시간 $(\sec)$
	g	중력가속도 $(9.81m/s^2)$

모델링을 완료하면 그림 (1.14)와 같으며, 이를 위해 필요한 블록은 표 (1.2)에 표시하였다. 앞에 예제와는 달리 Scope 블록이 없으며, Simulink Data Inspector를 이용하는 시그널인 Add 블록 아웃풋에 아이콘 표시가 되어 있다. 또한 R2015a에 새롭게 추가된 영역에 대한 주석을 모델에서 직접 입력할 수도 있으며, Tex 명령어를 써서 수식을 주석으로 쓸 수가 있다. 그림 (1.14)의 경우 이런 모든 기능을 사용해서 보여 주고 있다.

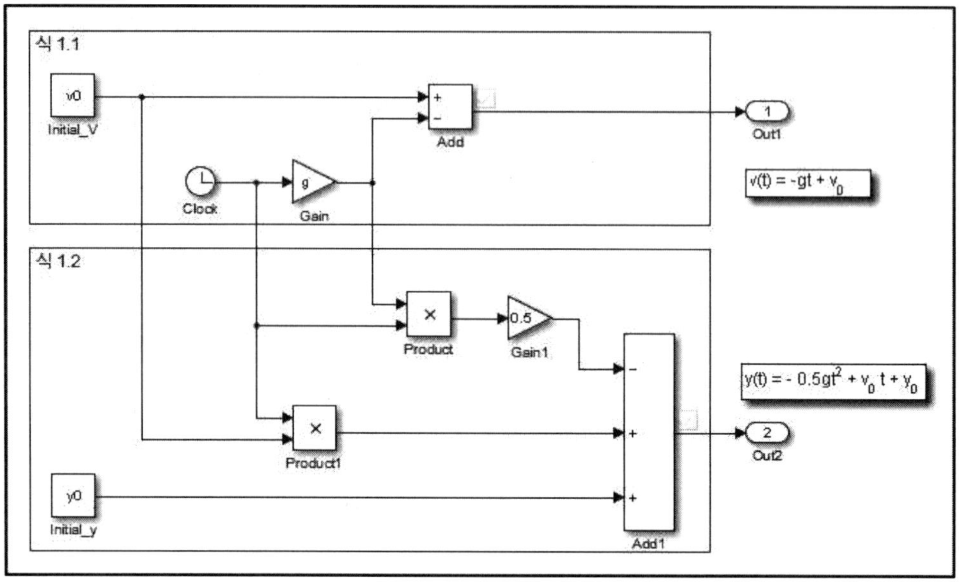

그림 1.14: 예제 2 완성된 모델

표 1.2: 예제 2를 위해 필요한 블록들

블록 이름	라이브러리 카테고리	갯수
Constant	Sources	2
Add	Math & Operations	2
Clock	Sources	1
Product	Math & Operations	2
Out	Sinks	2

1.2.2 스마트 에디팅

스마트 에디팅 기능은 Simulink 초보 사용자가 사용하기는 힘들 수가 있다. 이 기능은 블록의 이름을 어느 정도는 알고 있어야 사용할 수 있다.

1.2.2.1 자유 낙하 운동 속도식에 대한 모델링

식 (1.1a)를 보면 v0를 위해서 Constant 블록이 필요하며, 시뮬레이션 시간인 t와 중력 가속도 g를 곱해야 한다.

1. 새로운 모델을 열어서 모델 캔버스에 마우스 왼쪽 클릭을 하면 그림 (1.15(a)) 와 같이 모델 캔버스에 파란색 돋보기 표시가 된다. 이 표시가 나올때까지는 약간의 시간이 걸리므로 돋보기 표시가 보이기 전이라도 Cons라고 타이핑을 해보면 그림 (1.15(b))와 같이 나온다.
2. Simulink Library Browser에 있는 모든 블록들중에 Const라고 들어 있는 모든 블록들을 보여 준다. 이때 어떤 라이브러리에 포함되어 있는 블록인지 그림 (1.15(b))와 같이 보여 주므로 화살표 위/아래 키로 블록을 선택한 후 엔터키를 친다.
3. 선택된 블록에 파라메타를 넣어야 하는 블록의 경우 그림 (1.15(c))와 같이 대표적인 파라메타를 넣을 수 있게 나온다. 여기서는 속도의 초기 값을 입력해야 하므로 v0라고 입력을 하고 엔터키를 친다.
4. 그림 (1.15(d))와 같이 최종 결과가 나온다.

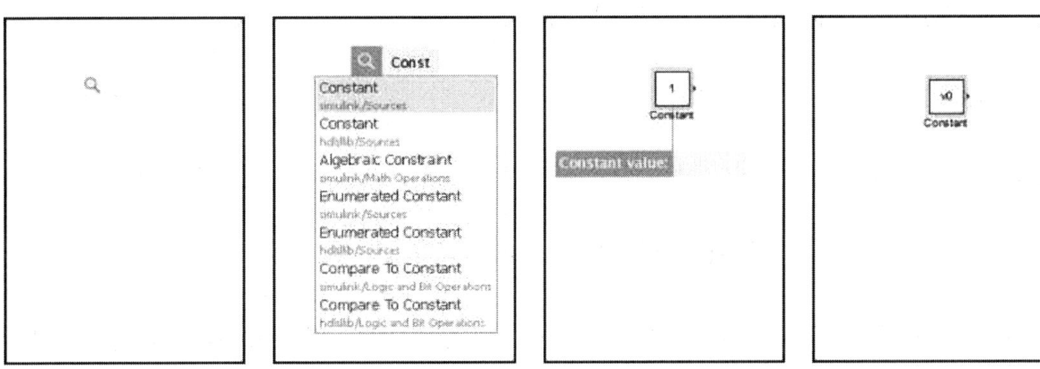

(a) 마우스 왼쪽 클릭 (b) 블록 이름 쓰기 (c) 선택된 블록에 파라메타 쓰기 (d) 완성된 블록

그림 1.15: 스마트 에디팅 순서

위와 같이 스마트 에디팅 방식은 실제로 모델링에 익숙한 사람들에게도 Simulink Library Browser의 사용을 최소화 할 수 있으므로 모델링에서 기존보다 빠르게 모델링을 할 수 있도록 도와 준다.[3)]

식 (1.1a)에 대해서 스마트 에디팅 기능을 이용해서 보면 그림 (1.16)과 같이 만들어진다. 말했듯이 스마트 에디팅 기능을 이용하기 위해서는 블록의 이름과 대표적으로 넣어야 하는 파라메타의 의미를 알아야 한다. 예를 들어 그림 (1.16(a))는 파라메타로 +-를 인풋으로 했는데, 이는 두 개의 인풋 중에 첫 번째 인풋은 +이고, 두 번째 인풋의 경우 -라는 뜻이다. 즉 input1 - input2라는 의미이다. 만약 세 개의 인풋을 계산하고 싶으면, +-+ 라고 쓰면 input1 - input2 + input3 이다.

그림 (1.16(b))의 Out1 블록은 아무 숫자도 입력하지 않고, 바로 엔터키를 치면 Out1 블록의 중간에 숫자가 자동으로 매겨 진다. 특별한 이유가 없으면 이 숫자는 유저가 직접 바꾸지 않는 게 좋다. 또한 그림 (1.16(c))의 Clock 블록도 특별한 이유가 없으면 바로 엔터 키를 입력해서 디폴트 값을 사용한다. 그림 (1.16(d))와 같이 Gain 블록의 경우는 어떤 값을 곱할지를 파라메타로 주어야 하므로 식 (1.1a)에 따르면 중력 가속도 g를 주어야 한다.

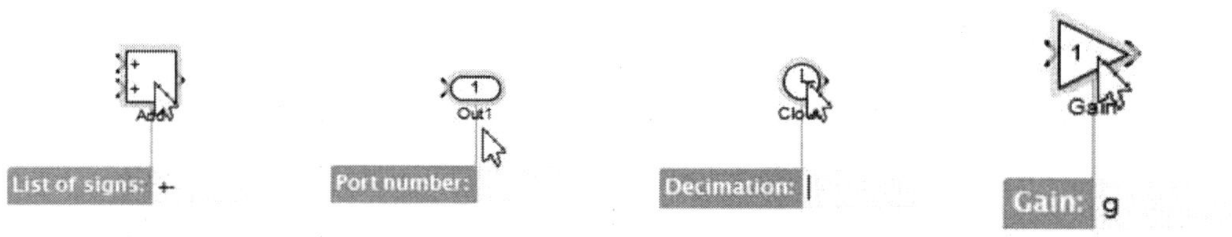

(a) Add 블록 (b) Out1 블록 (c) Clock 블록 (d) Gain 블록

그림 1.16: 식 (1.1a)에 대한 블록들

이렇게 필요한 블록들을 가져 온 다음에는 블록을 연결해야 하는데, 이때 블록들을 선 연결이 편하게 움직이면 가이드 선이 그림 (1.17)처럼 보인다. 여기에 맞춰서 블록을 정렬하면, 선이 연결될 때 직선으로 연결되어서 모델링 후에 보기가 편해진다.

---

3) http://kr.mathworks.com/videos/smart-editing-cues-95101.html 혹은 http://bit.ly/1G9UEW2

그림 1.17: 블록간의 가이드 선

이렇게 블록들을 재배치하고 선을 연결할 때 또 하나의 방법이 있다. 먼저 블록을 가이드 선을 이용해서 그림 (1.18)과 같이 블록을 배치하자.

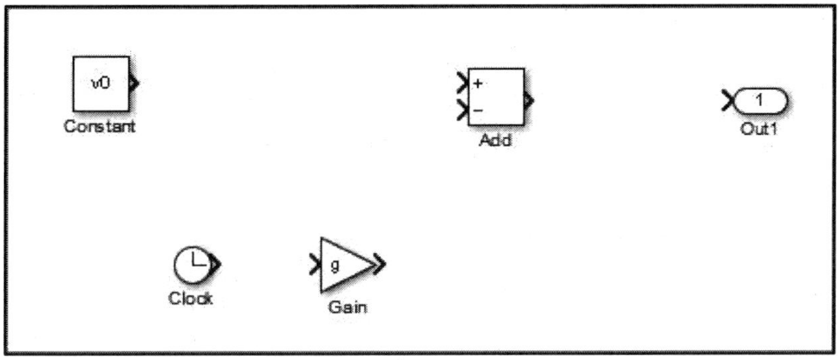

그림 1.18: 식 (1.1a)에 대한 블록의 정렬, chap01_FreeFall_Eq1_Alignment.slx

1. 마우스 왼쪽 클릭으로 Constant 블록을 선택한다. 그리고 Ctrl 키를 누른 상태에서 Add 블록을 클릭하자. 그러면 Constant 블록의 아웃풋이 Add 블록의 첫 번째 인풋과 선이 연결될 것이다.

2. 위 상태에서 바로 Ctrl 키를 누른 상태에서 Out1 블록을 마우스 왼쪽으로 클릭하면 Add 블록의 아웃풋과 Out1 블록의 인풋이 연결될 것이다.

3. 이제 Ctrl 키를 누르지 말고 다시 Clock 블록을 마우스 왼쪽 클릭으로 선택한 후에 Ctrl 키를 누른 상태에서 Gain 블록을 클릭하자. 역시나 Clock 블록과 Gain 블록이 연결될 것이다.

4. 계속 Ctrl 키를 누른 상태에서 Add 블록을 클릭하자. Gain 블록과 Add 블록의 두 번째 인풋과 연결될 것이다.

위 방식대로 하면 마우스로 하나씩 연결하는 것보다 훨씬 빨리 모델링할 수 있다. 그림 (1.19)가 식 (1.1a)에 대한 모델링이다.

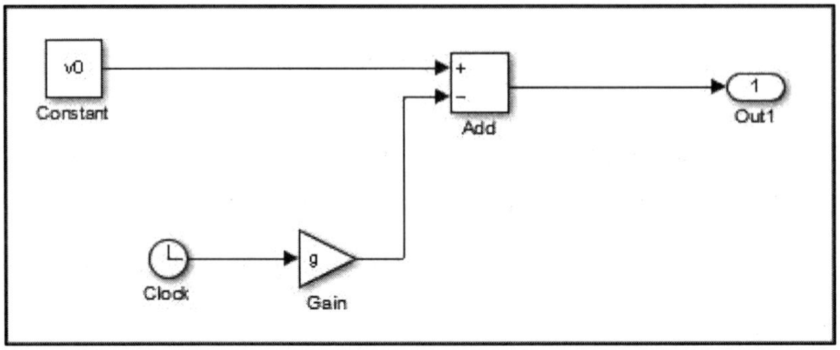

그림 1.19: 식 (1.1a)에 대한 모델, chap01_FreeFall_Eq1.slx

실제로 실행은 안하더라도 어느 정도 모델링이 됐으면, 실제로 실행 가능한지 체크해 보는 습관을 들이는 것이 좋다. 메뉴를 이용하거나 단축키를 이용할 수 있는데, 메뉴의 경우 Simulation → Update Diagram을 선택하거나 혹은 그 단축키인 Ctrl+D이다. 그림 (1.19)의 모델에 Update Diagram을 선택하면 그림 (1.20)과 같이 두 개의 에러 메시지를 보여 준다.

Simulink로 모델링을 할때 문제가 발생하면 에러 메시지를 잘 읽어 보면 대부분의 해결책을 찾을 수 있다. 그림 (1.20)을 보면 문제가 v0와 g가 정의 되어 있지 않은 변수임을 알 수 있다. 나중에 더 자세하게 보겠지만, Update Diagram은 실제로 변수로 셋팅된 모든 파라메타를 실제 값으로 치환해야 하므로 값을 가져와야 한다. 기본적으로 파라메타 값이 변수인 경우 MATLAB의 작업 공간(Workspace)로부터 가져온다. 이를 위해서 MATLAB의 명령 창에서 다음과 같이 입력한다.

```
>> v0 = 10;
>> g = 9.81
```

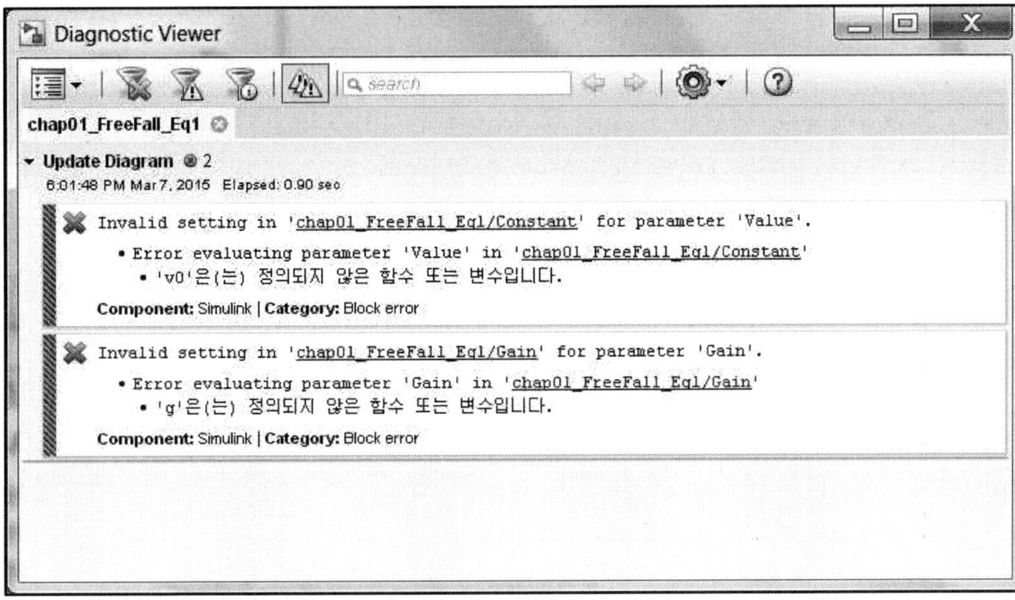

그림 1.20: 모델에 문제가 있음을 알려 주는 Dianostic Viewer

위와 같이 입력하고 Update Diagram을 해보면 아무런 에러 메시지가 나오지 않을 것이다. 이 상태가 정상적으로 시뮬레이션이 가능한 상태이다. 이와 같이 Simulink를 이용한 경우 모델에 문제가 있는 경우에는 Diagnostic Viewer에 상세한 설명이 나오므로 영어라고 무시하지 말고, 잘 읽어 보면 충분히 이해할 수 있도록 설명이 나오는 경우가 대부분이다.

1.2.2.2 자유 낙하 운동 높이에 대한 모델링

식 (1.1b)에 대한 모델링을 해보면, 블록들을 정렬하고 각 블록을 연결하면 그림 (1.21)과 같이 점선 사각형안에 부분을 모델링하면 된다. 모델링을 한 후에 Update Diagram을 해보면 역시 y0 때문에 에러가 발생하므로 앞에서 한 것처럼 MATLAB의 명령 창에서 다음과 같이 입력한다.

```
>> y0 = 100;
```

시뮬레이션을 위한 모든 준비는 끝났지만, 아직 시뮬레이션 결과를 볼 수 있는 방법이 없다.

앞에서 모델링했을때 배웠던 Scope 블록을 넣는 것도 방법이지만, 여기서는 근래에 새롭게 추가되었으며, 데이터 저장이나 혹은 여러 번 실행했을 때 두 실행 결과 사이에 차이점을 볼 수 있는 것과 같이 많은 장점이 있는 Simulation Data Inspector를 이용해 보자.

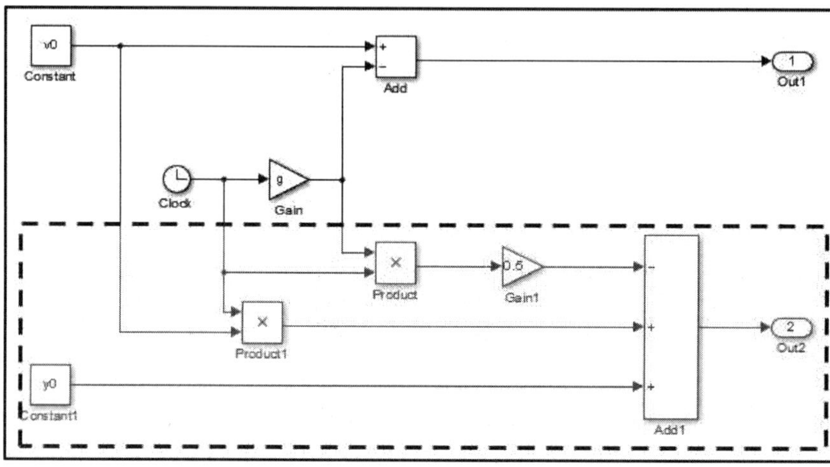

그림 1.21: 자유 낙하 운동에 대한 모델, chap01_FreeFall_Eq1_Eq2.slx

1.2.3 Simulation Data Inspector(SDI)

시뮬레이션 도중에 Scope 블록처럼 결과를 보여주는 기능은 R2014b 버전에 추가된 기능이므로 그 이전 버전을 사용하는 유저는 이 기능을 사용할 수 없으니, Scope 블록을 써야 가능하다. 물론 데이터를 저장해서 후처리에는 사용할 수 있다. 하나씩 알아 보자.

1.2.3.1 시뮬레이션 완료 후 값을 보는 법

그림 (1.22)처럼 Add 블록과 Out1 블록 사이에 연결 선과 Add1 블록과 Out2 블록 사이에 선을 선택하자. 선을 여러 개 선택하기 위해서는 Shift 키를 누른 채 마우스 왼쪽 클릭을 하면 여러 선을 선택할 수 있으며, 마우스로 영역을 지정해도 된다. 선택된 연결 선은 그림 (1.22)와 같이 하이라이트가 된다.

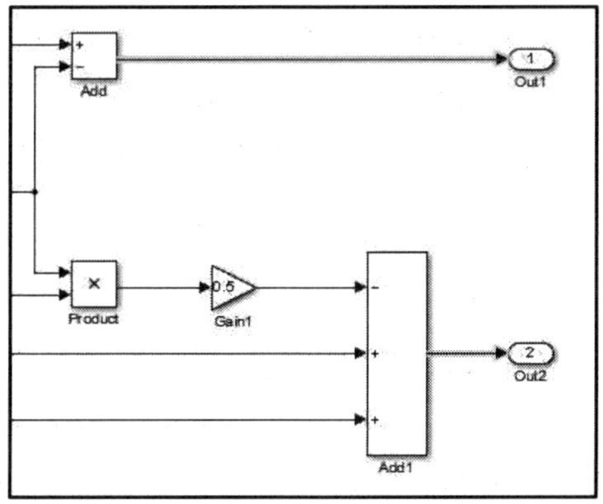

그림 1.22: 여러 개의 연결 선 선택

연결 선을 선택하고 나면 그림 (1.23(a))와 같이 모델 에디터에 있는 아이콘을 이용해도 되고, 메뉴를 이용하자면, Simulation → Output → Stream Selected Signals to Data Inspector를 선택해도 된다. 메뉴를 선택하면 그림 (1.23(b))처럼 연결 선위에 빨간 박스 안에 있는 아이콘이 생겨서 어떤 연결 선이 Simulation Data Inpsector (앞으로 SDI라고 부르겠다.)에서 데이터를 볼 수 있는지 알 수 있다. 해제하기 위해서는 해제하고자 하는 연결선을 선택하면 그림 (1.23(c))처럼 메뉴에서 토글된 상태 (Stop ...)로 보이니 해제 하면 된다.

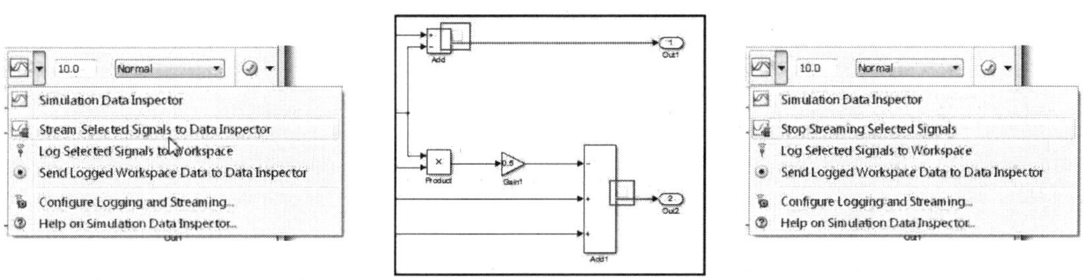

(a) Stream으로 시그널 보기 옵션 (b) 연결 선 위에 표시된 아이콘 (c) Stream으로 보기 해제

그림 1.23: 시뮬레이션 도중 SDI를 이용한 결과 보기, chap01_FreeFall_Eq1_Eq2_SDI

SDI를 오픈하는 것은 그림 (1.24)에서 빨간색 박스 안에 있는 아이콘을 클릭하거나 메뉴에서 Simulation → Output → Simulation Data Inspector를 선택하면 그림 (1.25(a)) 와 같이 간단히 SDI의 기능을 소개하는 화면이 나오는 윈도우가 오픈된다.

그림 1.24: SDI 아이콘

그림 (1.25(a))에서 보이는 Getting Started 윈도우를 닫으면, 그림 (1.25(b))와 같이 결과를 볼 수 있는 화면이 나온다. 시뮬레이션을 실행하면 너무 빨리 끝나버려서 실제로 시뮬레이션 도중에 변화하는 것을 보지는 못하지만, 시뮬레이션이 끝난 후에 데이터를 선택해서 보거나 혹은 비교해서 그래프로 볼 수 있다.

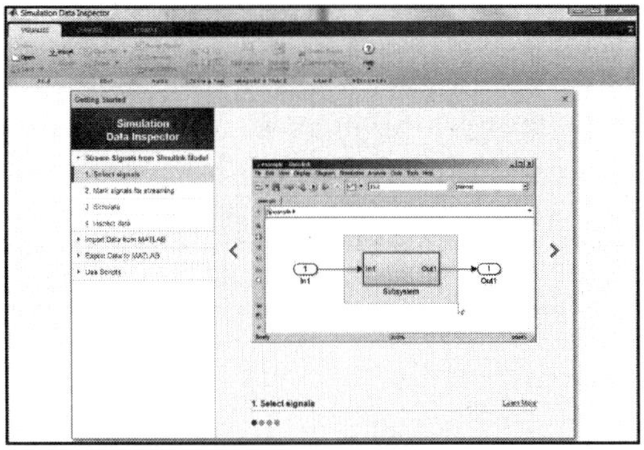

(a) SDI 오픈시 Getting Started

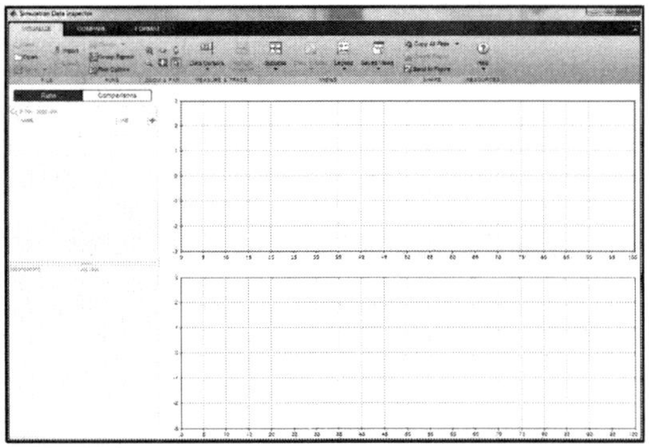

(b) Getting Started 닫은 SDI

그림 1.25: SDI 윈도우

기본적으로 주어진 그래프가 두 개가 있지만, 여기서는 한 개의 그래프만 필요하니 한 개만 볼 수 있도록 변경을 한다. 만약 한 개만 보이면 이 작업을 할 필요가 없다. 그림 (1.26)과 같이 VISUALIZE 탭에 있는 Subplots를 클릭해서 마우스로 그림과 같이 선택하면, 그래프가 한 개인 형태로 변경할 수 있다.[4)]

4) R2016a 이전 버전에는 Format 탭에 있었다.

그림 1.26: SDI에서 그래프 보기 셋팅

그림 (1.27(a))에서 왼쪽에 빨간 색 박스안에 보면 사용자가 그림 (1.23)에서 선택한 시그널 중에 현재 그래프에 보고자 하는 시그널을 선택하면 그 선 색깔에 맞게 그래프를 보여 준다. 체크 박스 옆에 보면 Add1과 Add라고 있는데, 블록 이름으로 이 블록들의 아웃풋에 연결된 선에 값을 보여 주는 것이다.

SDI를 닫지 말고 열어 놓은 상태에서 아래와 같이 g의 값을 4.905로 변경해서 실행한 후, 그림 (1.27(b))와 같이 왼쪽에서 선택하면 한 그래프에서 두 결과 값을 한꺼번에 볼 수 있다.

```
>> g = 4.905
```

SDI는 지금 보는 것처럼 파라메타를 변경해서 또 다른 시뮬레이션을 실행했을 때, 결과를 모아서 필요한 값을 비교해 볼 수 있는 장점이 있다. 또한 뒤에서 설명할 COMPARE 탭을 활용하면 차이값이 얼마인지 쉽게 확인 가능하다.

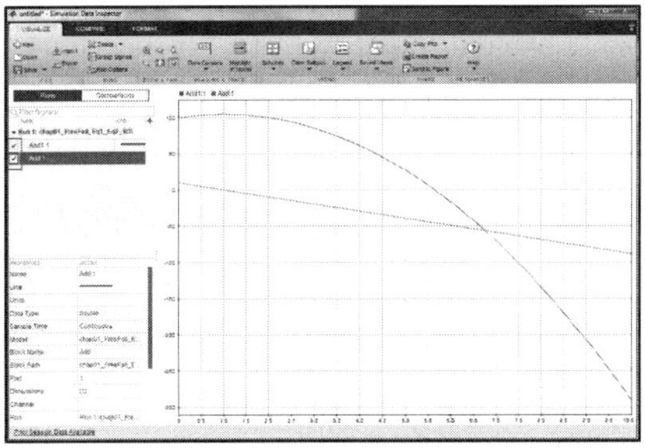

(a) 첫 번째 g=9.81인 경우

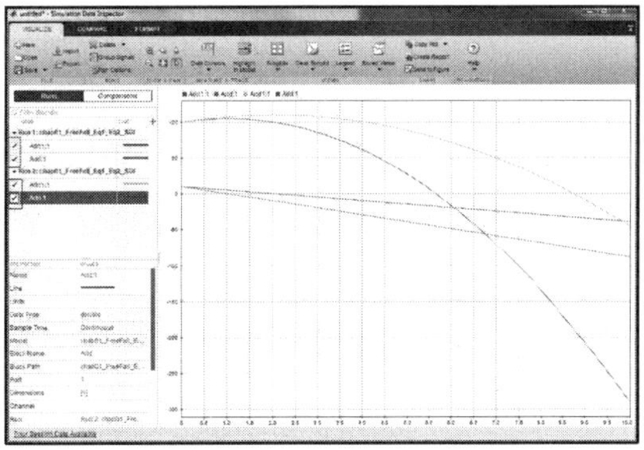

(b) 두 번째 g=4.905인 경우

그림 1.27: SDI 윈도우

SDI의 Data Cursors 기능 활용

그림 (1.28)은 SDI의 Data Cursors 기능을 보여 준다. Cursor를 한 개만 사용할지 혹은 두 개를 사용할지 선택을 하면 수직선이 그어 지면서 x값과 y값을 보여 준다. 마우스로 클릭해서 드래그하면 선을 움직일 수 있다. Data Cursor를 두 개를 사용하면 그림 (1.28)에서 밑에 빨간 색 박스에서 보여 주는 것처럼 x값의 차이값은 보여 주지만, y값의 차이값은 알려 주지 않는다.

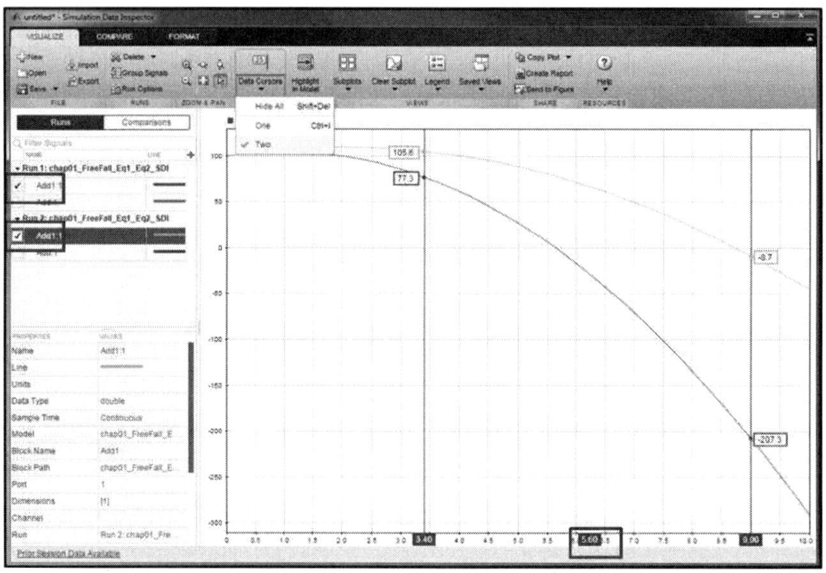

그림 1.28: SDI의 Data Cursors 사용

연결선의 하이라이트

그림 (1.29(a))에서 ①의 경우는 먼저 블록 이름을 선택한 후에 실행 해야 하며, ②의 경우는 블록 이름 위에서 마우스 오른쪽 클릭을 한 경우에 메뉴가 나온다. 이를 선택하면 그림 (1.29(b))처럼 선택된 블록과 연결 선만 하이라이트해서 어느 부분인지 보여준다.

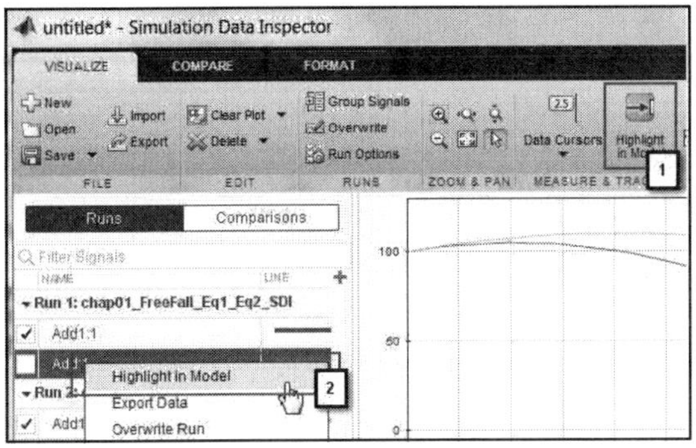

(a) SDI에서의 하이라이트 메뉴

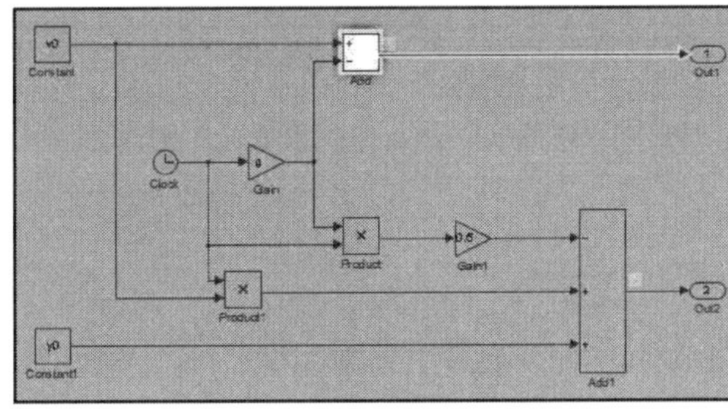

(b) 모델상에서 하이라이트 된 블록과 선

그림 1.29: SDI 하이라이트 기능

여러 개의 그래프 그리기

SDI에서 첫 번째 실행과 두 번째 실행에서 얻은 같은 아웃풋을 서로 다른 그래프에 그려 보도록하자. 그림 (1.26)에서처럼 Subplots에서 2x1이 되도록 마우스로 선택하면, 한 개의 그래프가 추가된다. 추가된 그래프에 데이터를 그리기 위해서는 그림 (1.30)처럼 ①인 데이터를 추가할 그래프를 선택하면, 그래프의 테두리가 굵은 파란색으로 변경된다. 이 상태에서 ②에 보이는 데이터를 선택하면 그림 (1.30)처럼 보여 준다.

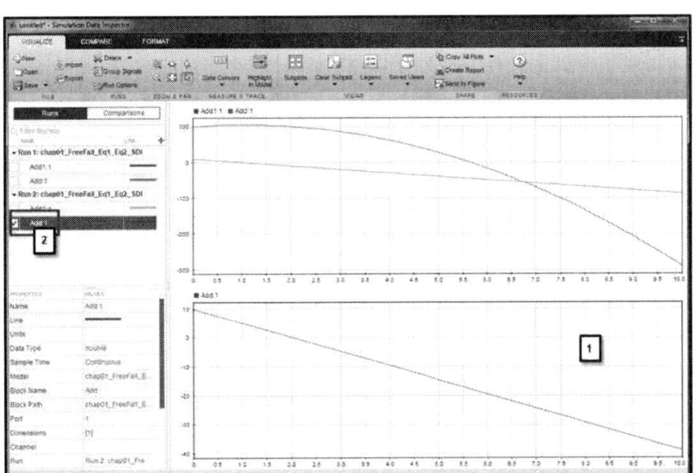

그림 1.30: SDI에서 여러 개의 그래프 보기

이 상태에서 다시 VISUALIZE 탭을 클릭해서 Data Cursors를 선택해 보면 그림 (1.31)처럼 각각의 그래프에 동일한 수직선이 생겨서 같은 시간에 각각의 그래프에서 y의 값을 알 수 있으며, 선을 움직이면 동시에 움직이는 것을 알 수 있다.

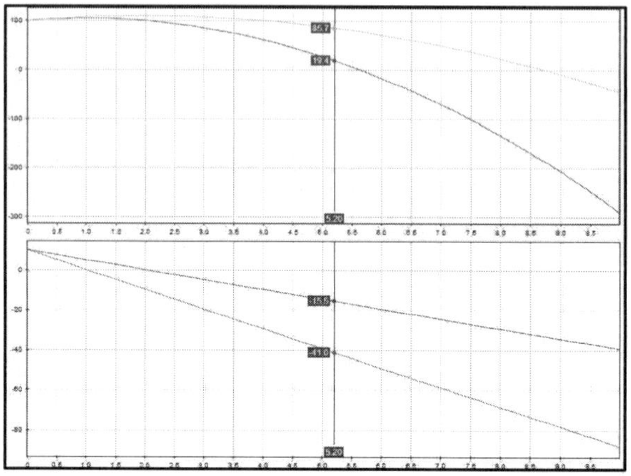

그림 1.31: SDI의 두 그래프에서 Data Cursors 사용

1.2.3.2 시뮬레이션 중에 SDI를 이용하여 데이터 보기

주어진 모델의 경우 시뮬레이션 도중에 값이 바뀌는 것을 보기 힘드니, 간단한 모델을 만들어서 각자 확인해 보자. 모델은 그림 (1.32)와 같으며, 모든 값의 입력은 디폴트 값을 사용했으며, 단순히 시뮬레이션 시간만 10초에서 inf로 변경했다. 시뮬레이션 시간 변경의 경우 앞에서도 설명했지만, 그림 (1.32)에서 ①로 표시된 부분을 변경하는 것이다. inf는 시뮬레이션을 정지하기까지 계속 실행하겠다는 의미이다.

그림 (1.32)에서 ②를 보면 150%로 되어 있는 것은 실제 모델이 150%로 확대되었다는 뜻이다. 모델의 확대와 축소는 모델 에디터가 선택된 상태에서 마우스의 휠을 스크롤하면 확대되거나 축소된다. 그리고 현재 모델 에디터에 전부가 다 보이게 자동으로 확대/축소 하고자 하면 스페이스 키를 누르면 된다. 모델의 확대/축소를 메뉴로 하는 방법은 View → Zoom을 보면 다양한 확대/축소에 대한 단축키와 함께 메뉴를 볼 수 있다.

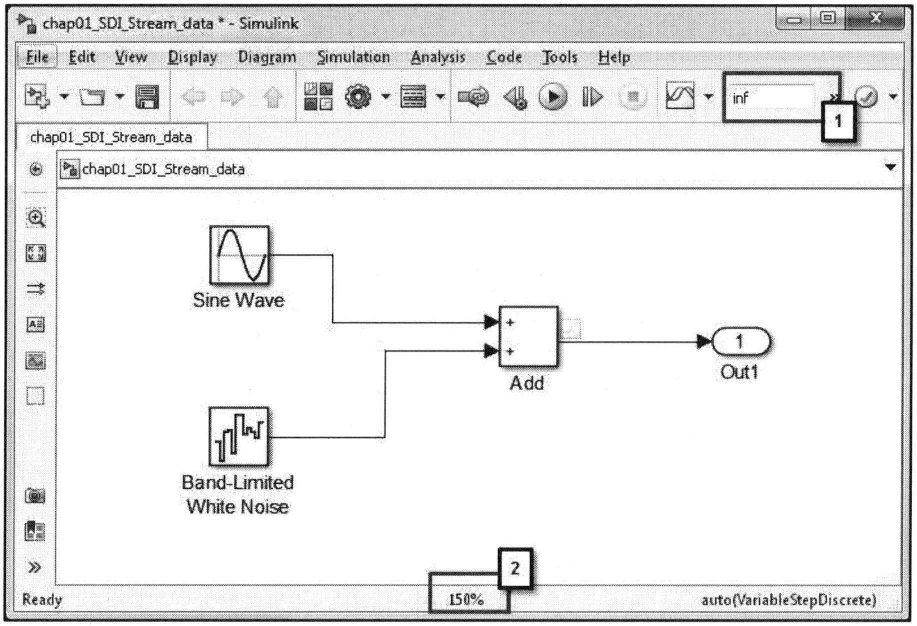

그림 1.32: SDI의 시뮬레이션 도중의 데이터 보기, chap01_SDI_Stream_data.slx

이 상황에서 SDI를 오픈하여 위에서 설명한 방식대로 데이터를 선택해서 그래프로 보면 된다. 하지만 리소스를 많이 쓰므로 시뮬레이션 도중에 데이터를 보는 것은 Scope블록을 사용하는 것을 권장한다.

1.2.3.3 SDI의 COMPARE 사용하기

SDI의 편리한 점은 여러 번 시뮬레이션한 결과를 쉽게 비교해서 그래프를 그릴 수 있다는 점이다. 예전에는 이런 작업은 사용자가 직접 데이터를 로깅하고 프로그래밍 작업을 거쳐서 그래프를 그려야 했지만, SDI를 이용하면 손쉽게 작업이 가능하다.

COMPARE탭을 클릭해서 그림 (1.33)처럼 셋팅을 할 수 있다. ①에 나와 있는 실행 결과가 기준점이 된다. 그리고 ②에 있는 실행 결과가 비교하는 결과가 된다. 선택된 상태에서 기준점을 변경하고자 할때는 ③을 클릭하면 변경이 된다. 그리고 셋팅이 됐으면 옆에 있는 Compare Runs 메뉴를 선택한다.

그림 1.33: SDI의 Compare 메뉴 설명

그림 (1.34)가 실행 결과이다. 기준 실행 결과가 Run 1이므로 ②에서 옅은 파란색이며, 노란색이 비교하는 실행 결과이다. 그리고 ③에서 그 차이와 함께 허용 오차값을 알 수 있다. 허용 오차의 값은 ④에 직접 입력할 수 있다. 입력해서 그래프가 어떻게 변하는지 확인해 보기 바란다. ①은 실행 결과에서 어떤 값을 볼 것인지 체크하는 부분이므로 밑에 부분으로 선택해서 그래프가 어떻게 바뀌는지도 확인해 보자.

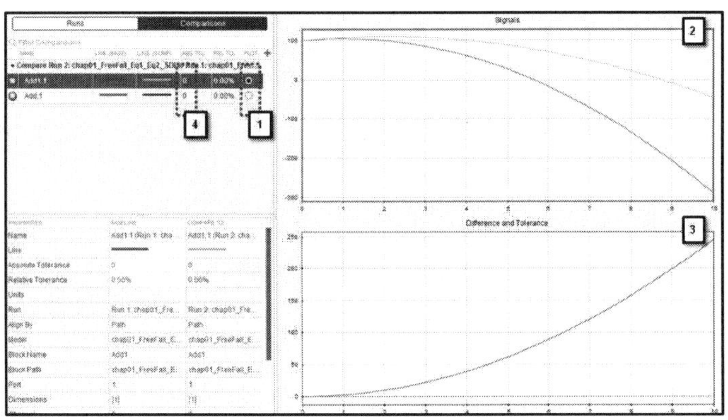

그림 1.34: SDI의 Compare 실행 결과

그래프를 MATLAB 그래프로 만들기

SDI에서 보여 주는 그래프에는 제목을 붙이거나 각 축에 대한 제목을 붙일 수가 없기 때문에 출력을 위해서나 혹은 다른 프로그램으로 붙여 넣기를 하는 경우에는 MATLAB으로 그래프를 그리는 것이 가장 편한 방법이다. 이미 SDI로 그린 그래프의 경우 Visualize나 혹은 Compare 탭을 선택했을 때 나오는 메뉴중에서 Send to Figure를 선택하면 현재 파란색으로 선택된 그래프를 MATLAB 그림으로 나오게 해준다.

COMPARE인 상태에서 아래쪽에 있는 그래프, 즉 Difference and Tolerance 그래프를 선택한 후 Send to Figure를 선택하면 그림 (1.35)와 같은 MATLAB 그래프가 나온다.

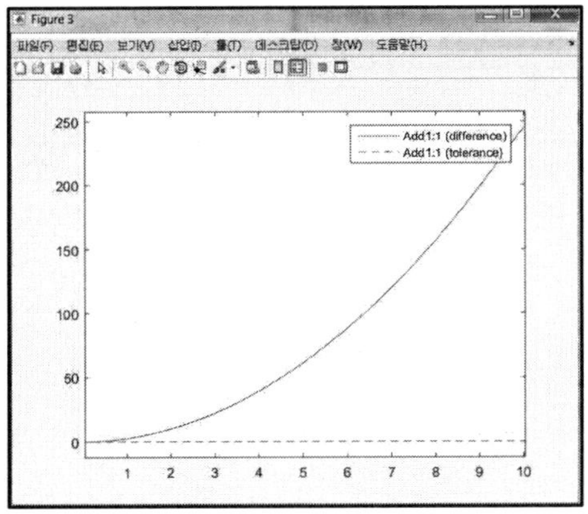

그림 1.35: SDI의 Send To Figure 결과

1.2.3.4 데이터 로깅한 후 SDI를 사용하는 법

앞에서 사용한 시뮬레이션 도중에 데이터를 볼 수 있는 방법은 MATLAB의 버전이 R2014b부터 지원되는 기능이므로 그 이전에는 사용할 수 없는 기능이다. 이 경우에는 기존의 데이터를 로깅해서 저장된 데이터로 SDI를 사용할 수 있다. 또한 이 방법은 시뮬레이션 도중에 데이터를 볼 필요가 없을 경우에 사용하면 편리하다.

그림 (1.36(a))와 같이 기존에 SDI와 연결된 부분을 해제하고, 작업을 하면 마지막 모델은 그림 (1.36(b))와 같다. 이렇게 셋팅해서 실행하는 방식을 하나씩 보겠다.

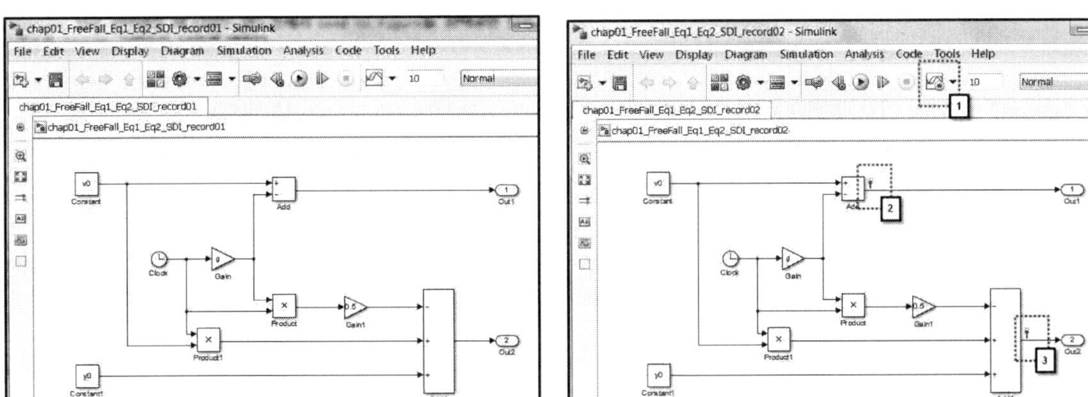

(a) chap01_FreeFall_Eq1_Eq2_SDI_record01.slx (b) chap01_FreeFall_Eq1_Eq2_SDI_record02.slx

그림 1.36: SDI 저장 후 결과 보기 위한 모델 셋팅

아래의 순서는 상관없이 셋팅이 완료된 상태에서 시뮬레이션을 실행하면 된다.

SDI 셋팅 그림 (1.37)처럼 그림 (1.36(b))에 있는 ①에 있는 버튼을 클릭하면 그림 (1.37)이 나오므로, 마우스 커서가 있는 Send Logged Workspace Data to Data Inspector를 선택하면 된다. 이렇게 선택되면 그림 (1.36(a))와 그림 (1.36(b)에 있는 ①의 아이콘이 바뀐 것을 알 수 있다.

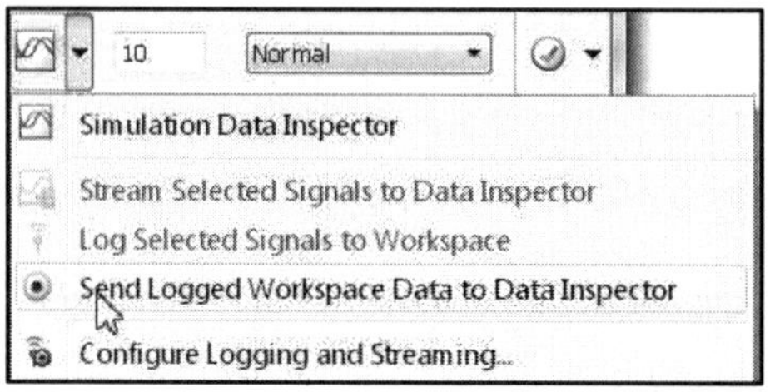

그림 1.37: SDI의 로깅된 시그널 보기 위한 셋팅

데이터 로깅 그림 (1.36(b))에서 ②와 ③을 보면 연결선 위에 안테나 모양의 아이콘이 있음을 알 수 있다. 이는 연결선에 데이터 로깅을 하면 표시되는 것으로 다음과 같은 방법으로 할 수 있다.

1. 연결선에 마우스 오른쪽 클릭을 하면 그림 (1.38(a))와 같은 메뉴가 나온다. 여기서 Properties를 선택한다.
2. 그림 (1.38(b))와 같은 Property 창에서 ①에 있는 Log signal data를 선택하고 OK를 선택하면 그림 (1.36(b))에서 ②와 ③에서 보이는 안테나 아이콘이 보인다.

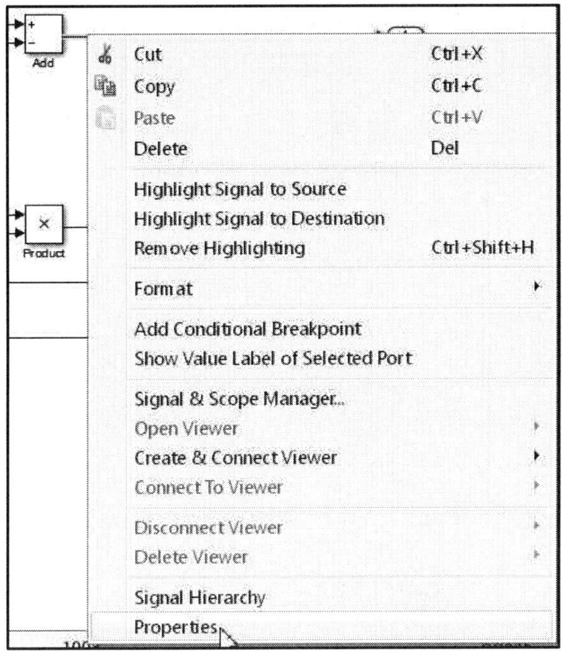

(a) 연결선에서 Properties 선택 메뉴

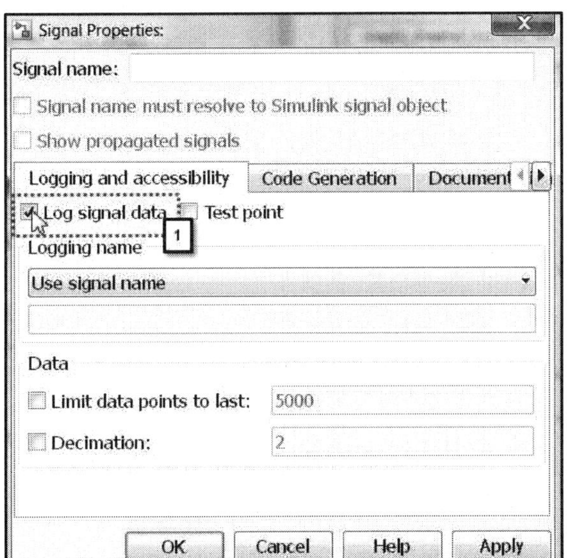

(b) Signal Properties 창

그림 1.38: 데이터 저장을 위한 옵션 셋팅

셋팅이 완료된 후에 시뮬레이션을 실행하면 그림 (1.36)에서 ①에 있는 아이콘을 보면 노란색으로 표시가 되는 것을 알 수 있다. 이는 데이터가 로깅되어서 SDI 로 표시할 수 있는 데이터가 있음을 표시하는 것이다. 아이콘을 클릭해서 SDI 를 오픈하면 그림 (1.39)를 볼 수 있다. 데이터를 보면 Outport에 연결된 데이터도 저장되는 것을 알 수 있다. 이는 Simulink에서 모델을 디폴트로 만들면 Outport에 연결된 데이터를 저장하는 옵션이 켜져 있어서 SDI가 Outport에 연결된 데이터도 같이 보여 주는 것이다. 이 부분은 나중에 Simulink의 데이터를 저장하는 다양한 방법을 볼 때 따로 설명하겠다.

그림 (1.37)에서 셋팅한 옵션은 다시 한번 같은 메뉴를 선택해서 해제하기 전에는 계속해서 데이터를 저장해서 SDI에서 볼 수 있게 하고 있으므로 앞에서 한 것처럼 중력 가속도를 반으로 해서 계속 실행해 보면 알 수 있다.

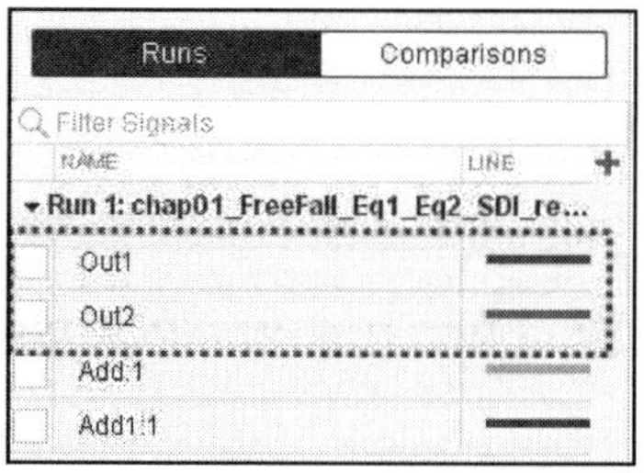

그림 1.39: SDI에 로깅된 시그널

1.2.3.5 SDI 데이터 저장하기

SDI에서 그래프를 그렸던 모든 옵션들은 SDI에서 저장하면 그대로 저장이 된다. 저장될 때 확장자는 MATLAB에서 데이터 저장하는 mat 파일 형태로 저장된다. 따라서 저장했다가 다시 파일을 열어 보면 그대로 저장된 형태를 볼 수 있다. 미리 저장된 mat 파일은 chap01_FreeFall_SDI.mat 파일이므로 열어 보기 바란다. SDI에서 기존 데이터를 열거나 혹은 저장하는 것은 VISUALIZE 탭에서 File 메뉴에 있다.

New 메뉴 SDI의 경우 한 번 데이터가 저장되거나 혹은 시뮬레이션 도중 데이터를 보고 있으면 계속해서 쌓이게 되므로 원하지 않은 예전 데이터들이 계속 있을 수 있다. SDI에 데이터를 새롭게 저장을 시작하려면 그림 (1.40(a))에 있는 New를 선택하면 새롭게 시작할 수 있다. 주의할 점은 기존 데이터를 저장할 것인지를 물어 보지 않고, 기존 데이터는 전부 지운다는 점이다.

Open 메뉴 SDI로 이미 데이터를 저장한 경우에 그 파일을 읽어서 기존의 데이터를 그대로 가지고 오기 위한 메뉴이다.

Save/Save As 메뉴 현재 데이터를 저장하는 메뉴이다. 데이터를 저장하거나 혹은 기존에 만들어진 파일을 읽으면, 그 파일의 이름이 SDI 윈도우의 제목 부분에 보인다. 그림 (1.40(a))를 보면 chap01_FreeFall_SDI.mat 파일 이름이 보일 것이다. 현재 SDI에서 보여 지는 것은 이 파일을 읽어 온 것이거나 혹은 현재 SDI에 있는 전체 데이터를 이 파일에 저장한 것이다.

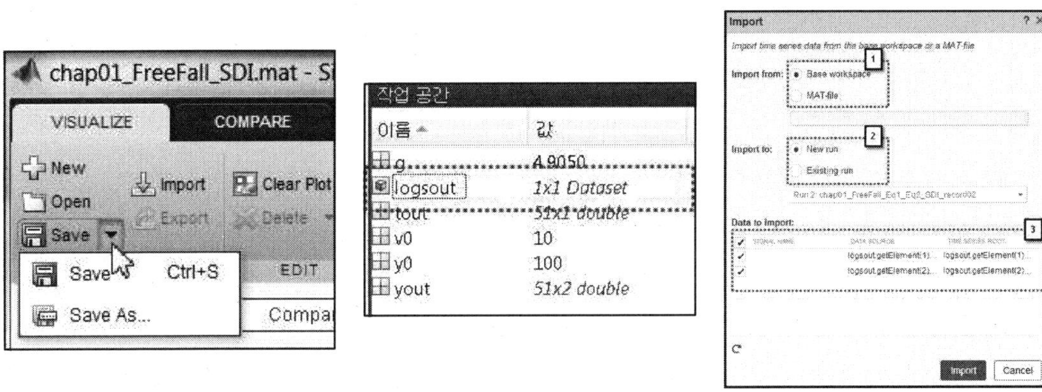

(a) SDI File 메뉴　　(b) MATLAB 작업 공간　　(c) Import 창

그림 1.40: SDI File 메뉴와 MATLAB의 작업 공간

Import 메뉴 Import의 경우는 특정 데이터만을 현재 SDI로 가져 오는 것이다. Open 메뉴와의 차이는 Open은 전체 데이터를 다 가져 오지만, Import의 경우 특정 데이터를 가져 오는 것이다.

먼저 앞에서 만들었던 모델을 실행한 후에 MATLAB의 작업 공간을 보면 그림 (1.40(b))와 같다. SDI가 Import 할 수 있는 데이터의 경우 특정 데이터 형태로 저장되어야 가능하며, 그림 (1.40(b))에서 보는 것처럼 Dataset이라는 형태가 SDI가

Import 할 수 있는 형태이다. 작업 공간에 있는 logout은 Simulink에서 모델을 새로 만들때 디폴트로 항상 Outport의 데이터를 logsout이라는 변수로 작업 공간에 저장하도록 옵션이 되어 있다. 그래서 특별히 옵션을 바꾸지 않는 한 모델을 실행한 후에는 항상 logsout을 볼 수 있다.

그림 (1.40(c))는 Import를 실행 했을때 나오는 창이다. ①은 데이터를 어디서 가져 올 것인지를 선택하는 것이다. 그림 (1.40(b))와 같이 작업 공간에 데이터가 있으면, ③에서 자동으로 SDI에서 읽을 수 있는 데이터를 보여 준다. 만일 데이터가 작업 공간이 아니고, MAT 파일에 저장되어 있으면 파일을 선택하면 그 파일안에서 SDI 가 읽어 들일 수 있는 데이터를 ③에 보여 준다.

물론 ③에서 보여 주는 모든 데이터를 불러 들일 필요가 없는 경우는 ③의 앞에 있는 체크를 해제하면 그 데이터는 불러 들이지 않는다. 그리고 이렇게 불러 들일때 기존에 데이터에 추가할 것인지 아니면, 새롭게 데이터를 추가할지를 ②에서 결정한다. SDI의 경우는 항상 데이터를 시뮬레이션의 전체 결과를 한 개의 Run이라는 항목으로 저장한다. 그래서 ②에서 Existing run을 선택하면 현재 SDI에 보이는 Run 항목을 보여 주고, 어디에 데이터를 추가할지 선택할 수 있다.

SDI가 Scope과의 가장 큰 차이점은 연속적인 시뮬레이션 결과의 데이터를 한 화면에서 보고 싶은 데이터만 선택해서 그래프를 그리고 그 차이점들을 쉽게 알 수 있다는 점이다. 또 하나의 좋은 활용 예는 사용자가 인풋인 테스트 인풋을 알고 있고, 그 인풋에 대한 아웃풋이 미리 정해져 있으면, 시뮬레이션 결과가 이 아웃풋과 같은지를 비교하는데 사용하기 쉽다는 점이다. 아니면 사용자가 직접 데이터를 로깅하고, 그 데이터가 원하는 결과와 같은지 직접 MATLAB으로 프로그래밍해야 하지만, SDI를 사용하면 COMPREA 탭을 활용해서 쉽게 할 수 있다는 점이다.

또한 데이터가 있는 상태에서 VISUALIZE 탭에 있는 SHARE 메뉴에서 Create Report 항목도 사용해 보기 바란다. html 형태이긴 하지만, 간단한 리포트를 생성해 준다. 특히 COMPARE 기능을 이용하면 결과 리포트로 쓰기에 충분한 정보를 주므로 사용해 보기 바란다.

그리고 지금까지 했던 모든 작업도 물론 MATLAB으로 프로그래밍을 해서 자동화 할 수 있는 충분한 API 를 제공하지만, 이는 Simulink만 알아서 되는 것이 아니고, MATLAB의 프로그래밍과 Simulink 모두를 잘 알아야 할 수 있는 수준이므로 다음에 기회가 되면 설명하도록 하겠다.

1.2.4 Scope 블록

Scope 블록의 경우 R2015b에서 완전히 새롭게 만들어진 Scope 블록으로 변경되었다. 예전에 만들어진 모델에 사용되는 Scope 블록의 경우에도 새로운 Scope으로 변경되어서 모델이 오픈된다. R2015a 버전에서 Scope 블록의 경우 기존에 단순히 시간축에 대해서 그래프를 보는 것을 넘어서 Time Scope이라는 기능이 추가되면서 시뮬레이션 후에 데이터 분석을 손쉽게 할 수 있는 기능을 제공했으며, Time Scope 블록이 R2015b부터 Scope 블록을 대체했다.

그림 (1.41)을 보면 왼쪽에 Scope 블록을 모델에 추가하고 Scope 블록을 더블 클릭한 후 시뮬레이션을 한 결과가 그림 (1.41)의 오른쪽 Scope에 보이는 것이다.

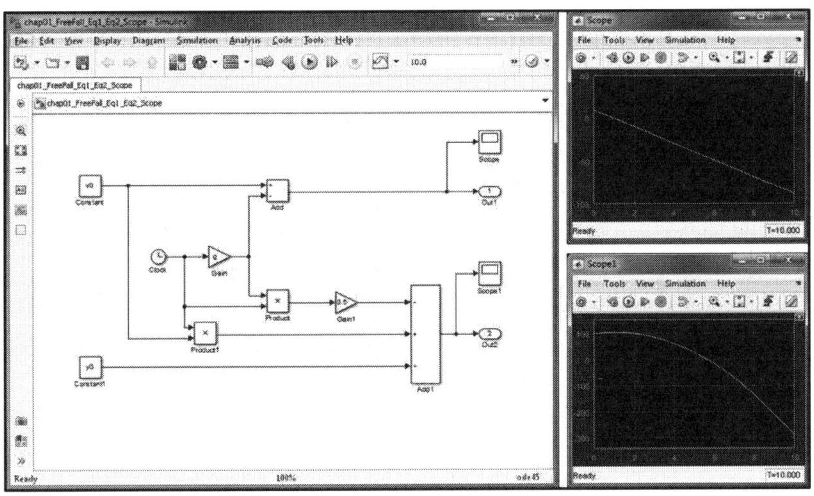

그림 1.41: chap01_FreeFall_Eq1_Eq2_Scope.slx

1.2.4.1 Scope 블록의 옵션

그림 (1.42)를 보면 Scope 화면에서 시뮬레이션을 실행할 것인지에 대한 버튼이 있으며 "커서 데이터 측정"이라는 아이콘이 있어서 현재 화면에 보는 데이터를 분석할 때 유용하게 사용할 수 있다. 일반적인 Simulink의 블록은 더블 클릭했을때 그 볼록에 해당하는 옵션을 볼 수 있는 창이 열리지만, Scope 블록은 더블 클릭하면 그래프로 결과를 볼 수 있는 창이 열리며, 그 창에 그림 (1.42)와 같이 옵션을 볼 수 있다.

다양한 옵션이 있지만, 트리거의 경우 아직 트리거 신호를 모르기 때문에 뒤에서 트리거에 대한 내용을 알게 되면 이해할 수 있을 것이다.

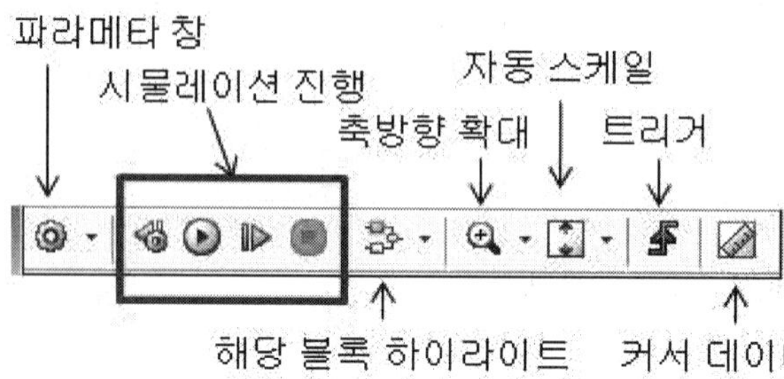

그림 1.42: Scope 블록의 옵션

- **파라메타 창** 파라메타 창 아이콘을 클릭하면 그림 (1.43)과 같이 Main, Time, Display, Logging의 타이틀이 붙은 윈도우가 나온다.

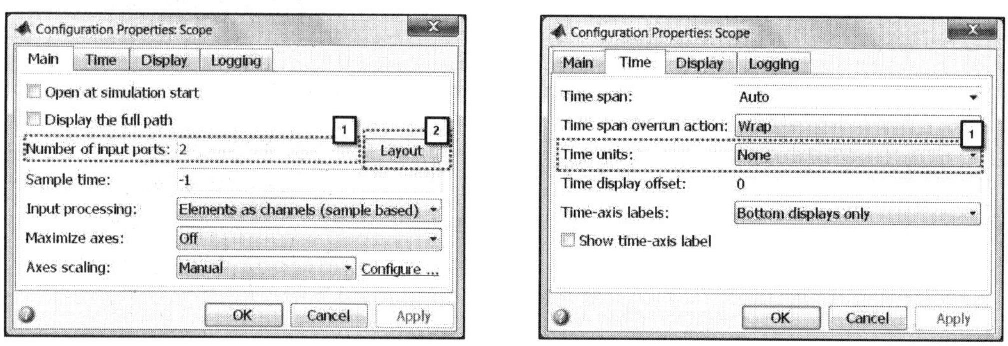

(a) Main (b) Time

그림 1.43: Scope 블록의 파라메타 창 1

Main 블록의 인풋을 몇 개로 할 건지에 대한 셋팅을 할 수 있다. 그림 (1.43(a))의 ①에서 셋팅을 할 수 있다. 또한 기존의 Scope과 다르게 ②에 있는 Layout 버튼을 클릭해서 두 개 이상의 시그널을 어떤 형태로 그래프를 보여 줄 수 있는지 셋팅할 수 있다. 만약 한 개의 그래프만 선택하면 인풋으로 들어 온 두 개의 데이터를 한 개의 그래프에서 통합해서 보여 준다. 자세한 설명은 뒷 부분을 참고하면 된다.

Time 기존의 Scope은 무조건 단위를 초 단위로 보여줘서 소수점 아래가 구별이 안갈 때가 많았지만, 그림 (1.43(b))의 ①에 있는 옵션을 클릭하면, None, Metric, Seconds라고 나오는데, None인 상태에서 시뮬레이션을 하고 Time Scope의 오른쪽 아래 코너를 보면 시간에 대한 내용이 전혀 없지만, 이를 Metric이나 Seconds로 변경한 후 시뮬레이션을 해보면 이번에는 시간에 대한 단위가 secs로 나올 것이다. 확인을 해보고 싶으면 Metric으로 두고 시뮬레이션 시간을 0.1초로 변경해 보면 ms로 변경될 것이다.

Display 그림 (1.44(a))의 ①은 그 아래에 있는 옵션들을 어떤 그래프에 적용할 건지 선택하는 것이다. 여기서는 그래프가 두 개 있으므로 2로 나오는 것이다. ②를 체크하면 ①에서 선택된 그래프에 입력된 데이터가 어떤 블록과 연결된 것인지 범례로 보여 준다.

Logging 그림 (1.44(b))는 뒤에 나오는 데이터 로깅 부분을 참조하면 어떤 의미인지 쉽게 이해할 수 있다. ①은 시뮬레이션이 끝났을때부터 거꾸로 총 5000개의 시그널만 저장한다는 의미이다. 예를 들어 1초에 한번씩 실행되는 데이터를 저장하는데, 시뮬레이션을 6000초동안 하게 되면, 1001초부터 6000초까지만 저장되는 것이다.

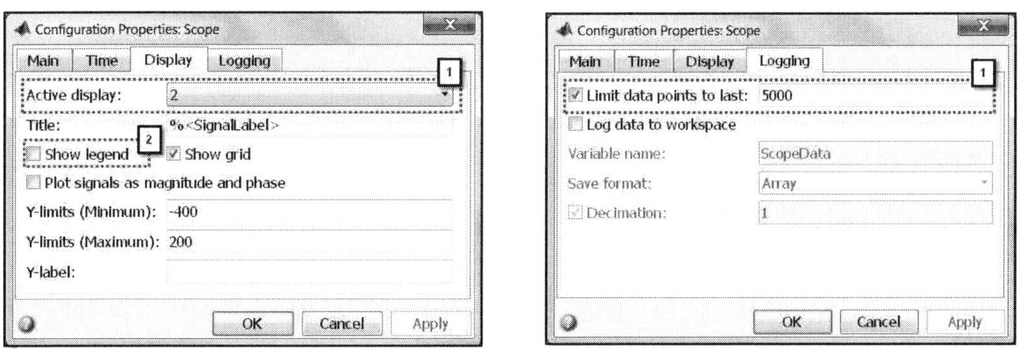

(a) Display (b) Logging

그림 1.44: Scope 블록의 파라메타 창 2

- **시뮬레이션 진행** 모델 에디터에서 시뮬레이션을 실행하거나 정지등을 할 수 있듯이, Scope에서 똑같이 사용할 수 있다.

- **해당 블록 하이라이트** 모델에 현재 Scope 블록을 하이라이팅해서 다른 Scope 블록과 구별이 되도록 표시 한다.

- **축방향 확대**

  영역 지정 확대 마우스로 영역을 지정해서 확대할 수 있다.

  x축 방향 확대 확대하는 방향이 x축 방향만 되므로 시간축에 대해서만 확대가 가능하다. 이 옵션을 선택한 후 마우스를 움직여 보면 정확히 어떻게 되는지 확인할 수 있다.

  y축 방향 확대 시간축인 x축은 그대로 두고, y축 방향만 확대할 수 있다.

  축소 확대했던 그래프를 축소해서 보는 기능이다.

  팬 마우스로 선택한 상태에서 움직이면 그래프가 마우스와 함께 움직인다.

- **자동 스케일** 확대/축소 등에서 그래프 전체 범위를 보기 위해서는 사용한다. 이때 y축으로만 혹은 x축으로만 자동 스케일을 할 것인지 또는 x축/y축 동시에 할 것인지 등과 같이 세 가지 옵션이 있다.
- **커서 데이터 측정** 그림 (1.45(a))는 처음 커서 데이터 측정 아이콘을 클릭했을 때 나오는 화면이다. 오른쪽에 나오는 정보를 보면 ①은 두 개이상의 인풋이 있는 경우 어떤 그래프에 있는 값을 볼 것인지에 셋팅하는 부분이다. 여기에 보여 주는 것은 시그널이 연결된 블록의 이름을 보여 준다. 여기서는 Add 블록의 아웃풋인 첫 번째 그래프에 대한 데이터를 보여 주고 있다. ③에는 ①에서 선택한 그래프에 커서와 그래프가 만나는 지점에 대한 정보를 보여 준다. 시간에 대한 차이뿐만 아니라 y값의 차이도 ΔV로 보여 준다.

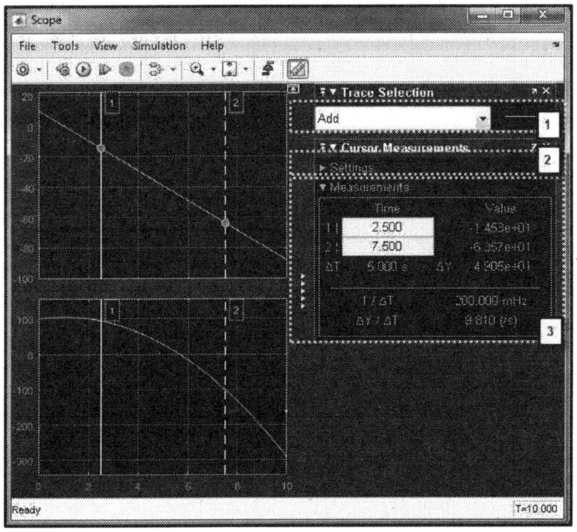

(a) 커서 데이터 측정

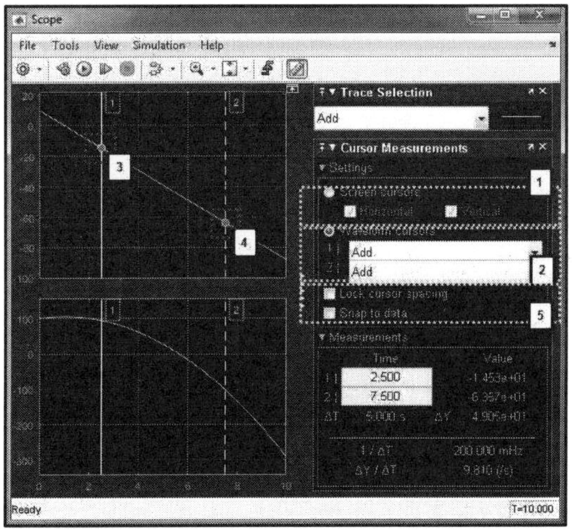

(b) 커서 데이터 측정 옵션

그림 1.45: 커서 데이터 측정 옵션을 사용한 Scope 블록

그림 (1.45(b))는 그림 (1.45(a))에서 ②를 클릭했을때 데이터 커서에 대한 셋팅을 위한 부분이 포함되어 나온 것이다. ③과 ④와 같이 실제 그래프와 교차되는 지점에 값을 알 수 있다. 만약 그림 (1.45(b))의 ②에서 2로 되어 있는 부분을 Add1으로 바꾼다면 그 아래 그래프에 2번 데이터 커서와 교차점의 값을 알려 줄 것이다. ②에 있는 옵션은 실제로 바꿔 가면서 한번 해보면 알 수 있을 것이다.

그림 (1.45(b))의 ⑤는 데이터 커서의 움직임을 제약하는 옵션을 표시한다.

Lock cursor spacing 옵션을 사용하게 되면 그래프에 보이는 데이터 커서가 각각을 따로 움직이지 못하고 두 데이터 커서 사이의 차이는 그대로 유지되도록 움직인다. 예를 들어 5초 단위로 값의 차이를 보고 싶으면 먼저 이 옵션을 해제해서 △T가 5초가 되도록 한 후에 이 옵션을 설정하면 데이터 커서는 항상 5초 간격으로 움직이면서 △V를 알 수 있게 된다.

Snap to data 데이터 커서를 움직이면 실제로는 시뮬레이션이 일어 나지 않은 시간에도 보간법을 사용해서 그 값을 보여준다. 이 옵션을 설정하면 실제로 시뮬레이션이 일어난 시간으로만 데이터 커서를 움직일 수 있다.

1.2.4.2 두 개 이상의 시그널을 하나의 Scope에서 보기

두 개 이상의 시그널을 하나의 Scope에서 보기 위해서는 그림 (1.43(a))처럼 파라메타 창의 Main 탭에 있는 Number of Input ports를 2이상 쓰면 Scope 블록에 숫자에 맞게 인풋 포트가 생긴다.

그림 (1.46)은 앞에서 설명한 Number of Input ports를 2로 해서 사용할때 Layout을 어떻게 하는지에 따라 나오는 결과를 보여 준다. 그림 (1.46(b))는 아래에 있는 그래프가 전체 데이터를 보여 주지 않기 때문에 앞에서 배운 자동스케일을 x 축/y 축 동시에 적용하면 전체 데이터를 볼 수 있다.

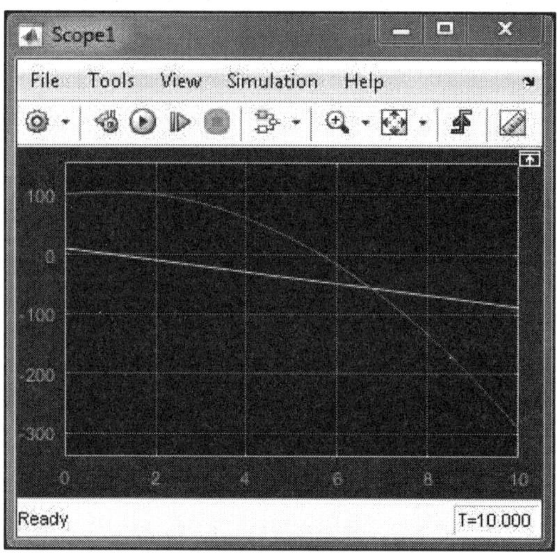

(a) Layout을 디폴트로 두거나 1로 했을때

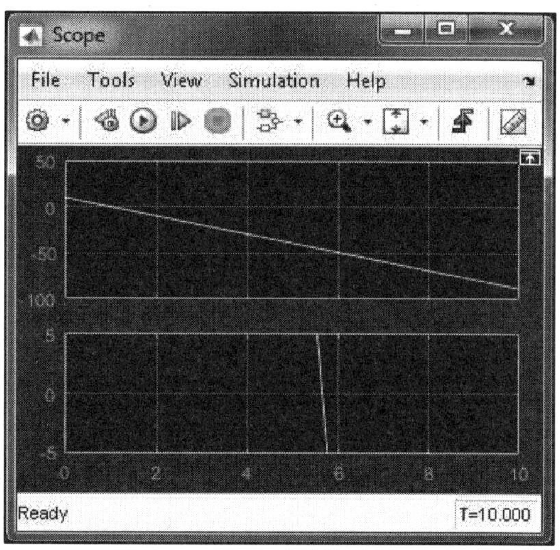

(b) Layout을 2x1으로 했을때

그림 1.46: 2개이상의 시그널 보기, chap01_FreeFall_Eq1_Eq2_Scope_TwoInputs.slx

1.2.5 시그널과 파라메타

기본적으로 Simulink를 사용할때 쓰는 용어들에 대한 개념을 설명하겠다. 가장 많이 사용되는 용어가 바로 시그널과 파라메타라는 용어일 것이다. 파라메타는 또한 Tunable 파라메타와 Non-tunable 파라메타 두 경우로 나뉘어 지는데, 개념을 잘 이해해야 Simulink를 잘 사용할 수 있다.

시그널 Simulink에서 시그널은 시뮬레이션 중에 계속해서 변경되는 값으로 블록과 블록 사이에 연결된 선에의해 전달되는 값을 의미한다. 시그널의 경우 유저가 직접 변경하거나 할 수 없으며, 블록의 인풋에 의해서 계산되는 아웃풋의 값이 다른 블록과 연결되는 선에 값을 의미한다.

파라메타 파라메타는 사용자가 직접 값을 지정하는 것으로 각 블록을 더블 클릭하면 나오는 파라메타 창에서 변경할 수 있는 것들이다. 즉, 숫자나 변수로 직접 지정하는 것뿐만 아니라 체크 박스와 같은 옵션도 파라메타로 볼 수 있다. 기본적으로 이 파라메타의 값은 시뮬레이션이 시작되기 전에 결정되어 있어야 한다. 결정되어 있지 않으면, 시뮬레이션이 실행되지 않고, 에러를 띄운다.

1.2.5.1 시그널 이름 지정

시그널의 경우 디폴트로 항상 이름을 가지고 있지 않다. 하지만, 특별한 경우 이름을 지정해야 하는 경우가 있는데, 이럴 경우 다음과 같은 순서로 이름을 지정할 수 있다.

1. 이름을 지정하고자 하는 시그널을 마우스 오른쪽으로 클릭한다.
2. 팝업 메뉴에서 맨 마지막에 있는 Properties를 선택한다. 이는 앞에서 했던 SDI 에서 이미 했던 과정으로 그림 (1.38(a))를 보면 된다.
3. 그림 (1.47(a))와 같은 파라메타 창에서 ①에 시그널 이름을 입력하면 된다. 이름은 변수 이름 짓기와 마찬가지로 제약을 받으므로 공백이 있으면 안되며 시작을 특수 문자나 숫자로 시작하면 안 된다.

4. 그림 (1.47(b))와 같이 시그널에 이름이 지정된 것을 알 수 있다.

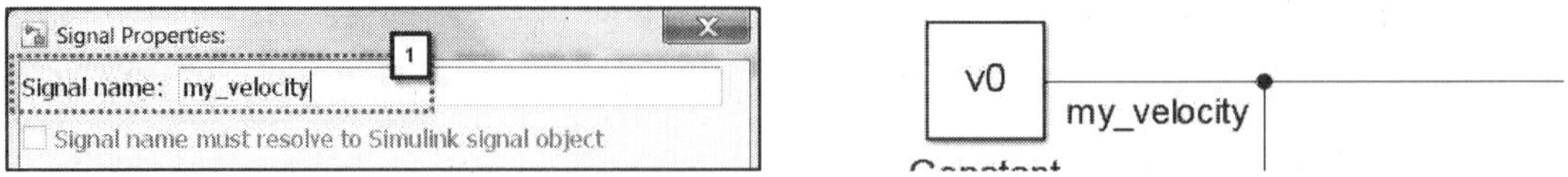

(a) 시그널 이름을 위한 시그널 파라메타 창

(b) 이름이 표시된 시그널

그림 1.47: 시그널 이름 지정

시그널 이름 지정하는 것은 뒤에 나올 시그널 로깅에서 다시 다루게 되니 아무 모델이나 열어서 직접 해보기 바란다.

1.2.5.2 Tunable 파라메타와 Non-tunable 파라메타

파라메타는 변경 가능(Tunable) 파라메타와 변경 불가능(Non-tunable) 파라메타로 두 종류로 구별할 수 있다. 여기서 변경 가능이란 시뮬레이션 도중에 변경이 가능한 것을 뜻한다. 즉 모든 파라메타는 시뮬레이션이 시작되기 전에 값이 정해져야 하는데, 시뮬레이션 도중에 이 파라메타 값이 변경 가능하면 Tunable 파라메타라고 하며, 변경이 불가능하면 Non-tunable 파라메타라고 한다.

가장 접하기 쉬우면서 대표적인 Tunable 파라메타는 Gain 블록의 게인값이다. 그림 (1.48)과 같은 모델을 만들고 시뮬레이션 시간을 inf로 적는다. 시뮬레이션 시간을 inf로 쓰면 시뮬레이션을 사용자가 Stop 버튼을 클릭해야 끝내겠다는 것이다. 시뮬레이션 도중에 Scope 블록을 열어서 결과를 보면 Gain 블록의 게인값이 3이므로 값이 3과 -3 사이를 왕복하는 것이 보인다. 시뮬레이션 도중에 Stop 버튼을 누르지 않고, Gain 블록을 더블 클릭해서 나오는 창에서 게인값을 변경하고 Apply 버튼을 클릭하면 Scope에 바로 적용되어 변경이 가능함을 알 수 있다.

Non-tunable 파라메타는 시뮬레이션 도중에 파라메타 창에서 변경이 불가능하게 나온다. 즉 시뮬레이션 도중에 파라메타 창을 오픈했을때 변경이 가능한 파라메타는 Tunable 파라메타라고 생각하면 된다.

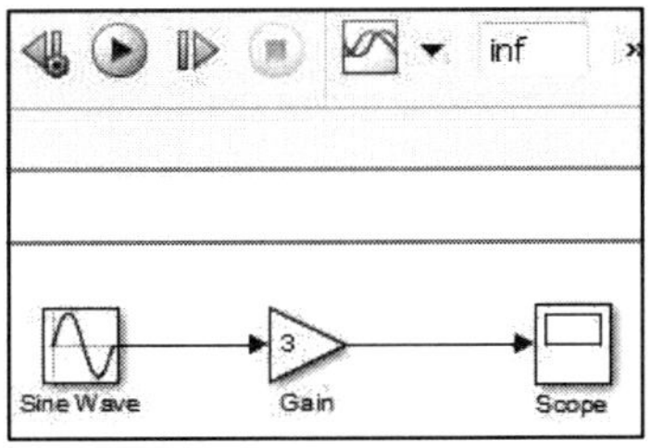

그림 1.48: Tunable **파라메타 확인을 위한 모델** (chap01_Tunable.slx)

더 깊이 있게 들어 가자면 이 책의 범위를 벗어 나니 이 정도만 설명하도록 하겠다.

Chapter

상미분 방정식의 모델링 2

Simulink는 상미분 방정식(ODE, Ordinary Differential Equation)중에서 시간에 대한 미분 방정식을 쉽게 모델링할 수 있는 방법을 제공한다. ODE의 해를 구하기 위해서는 다양한 솔버가 있으며, Simulink가 제공하는 다양한 솔버에 대해서 알아 보자. 또한 Simulink에서 제공하는 Zero Crossing이라는 기능에 대해서 알아 보고, Simulink의 해석 엔진이 실제로 시뮬레이션시에 어떤 순서로 시뮬레이션을 수행하는지도 알아 보자. 그리고 두 개 이상의 샘플 타임을 가진 경우에 어떻게 모델링하는 것이 좋은지도 알아 보자.

Simulink가 제공하는 솔버는 사용자가 직접 지정할 수도 있지만, R2016a 버전부터 Simulink가 모델을 분석해서 적합하다고 생각되는 솔버를 자동으로 셋팅해 준다. 꼭 지정해서 변경해야 하는 것이 아니면, 자동으로 셋팅하는 것이 좋다.

2.1 시간에 대한 ODE 모델링 방법

ODE 중에서 시간에 대한 식을 모델링하는 것은 어느 정도 정형화 되어 있다. 아래 방법을 사용하면 어떤 형태의 시간에 대한 ODE라도 Simulink에서 모델링할 수 있다.

1. 한 번에 한 개의 식을 먼저 만든다.
   만약 여러 개의 식이 있는 경우 항상 한 개씩 만들어서 서로 연관되는 것들을 연결한다.

2. 미분 차수 한 개당 한 개의 Integrator 블록을 이용한다. Integrator 블록은 Continuous 라이브러리에 있다.

3. 미분 차수에 해당되는 초기 값이 있는 경우 Integrator 블록의 파라메타중에 Initial Condition에 입력한다.

4. 가장 높은 차수의 변수를 = 의 왼쪽으로 두고 나머지는 전부 오른쪽으로 옮긴다.

5. 가장 높은 차수의 변수에 대한 Integrator 블록을 중심으로 수식을 만들어 간다.

2.2 Integrator 블록을 이용한 자유 낙하 운동 모델링

앞에서 이용했던 자유 낙하 운동의 위치를 구하는 식을 다시 생각해 보자. 식 (2.1a)는 ODE이며, 이를 직접 적분해서 구한 것이 식 (2.1b)이므로, 식 (2.1a)를 ODE 모델링하는 방식으로 모델링해서 식 (2.1b)의 결과와 비교해 보겠다.

$$v(t) = -gt + v_0 \tag{2.1a}$$

$$y(t) = -\frac{1}{2}gt^2 + v_0 t + y_0 \tag{2.1b}$$

변수설명		
	v_0	초기속도 (m/s)
	$v(t)$	수직방향속도 (m/s)
	y_0	초기높이 (m)
	$y(t)$	시간에 따른 높이 (m)
	t	시간 (sec)
	g	중력가속도 $(9.81m/s^2)$

이미 만들어진 모델인 chap01_FreeFall_Eq1_Eq2.slx을 이용해서 ODE를 추가한 후 그 결과를 Simulation Data Inspector로 확인해 보겠다.

식 (2.1a)가 이미 그림 (2.1(a))에서 ①에서 구현되어 있고, 식 (2.1b)는 ②에 구현되어 있다. ①의 결과 시그널에 Integrator 블록을 이용해서 결과를 얻고 (③), 그 결과를 식 (2.1b)의 결과와 비교해 보겠다.

그림 (2.1(c))은 디폴트 값으로 Integrator 블록을 붙인 경우의 결과이다. 경향성은 똑같지만, 보는 것과 같이 초기 값이 다름을 알 수 있다. 이는 그림 (2.1(b))에 있는 ①의 초기값이 0이기 때문이다. 이를 100으로 변경하면 그림 (2.1(d))와 같이 똑같음을 알 수 있다.

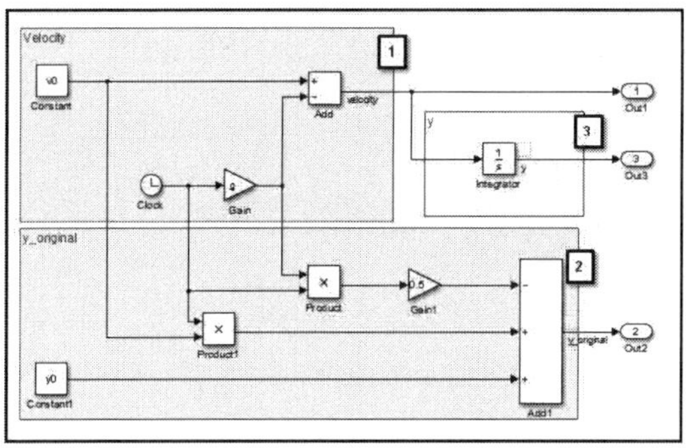

(a) Integrator 블록을 추가한 모델

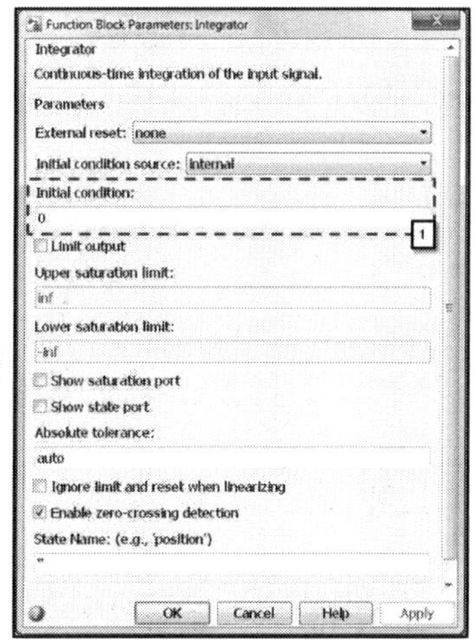

(b) Integrator 블록의 파라메타 윈도우

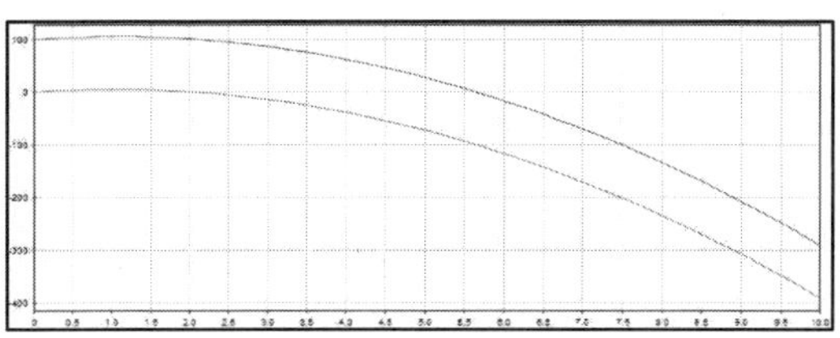

(c) Integrator 블록 초기값(y0=0)

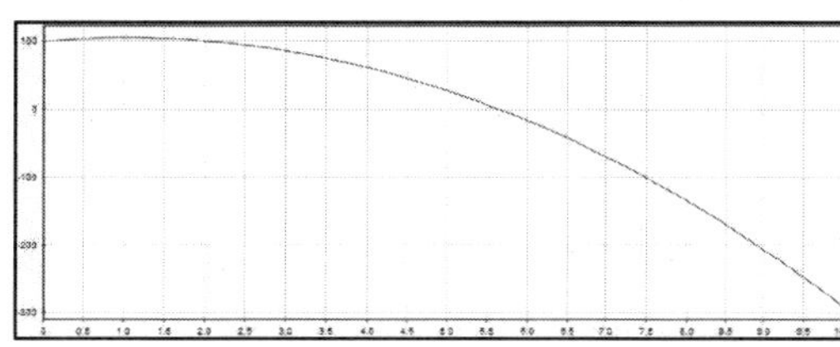

(d) Integrator 블록 초기값(y0=100)

그림 2.1: chap02_FreeFall_Eq1_Eq2_ODE.slx

2.3 진자 운동 모델링

그림 (2.2)는 진자의 움직임을 간략하게 그린 것이다. 이를 바탕으로 운동 방정식을 만들면 식 (2.2)와 같다.

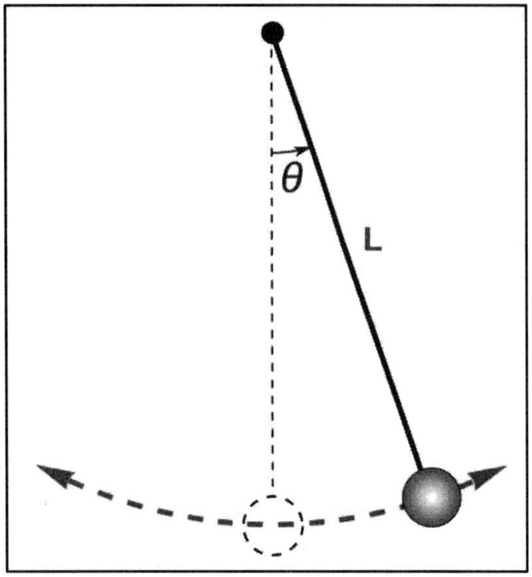

그림 2.2: 진자 운동

$$\ddot{\theta} + \frac{g}{L} sin\theta = 0 \qquad (2.2)$$

θ_0 진자초기위치 ($30 * \mathrm{pi}/180 rad$)

θ 진자위치 (rad)

L 진자길이 (m)

g 중력가속도 ($9.81 m/s^2$)

순차적으로 모델링하는 것을 알아 보자

1. 식 (2.2)는 가장 높은 미분 차수가 2이므로 나머지 부분을 = 의 오른쪽으로 옮겨서 정리한다.

$$\ddot{\theta} = -\frac{g}{L} sin\theta \qquad (2.3)$$

2. 식 (2.3)을 모델링하기 위해서는 아래 그림 (2.3) 과 같이 2개의 Integrator 블록이 필요하다.

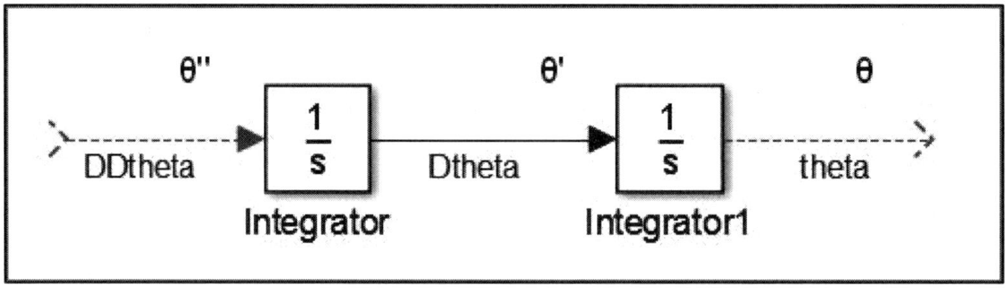

그림 2.3: Integrator 블록을 활용한 진자 운동을 위한 모델링

3. 식 (2.2)를 보면 θ_0의 값이 30도이며, 나중에 쉽게 변경하기 위해서 theta0라는 변수로 값을 넣겠다. 그림 (2.3)에서 Integrator1이라고 이름 붙은 블록의 파라메타에서 초기화 값을 theta0로 해주어야 한다. 식에서 $\dot{\theta}_0$의 값이 특별히 없으므로 Integrator라고 이름 붙은 블록의 초기값은 디폴트인 0으로 둔다.

4. 나머지는 식 (2.3)을 보이는 그대로 모델링을 하면 된다.

   a) sinθ는 Math 라이브러리에 보면 Trigonometric Function 블록이 있다. 이 블록이 삼각 함수를 모두 계산할 수 있다. sin/cos/sinh/cosh/asin/acos 등등 어떤 삼각 함수 인지는 파라메타 윈도우에서 옵션으로 선택할 수 있으니, 이번 기회에 한번 봐두자.

   b) 그림 (2.4(a))와 같이 블록을 Library Brwoser로부터 가져 오면 항상 왼쪽에 인풋이 오른쪽에 아웃풋이 있는 형태로 블록이 복사가 된다. 원하는 형태는 그림 (2.4(b))와 같이 되는 것이다.

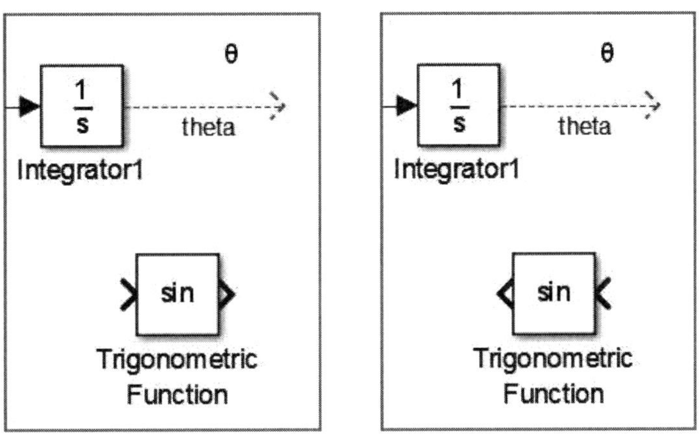

(a) sin 함수를 위한 블록 추가　　(b) 뒤집힌 블록

그림 2.4: Trigonometric Function 블록과 블록의 회전/뒤집힘

c) 필요에 따라서 인풋과 아웃풋의 위치가 바뀌어야 할 필요가 있다. 이를 위해서 블록을 회전 할 수가 있는데, 이는 시계 방향 혹은 반 시계 방향으로 항상 90도 단위로 회전이 가능하다. 또한 뒤집힘도 가능한데, 블록을 오른쪽 클릭하면 그림 (2.5)와 같은 메뉴에서 Rotate & Flip을 선택하면 단축키와 함께 회전이나 뒤집힘을 선택할 수 있다.

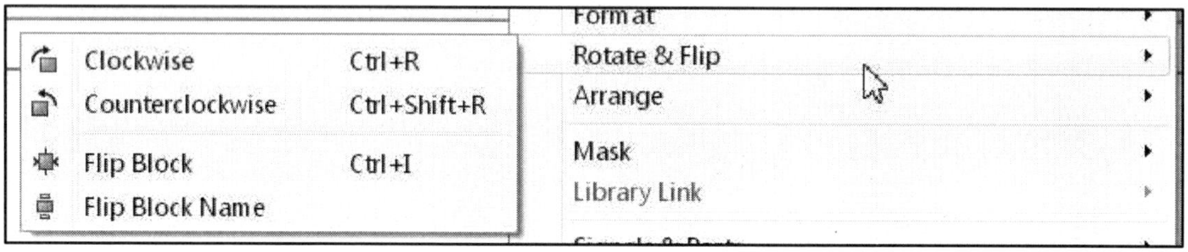

그림 2.5: 블록의 회전 및 뒤집힘

d) 그림 (2.6(a))는 모델링은 완료했지만, Gain 블록에 어떠한 값이 들어 있는지 알기 어렵다. Simulink 모델은 일종의 명세서와 같기 때문에 한눈에 내용을 알아 봐야지, 값이 얼마인지 알기 위해서 Gain 블록을 더블 클릭해서 파라메타를 알 수 있으면 좋지 않은 방법이다. Gain 블록의 경우 기본적인 크기에서 게인 값을 다 보여 줄 수 있으면 보여 주고, 보여 줄 수 없는 경우에 그림 (2.6(a))와 같이 -K-와 같이 보여 준다. 이는 Gain 블록의 크기를 게인 값을 다 보여 줄 수 있도록 적당히 키우면 그림 (2.6(b))처럼 보여 준다.

5. 다음과 같이 파라메타에 대한 값을 MATLAB 명령 창에서 실행한다.

```
>> theta0 = 30 * pi / 180; L = 0.5; g = 9.81
```

6. 이 모델의 경우 아웃풋이 라디안 값이라서 우리가 일반적으로 사용하는 각도 형태로 만들기 위해서 그림 (2.7)과 같이 Gain1 블록을 추가해서 SDI로 결과를 그려 보면 진자가 −30도~ +30도 사이로 움직임을 알 수 있다.

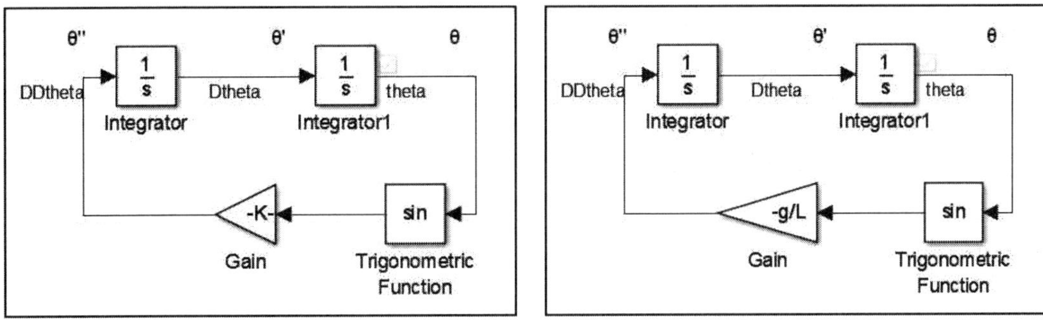

(a) 전체 모델1 (b) 전체 모델2

그림 2.6: chap02_Pendulum.slx

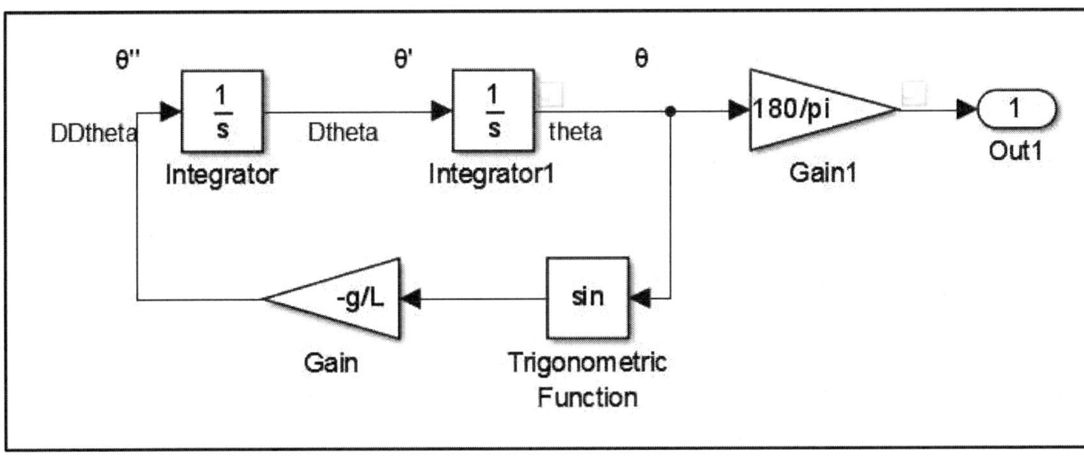

그림 2.7: 각도로 아웃풋을 보기 위해 추가한 모델, chap02_Pendulum_Deg.slx

2.4 기계적 시스템의 모델링

아래 그림 (2.8)과 같은 기계적 시스템은 ODE로 운동 방정식을 구하면 식 (2.4)와 같다.

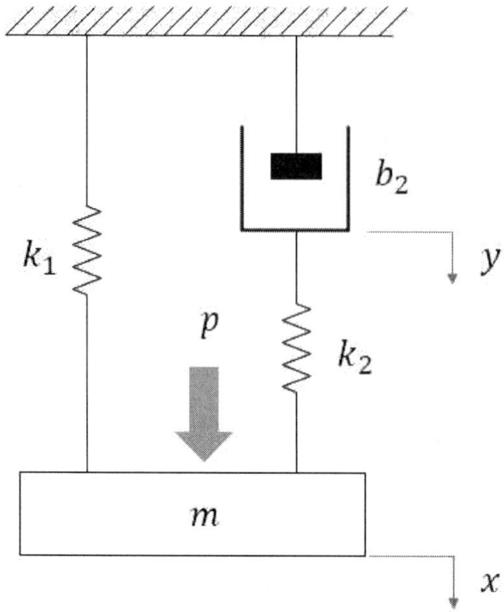

$$m\ddot{x}+k_1x+k_2(x-y)=p \qquad (2.4a)$$

$$k_2(x-y)=b_2\dot{y} \qquad (2.4b)$$

그림 2.8: 진자 운동

1. 식이 두 개이므로 먼저 어떤 식을 모델링 할 것인지 선택을 해야 한다. 여기서는 식 (2.4a)를 먼저 모델링 하겠다.

   a) 식 (2.4a)는 x에 대해서 가장 높은 미분 차수가 2차이고 식을 모델링을 하기 위해서 정렬해 보면 다음과 같다.

   $$\ddot{x}=\frac{-k_1x-k_2(x-y)+p}{m} \qquad (2.5)$$

   b) 2차 미분이므로 2개의 Integrator 블록이 필요하며, 그림 (2.9)는 식 (2.5)를 모델링한 것이다.

   - 식 (2.5)의 $k_2(x-y)$에서 y는 아직 모델에 있지 않으므로 자리만 잡아 놓은 상태이다. 다음 식에서 y가 모델링된 후 연결한다.
   - 힘인 p의 경우는 일반적으로 동적 시스템 분석시 많이 사용하는 Step 인풋 블록을 사용하였다.

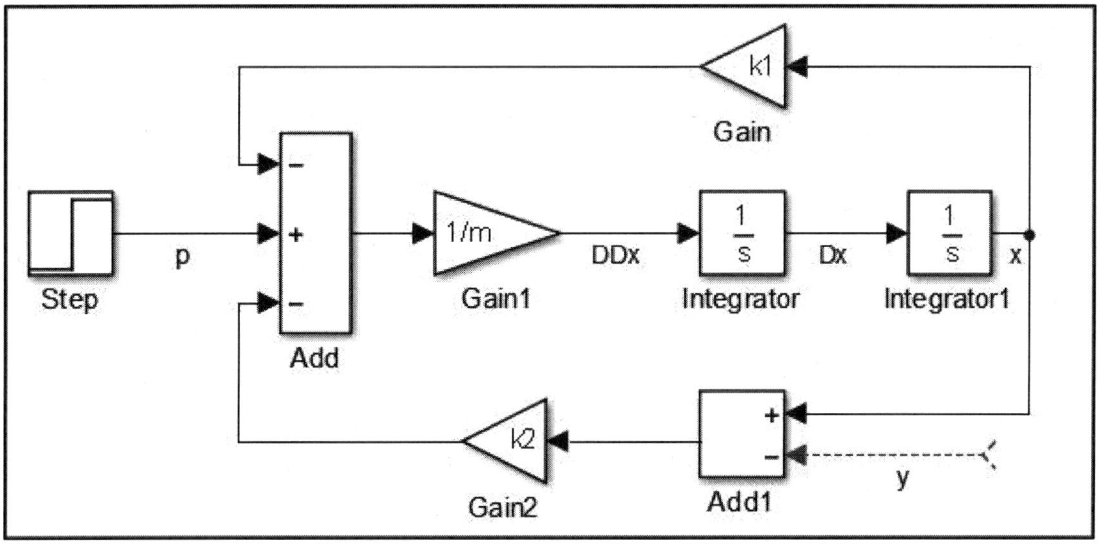

그림 2.9: 식 (2.5)를 모델링, chap02_mechanical_eqns_01.slx

2. 식 (2.4b)를 모델링해서 앞에서 모델링한 부분과 연결한다.

   a) 식 (2.4b)는 y에 대해서 1차 미분이므로 식을 다시 정렬하면 다음과 같다.

$$\dot{y} = \frac{k_2(x-y)}{b_2} \tag{2.6}$$

   b) 1차 미분이므로 1개의 Integrator 블록이 필요하며, 그림 (2.10)에서 ①이 식 (2.6)을 모델링한 것이다.

3. 시뮬레이션 실행을 위해서 다음과 같이 파라메타 변수들을 입력한다.

```
>> m = 0.1; b2 = 0.4; k1 = 6; k2 = 4;
```

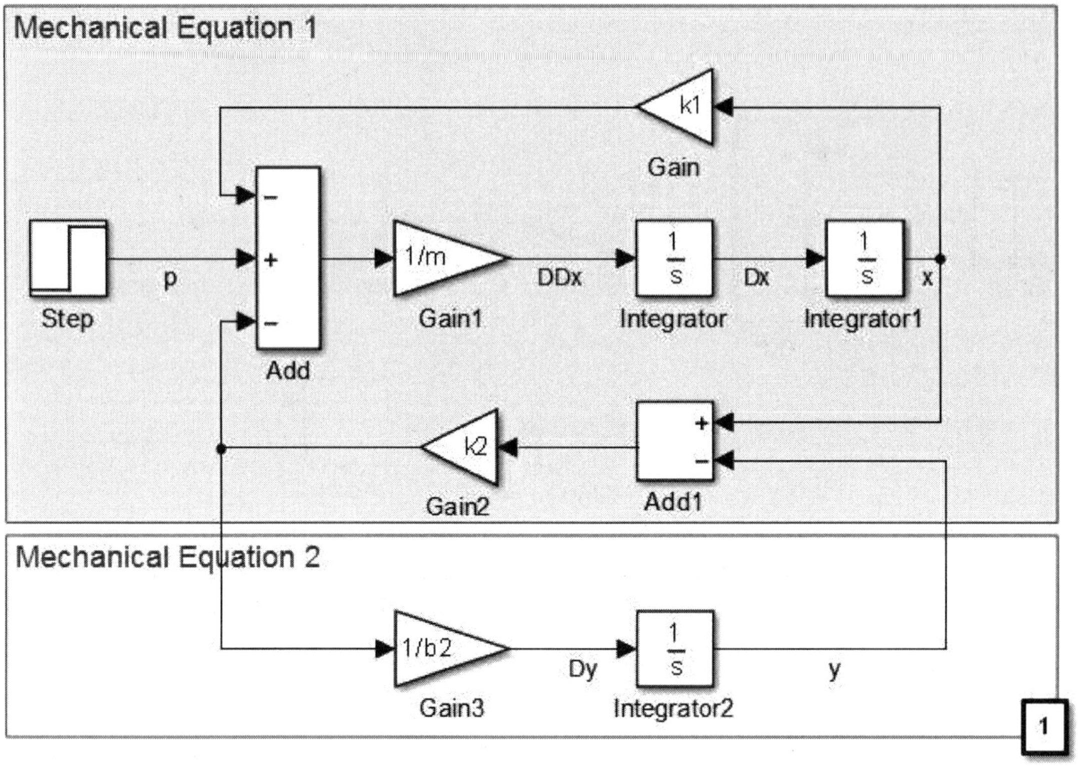

그림 2.10: 식 (2.5)와 식 (2.6) 모델링, chap02_mechanical_eqns_02.slx

그림 (2.10)을 실행해서 x와 y의 값을 확인해 보자. SDI를 이용해도 좋고, Scope을 이용해서 봐도 좋으니 꼭 확인하자.

2.4.1 라플라스 변환을 이용한 모델링

앞에서 본 것처럼 동적 시스템을 미분 방정식을 구해서 그 자체를 바로 모델링을 해도 좋지만, 선형시불변(LTI: Linear Time Invariant) 시스템의 경우 라플라스 변환식을 통해서 s도메인으로 변환한 후에 시스템을 분석하는 경우가 많다. Simulink의 라이브러리 중에는 이러한 라플라스 변환된 식을 쉽게 모델링 할 수 있도록 Transfer Fcn 블록을 제공한다.

2.4.1.1 전달 함수 변환

식 (2.4a)와 식 (2.4b)를 라플라스 변환을 하면 다음과 같이 대수 방정식으로 변경되어서 계산 시 많은 이점을 가진다.

$$ms^2X(s)+k_1X(s)+k_2(X(s)-Y(s))=P(s) \tag{2.7a}$$

$$k_2(X(s)-Y(s))=b_2sY(s) \tag{2.7b}$$

Transfer Fcn 블록에 위 수식을 추가 하기 위해서는 전달 함수 (Transfer Function) 형태로 만들어야 한다. 이를 위해서 위 수식을 재 정렬해서 다음과 같이 전달 함수 형태로 만든다. 식 (2.7b)를 정리해서 식 (2.8)과 같이 만든 후에 식 (2.9)처럼 정리한다.

$$Y(s)=\frac{k_2X(s)}{b_2s+k_2} \tag{2.8}$$

$$\frac{X(s)}{P(s)}=\frac{b_2s+k_2}{mb_2s^3+mk_2s^2+(k_1+k_2)b_2s+k_1k_2} \tag{2.9a}$$

$$\frac{Y(s)}{P(s)}=\frac{k_2}{mb_2s^3+mk_2s^2+(k_1+k_2)b_2s+k_1k_2} \tag{2.9b}$$

2.4.1.2 Transfer Fcn 블록의 사용

Simulink 라이브러리 브라우저에서 Continuous 에 있는 Transfer Fcn 블록을 모델로 가져와서 파라메타 윈도우에 그림 (2.11)과 같이 필요한 파라메타를 추가한다.

전달 함수를 Transfer Fcn 블록에 입력할 때는 식 (2.9)에 있는 분자와 분모를 각각 따로 s에 차수를 기준으로 입력을 한다. 즉, 그림 (2.11)에서 ①부분에 분자의 계수를 입력해야 한다. 식 (2.9a)에 분자만 분석해 보면, s^1의 계수는 b_2이며, s^0의 계수가 k_2이다. 이를 입력할 때는 [b_2, k_2] 이렇게 차수의 순서대로 입력한다. 만약 수식이 $3s^2+1$이면, s^1의 계수가 0이므로 입력을 [3, 0, 1]로 입력해야 한다. ②에 식 (2.9a)의 분모 부분을 입력하고, 변수 이름을 ③에 입력한다.

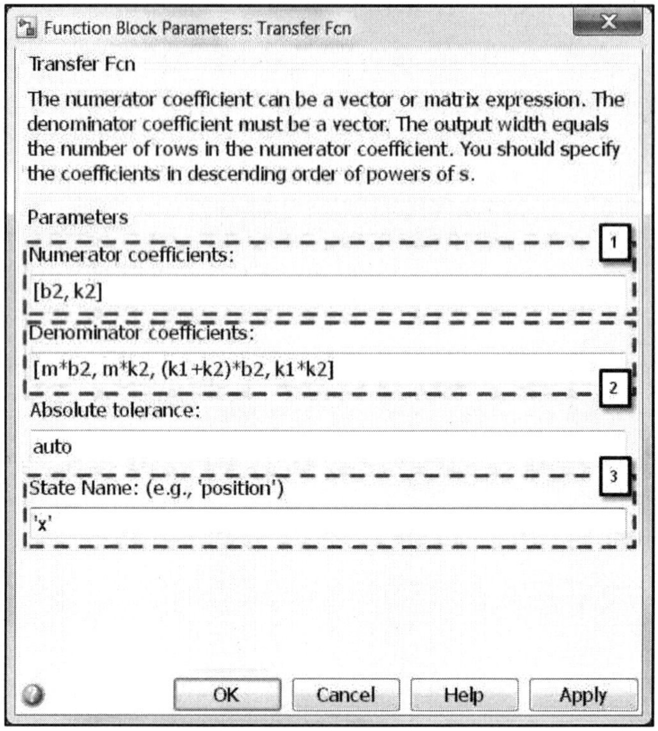

그림 2.11: Transfer Fcn 블록의 파라메타 윈도우

여기서 다음에 보여 주는 모델보다는 직접 기존에 Integrator 블록을 이용한 모델링에 Transfer Fcn 블록을 이용한 모델링을 해서 그 결과 값을 비교해 보기 바란다. 그림 (2.12)는 아직 설명하지 않은 부분이 많이 있기 때문에 이렇게 만드는 것은 앞으로 배우는 것들을 활용해서 할 수 있을 것이다.

그림 (2.12)에서 ①은 기존에 Integrator 블록을 이용한 모델을 서브시스템으로 만든 것이며, 서브시스템을 만드는 방법은 이번 장에서 설명할 내용이다. ②가 Transfer Fcn 블록을 이용해서 만든 것이고, ③은 Goto 블록과 From 블록을 이용해서 따로 아웃풋을 모아서 그 결과를 비교하도록 만든 것이고, ④는 마스킹을 이용해서 기계적 모델링의 간단한 그림을 추가한 것이다.

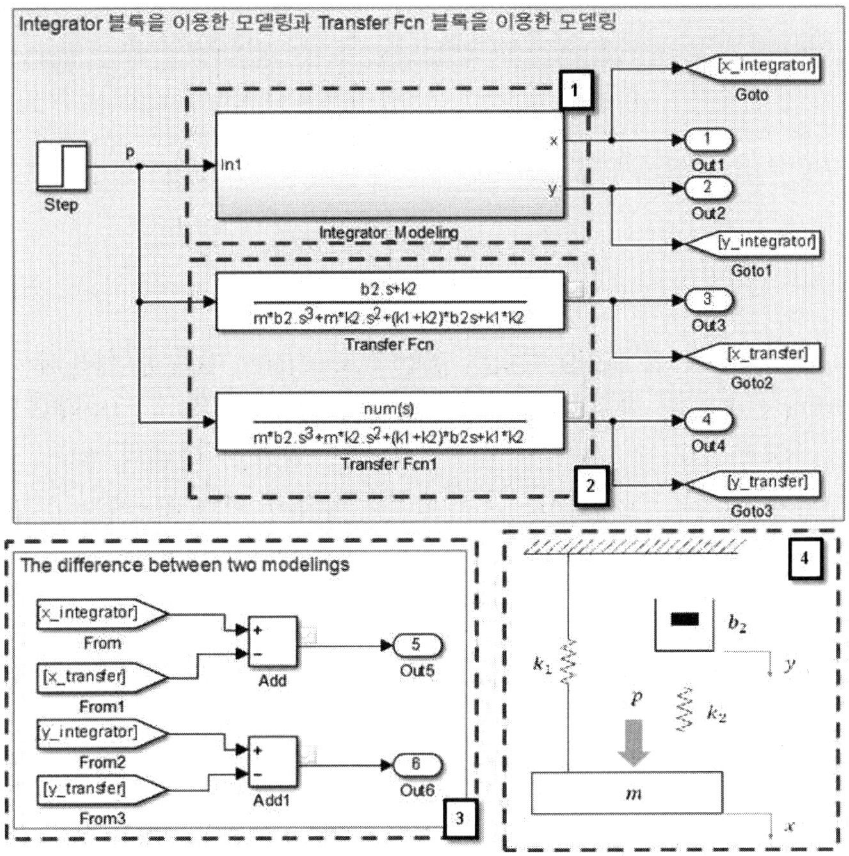

그림 2.12: 완성된 기계적 모델링, chap02_mechanical_eqns_03.slx

2.4.2 상태 공간 방정식의 모델링

상태 공간 방정식 (State Space Form Equation)은 식 (2.10)과 같은 형태로 표현하는 것이다. 식 (2.4)를 상태 공간 방정식으로 표현하면 식 (2.11)과 같다.

$$X = AX + BU \tag{2.10a}$$

$$Y = CX + DU \tag{2.10b}$$

$$\begin{bmatrix} \dot{x} \\ \ddot{x} \\ \dot{y} \end{bmatrix} = \begin{bmatrix} 0 & 1 & 0 \\ -\dfrac{k_1+k_2}{m} & 0 & \dfrac{k_2}{m} \\ \dfrac{k_2}{b_2} & 0 & -\dfrac{k_2}{b_2} \end{bmatrix} \begin{bmatrix} x \\ \dot{x} \\ y \end{bmatrix} + \begin{bmatrix} 0 \\ \dfrac{1}{m} \\ 0 \end{bmatrix} P \tag{2.11a}$$

$$\begin{bmatrix} x \\ y \end{bmatrix} = \begin{bmatrix} 1 & 0 & 0 \\ 0 & 0 & 1 \end{bmatrix} \begin{bmatrix} x \\ \dot{x} \\ y \end{bmatrix} + \begin{bmatrix} 0 \\ 0 \end{bmatrix} \tag{2.11b}$$

식 (2.11)을 Continuous 라이브러리에 있는 State-Space 블록을 이용해서 모델링할 경우, State-Space 블록의 파라메타로 식 (2.10)에 있는 A, B, C, D 행렬을 넣어 줘야 한다. 그러므로 식 (2.11)에서 A, B, C, D 행렬을 아래에 있는 것과 같이 MATLAB의 명령 창에서 입력하고, State-Space 블록의 파라메타에는 그림 (2.13)과 같이 입력을 한다. 완성한 모델은 그림 (2.14) 와 같다.

```
>> m = 0.1, b2 = 0.4, k1 = 6, k2 = 4
>> A = [0, 1, 0; -(k1+k2)/m, 0, k2/m; k2/b2, 0, -k2/b2]
>> B = [0; 1/m; 0]
>> C = [1 0 0; 0 0 1]
>> D = [0; 0]
```

그림 (2.14) ①에 있는 부분은 State-Space 블록의 아웃풋이 식 (2.11b)에서 Y 로 벡터로 나오기 때문에 각각을 분리하기 위해서 사용한 Demux 블록을 보여 준다. 숫자 2는 벡터의 크기가 2를 뜻하며, 이를 각각의 아웃풋으로 분리해 주는 블록이 Demux 블록이다.

Mux와 Demux 블록 Signal Routing 라이브러리에 있는 블록으로 Mux 블록은 여러 개의 시그널을 한 개의 시그널로 합치는 역활을 하며 Demux는 합쳐진 시그널을 다시 분해 하는 역활을 한다. 블록의 파라메타로는 몇 개의 시그널을 합치거나 분해할 것인지 입력을 주는 것이다. Mux 블록으로 시그널을 합칠 경우에는 모든 시그널의 데이터 타입이 같은 시그널만 합칠 수 있다. 데이터 타입이 다른 시그널은 Bus Creator 블록을 사용해서 합칠 수 있다. 버스의 사용법은 나중에 따로 보겠다.

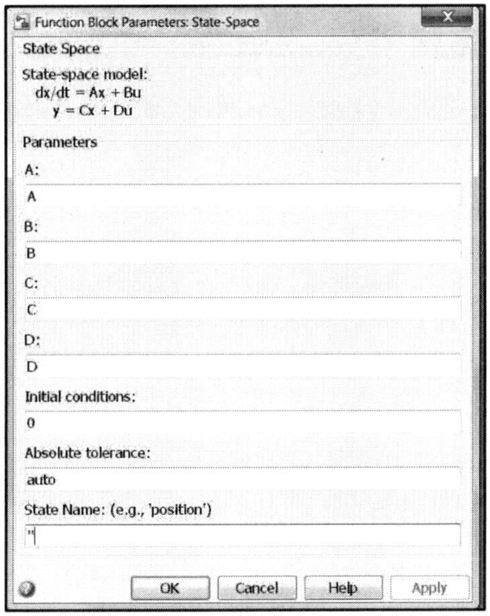

그림 2.13: State-Space 블록의 파라메타

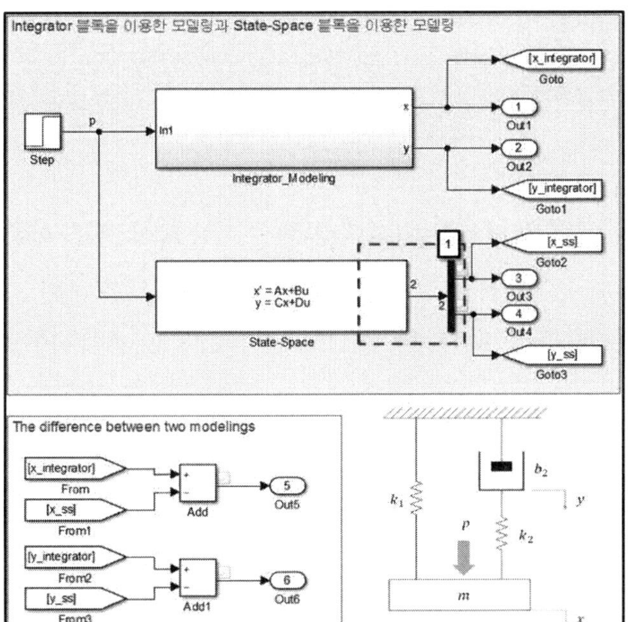

그림 2.14: State-Space 블록을 이용한 모델, chap02_mechanical_eqns_04.slx

2.5 Simulink의 시뮬레이션 실행 순서

지금까지 모델링 후 실행하는 방법을 알아봤는데, Simulink에서 시뮬레이션을 할때 내부의 동작을 조금은 알아 둘 필요가 있다. 이를 이해함으로써 Simulink의 이해도가 훨씬 높아질 것이다. 여기 나오는 내용은 Simulink의 메뉴얼에서 여러 군데 흩어져 있는 내용을 한군데로 묶었으며, 이해하기 쉽도록 부연 설명을 하였다.

Simulink에서 시뮬레이션을 시작하면 크게 두 가지 동작으로 구분할 수 있다.

시뮬레이션 시작 전 단계

시뮬레이션 시작 전에 Simulink가 모델링된 수식을 계산하기 위해서 필요한 작업을 하는 단계이다. 즉 블록들로 연결된 모델을 실제 계산을 위해서 내부적으로 실행 가능한 형태로 변환하는 과정이다. 일반적인 프로그래밍을 경험한 사용자는 이 과정을 실제로 소스 코드를 실행 가능한 형태로 변환하는 컴파일 및 링크 과정이라고 생각하면 이해하기가 쉽다. 이 단계에서도 크게 두 가지 종류의 작업을 수행한다.

1. Model Compilation
2. Link Phase

시뮬레이션 시작 이후 단계

내부적으로 실행 가능한 형태로 변환이 끝나면 시뮬레이션이 실행되며, 이 시뮬레이션은 일종의 루프가 반복되는 것처럼 똑같은 과정을 거치며, 이런 전체 과정을 Simulation Loop Phase라고 한다. 이런 루프의 경우 좀 더 세부적으로 보면 아래와 같이 구분할 수 있다.

1. 모델의 아웃풋 계산
2. 모델의 스테이트 계산
3. Zero-Crossing 검출
4. 다음 계산을 위한 시간 계산

2.5.1 Model Compilation

사용자가 Simulink에서 모델링을 한 후에 시뮬레이션을 시작하면 내부적으로 Simulink 엔진이 Model Compilation이라는 단계를 시작한다. 이 과정에서는 시뮬레이션을 실행하기 위해서 내부적으로 필요한 정보를 확인하고, 시뮬레이션 단계에서 실행 가능한 형태로 모델을 내부적으로 변환하는 과정이다. 실제 이 과정은 Simulink 엔진이 하는 것이 아니고, 모델 컴파일러가 담당하며, 다음과 같은 일을 한다.

- 모델링에 사용된 블록들의 파라메타 값들을 계산한다. 블록들의 파라메타 입력 부분에 일반적인 숫자가 아니라 수식인 경우에는 수식을 계산하며, 변수를 입력한 경우에도 MATLAB의 작업 영역에서 변수의 값을 가지고 온다. 만약 수식을 계산하지 못하거나 혹은 변수의 값을 가져 오지 못하는 경우 에러를 띄우면서 더 이상 진행하지 않는다.

- 블록내에 명시적으로 지정된 시그널의 속성이나 데이터 타입등을 결정하며, 블록의 인풋에 연결된 시그널들이 서로 같은 속성인지등을 검사하여 적합한 값인지 검사한다. 적합하지 않는 경우 에러를 띄우면서 더 이상 진행하지 않는다.

- 블록의 속성 중에서 명시적으로 지정되지 않은 속성의 경우 앞의 블록으로부터 시그널의 속성을 이어 받는다.

- 실행 시간을 줄이거나 사용 메모리를 줄이기 위해서 Block reduction 옵션이 선택된 경우 블록들을 합치거나 혹은 삭제한다. Block reduction 옵션은 디폴트로 선택되어 있으며, 이를 해제할려면, Simulation → Model Configuration Parameters → Optimization 패널에 보면 Block reduction 이라는 옵션을 체크 해제한다.

- 버추얼 서브시스템(Virtual Subsystem)의 경우 계층 구조를 없애고, 실제 블록들로 대체한다. 서브시스템은 크게 버추얼 서브시스템과 비버추얼 서브시스템(Non-virtual Subsystem)으로 나누어진다. 중요한 내용이므로 뒤에서 더 자세히 설명하겠다.

- Simulink 엔진이 실제 계산할 때 블록을 실행 시키는 순서를 결정한다. 이를 Block Sorted Order라고 하는데, 역시 중요한 내용이므로 뒤에서 부연 설명하겠다.

- 모델에 있는 블록에서 사용자가 명시적으로 샘플 타입을 입력하지 않은 경우 블록의 샘플 타임을 계산한다.

위에 설명한 Model Compilation 과정은 실제로 업데이트 다이어그램이라는 명령을 내린 것과 같지만, 시뮬레이션을 시작한 것이므로 자동으로 Link Phase로 진행된다는 점이 다르다.

2.5.2 Link Phase

Model Compilation 단계가 에러 없이 끝나면, Simulink 엔진은 Link Phase로 진입하며, 다음과 같은 작업을 한다.

Memory Allocation

Simulink 엔진이 실제 필요한 메모리 공간을 할당한다. 여기에는 실제 필요한 데이터를 초기화하는 것부터 시작해서 실행 시 필요한 데이터 공간, 시그널등을 위한 공간도 포함된다.

Method Execution Lists

Model Compilation 단계에서 만들어진 Block Sorted Order에 근거하여, 각 블록에서 실행할 메쏘드(Method)의 순서를 결정한다. Simulink에서 사용되는 모든 블록은 한 개 이상의 메쏘드를 가지고 있으며, 그 실행 순서가 결정된다. Simulink에서 실제 계산은 여기서 만들어진 Method Execution Lists에 따라서 Simulation Loop Phase에서 각 블록의 메쏘드가 실행되는 것이다.

Block Priorities

Model Compilation 단계에서 작성된 Block Sorted Order를 사용자가 우선 순위를 바꿀 수 있게 해주는 것인데, 특별한 이유가 없으면 사용하지 않는 것이 좋다. 이 순서가 나중에 자동 코드 생성을 할 경우에도 영향을 주기 때문이다. Block Sorted Order는 Model Compilation 단계에서 한 가지만 만들어 지지만, 실제로는 여러 경우가 존재할 수 있기 때문에 사용자가 우선 순위를 바꾼 것이 이 가능한 경우의 수에 해당될 때에만 변경이 되며, 그렇지 않은 경우 적절한 경고 메시지를 띄우고, 우선 순위가 변경되지 않고 그냥 실행된다. 만약 사용자가 우선 순위를 바꾸었는데, 문제가 있을 경우 에러를 띄우고 더 이상 시뮬레이션을 실행하지 않기 위해서는 Simulation → Model Configuration Parameters → Diagnostics 패널 (그림 (2.15))에서 Block priority violation을 warning에서 error로 변경하면 된다.

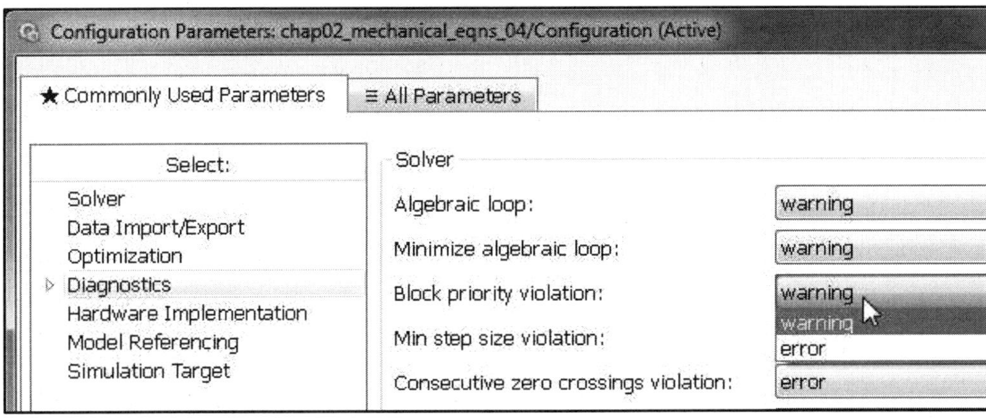

그림 2.15: Block Priorities 위배 옵션 셋팅

2.5.3 Block Sorted Order

Simulink로 모델링을 하면 각각의 블록들이 인풋과 아웃풋이 있으므로 Source에 관련된 블록에서 시그널의 연결 순서대로 Sink에 관련된 블록으로 계산을 하면 되는 것으로 생각하기 쉽다. 실제로는 이런 순서가 아니라 Model Compilation 단계에서 그 순서를 따로 계산한다. 이를 Block Sorted Order라고 한다. 이 순서는 한 가지 경우만 있는 것은 아니고, 경우에 따라 여러 가지가 있을 수 있다. 모델에서 그 순서를 볼 수 있는 방법과 이를 변경하는 방법을 알아 보자.

2.5.3.1 Block Sorted Order 확인 하는 법

모델에서 Block Sorted Order를 보기 위해서는 먼저 Display → Blocks → Sorted Execution Order를 실행한다. 이 메뉴를 실행하면 모델이 업데이트 다이어그램이 실행되면서 각 블록의 오른쪽에 빨간색으로 s:B 와 같이 숫자가 표시된다. 앞에서 설명했듯이 Block Sorted Order는 Model Compilation 단계를 거쳐야 하므로 시뮬레이션을 실행하지 않고, Model Compilation을 실행시키는 방법은 업데이트 다이어그램을 실행하는 방법뿐이다. 단축키로서는 Ctrl+D이며, 메뉴로는 Simulation → Update Diagram 이다. 즉 메뉴를 실행시키면 그 시점에 업데이트 다이어그램을 실행하지만, 그 이후에 추가한 블록들이 있는 경우에는 업데이트 다이어그램을 다시 실행시켜야 한다.

그림 (2.16(a))는 ①까지 만들고 Block Sorted Order 옵션을 활성화 시킨것이다. 그리고 ②에 있는 블록들을 추가한 것이다. 추가한 블록까지 Block Sorted Order 를 보기 위해서 업데이트 다이어그램을 실행시킨 후의 결과가 그림 (2.16(b))이다. 그림 (2.16(b))에서 ①을 보면 블록들의 우측에 숫자가 적혀 있지 않다. 이들은 Model Compilation 단계에서 하는 작업중에 Block reduction이라는 작업이 수행되서 실제로는 실행되지 않는 블록임을 알 수 있다. 이는 Terminator 블록과 연결된 블록이 다른 블록과 전혀 연결되지 않으면, 실제로 실행을 하지 않는다는 의미이다.

블록의 순서를 의미하는 s:B의 의미를 생각해 보자. s는 일종의 같은 레벨을 뜻하는 ID 라고 보면 된다. 0부터 숫자가 매겨지며, 0번에 있는 블록들이 실행되다가 내부 비버추얼 서브시스템으로 들어 가면, 다음 ID인 1인 블록이 모두 실행된다. 특히나 ID가 0인 경우는 루트 모델이라는 의미로 모델의 최상위 계층을 뜻한다. B의 경우가 블록의 순서를 뜻한다. 뒤에서 배우게 되는 Non-virtual subsystem을 사용하게 되면 s의 값이 변하게 된다. 뒤에서 다시 확인하도록 하겠다.

그림 (2.16(a))에서 ①인 부분을 잘 보면 Constant 블록이 0이고 Memory 블록이 1이며, Add 블록이 2이다. 즉 실제로 이 순서대로 시뮬레이션시에 계산된다는 뜻이다. Memory 블록이 Add 블록보다 먼저 계산되는 이유는 Memory 블록에는 스테이트가 있어서 초기값이 존재한다. 즉 시뮬레이션이 시작될 때 Constant 블록의 값인 1과 Memory 블록의 초기값을 더 해서 Outport로 결과를 내보내며, 그 결과를 Memory 블록에 저장해서 다음 샘플 타임때 이 값을 사용하게 되는 것이다.

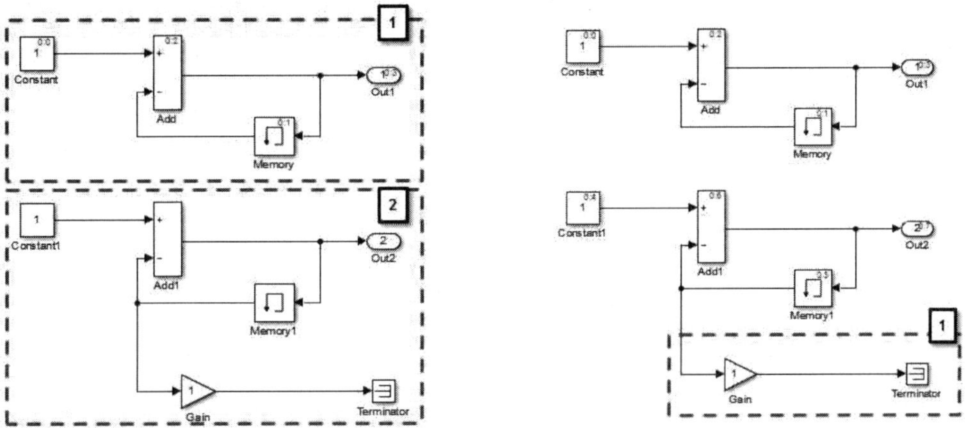

(a) 옵션 활성화 후 블록 추가 (b) 업데이트 다이어그램 실행 후

그림 2.16: chap02_Block_Sorted_Order.slx

2.5.3.2 Block Sorted Order 변경 하는 법

Block Sorted Order의 경우 Model Compilation 단계에서 모델 컴파일러에의해서 결정되지만, 순서 자체는 여러 가지 경우의 수가 존재 할 수 있다. 사용자가 직접 우선 순위를 변경할 수 있지만, 이 경우 모델 컴파일러가 허용하는 경우의 수에 해당되는 경우에만 가능하다. 방법은 알려 주겠지만, 일반적인 경우 사용할 필요가 거의 없는 기능임을 알았으면 한다. 그림 (2.17)을 보면 변경 전과 변경 후를 볼 수 있다. Constant 블록과 Integrator 블록을 보면 순서가 바뀐 것을 알 수 있다.

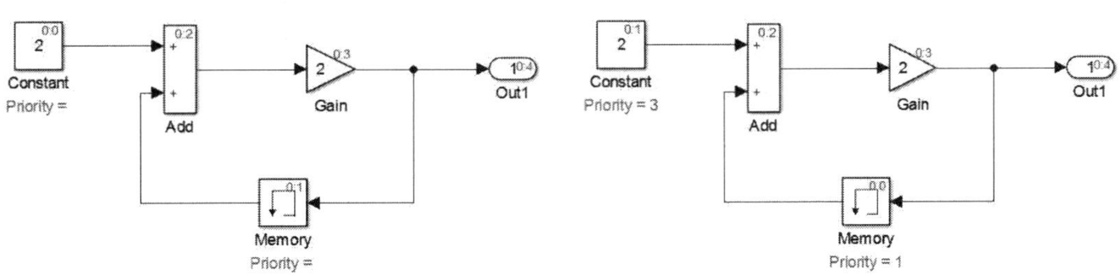

(a) Constant 블록과 Memory 블록 Priority 변경 전 (b) Constant 블록과 Memory 블록 Priority 변경 후

그림 2.17: chap02_Change_Block_Sorted_Order.slx

Block Sorted Order를 변경하기 위해서는 블록의 속성을 셋팅하는 창에서 Priority라는 항목을 조절하는데, 중요한 것은 상대적으로 변경된다는 것이다. 모든 블록은 마우스 오른쪽 클릭을 하면 나오는 팝업 메뉴에서 Properties...라는 메뉴가 있으며, 그림 (2.18)과 같은 창에서 ①에 있는 Priority에 값이 작은 값이 우선 순위가 높게 책정되도록 하는 것이다. 즉 여기에 3이라고 쓴다고 세 번째 계산 순서가 아니고, 다른 블록 중에 Priority가 있는 블록 중에서 4이상이 있는 블록보다는 먼저 계산되고, 2이하보다는 늦게 계산이 되도록 모델 컴파일러가 결정한다. 하지만, 모델 컴파일러가 계산할 수 있는 Block Sorted Order에서 만약 허용되지 않는 순서라면 앞에서 설명한 옵션에 따라서 무시되거나 혹은 경고, 에러를 띄우게 된다. 그림 (2.17(b))는 Constant 블록에 Priority가 3이고, Unit Delay 블록의 Priority가 1로 셋팅된 경우이다.

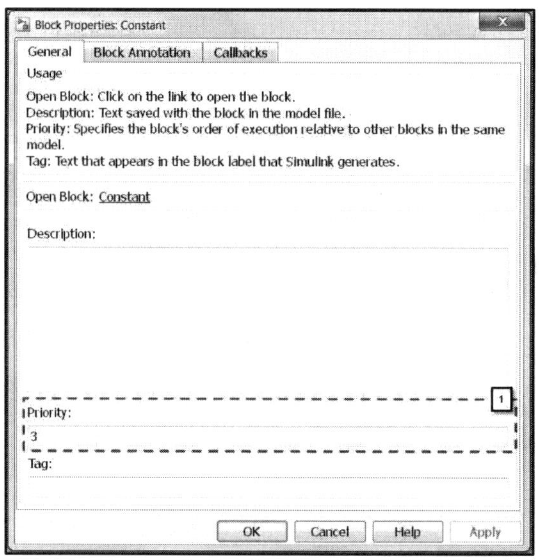

그림 2.18: 블록 속성 윈도우

2.5.4 Virtual Subsystem과 Non-Virtual Subsystem

Simulink로 모델링을 하면 각각의 의미 있는 블록들을 모아서 서브시스템을 만들 수 있다. 또한 이런 서브시스템에 이미지를 추가하여 모델에 대한 이해를 쉽게 만들 수도 있다. 먼저 서브시스템을 만드는 방법을 알아보고, 버추얼 서브시스템(Virtual Subsystem)

과 비버추얼 서브시스템(Non-Virtual Subsystem)의 차이를 알아보자. 한 가지 주의할 점은 R2015a 이전에는 서브시스템은 만들고 나면 더 이상 원래 형태인 서브시스템이 없었던 형태로 돌아 갈 수가 없으니, 주의 해야 한다. R2015a 이후부터는 서브시스템에서 마우스 오른쪽 클릭을 했을 때 나오는 팝업 윈도우에서 Subsystem & Model Reference → Expand Subsystem을 선택하면 다시 풀 수 있다.

2.5.4.1 Virtual Subsystem

일반적으로 사용자가 만드는 서브시스템은 기본적으로 버추얼 서브시스템이다. 버추얼 서브시스템을 만드는 방법도 두 가지가 있다.

chap02_Create_Subsystem_start.slx 파일을 이용해서 따라 해보자.

Ports & Subsystems에서 Subsystem 블록 사용하기

Ports & Subsystems 라이브러리에 보면 Subsystem 블록이 있다. 이를 모델에 가져와서 더블 클릭해보면 파라메타 창이 나오지 않고, 그 안쪽에 다른 블록들을 추가할 수 있게 된다. 이렇게 만들면 계층이 하나 만들어 지며, 이 단위를 서브시스템이라 한다. 서브시스템을 더블 클릭하면 "모델이름/서브시스템이름"처럼 모델 에디터의 타이틀 부분에 보인다.

마우스로 직접 선택해서 만들기

실제로 사용자들이 서브시스템을 만들때 가장 많이 사용하는 방법은 마우스로 선택하고 메뉴를 통해서 만드는 방법이다.

1. 그림 (2.19(a))의 경우 먼저 마우스로 원하는 블록들을 선택한 후 왼쪽 마우스 클릭을 해제한 후 잠시 기다리면 세 개의 점이 있는 아이콘이 생기며, 이 아이콘으로 마우스를 가져가면 선택할 수 있는 메뉴가 나온다. 여기서 첫 번째 메뉴가 Create Subsystem이므로 마우스로 선택하면 된다.

2. 그림 (2.19(b))는 마우스로 블록들을 선택한 후 마우스 왼쪽 클릭을 해제하고, 선택된 블록들 중에 하나를 선택해서 마우스 오른쪽 클릭을 해서 나온 팝업 메뉴에서 Create Subsystem from Selection을 선택하면 된다.

그림 (2.19(c))는 생성된 서브시스템을 보여 준다.

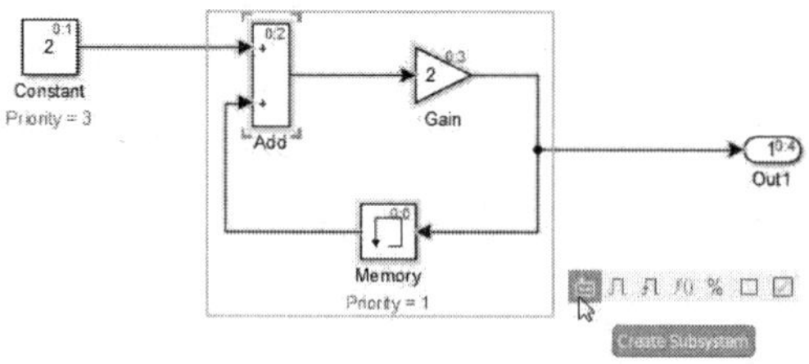

(a) 새롭게 추가된 메뉴 활용

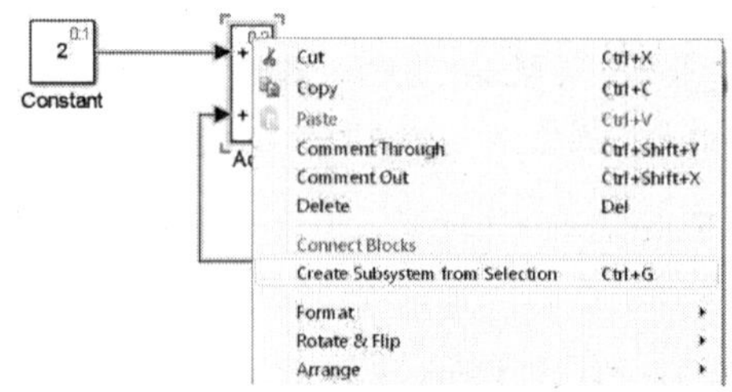

(b) 고전적인 방법

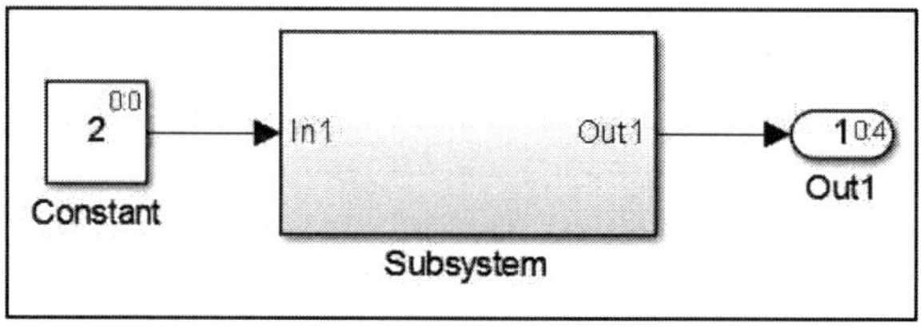

(c) 완성된 버추얼 서브시스템 chap02_Create_Subsystem.slx

그림 2.19: 버추얼 서브시스템 만드는 방법

서브시스템도 하나의 블록으로 인풋과 아웃풋을 가지며, In1, In2, Out1, Out2와 같이 Inport 블록과 Outport 블록이 자동으로 생긴다. Inport/Outport 블록의 이름이 서브시스템의 인풋과 아웃풋으로 보이므로, 모델 해석을 쉽게 하기 위해 의미 있는 이름으로 변경하는 것이 좋다.

그림 (2.20(c))는 디폴트로 생성되는 서브시스템을 보여 주며, 그 내부를 보면 그림 (2.20(a))와 같다. 그림 (2.20(b))에서 Inport 블록과 Outport 블록의 이름을 변경하면, 그림 (2.20(d))처럼 서브시스템의 인풋과 아웃풋이 변경됨을 알 수 있다.

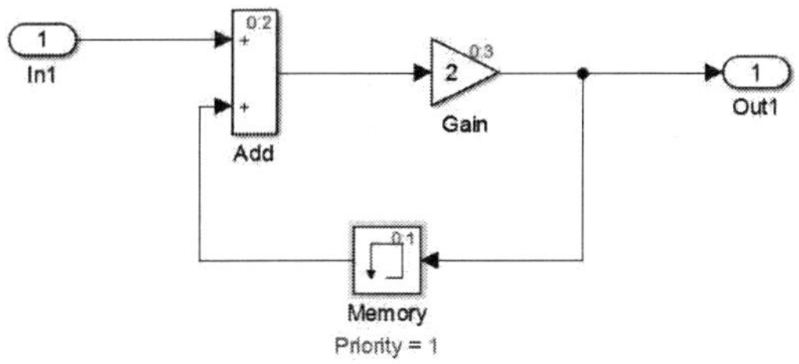

(a) 디폴트로 생성된 서브시스템 내부

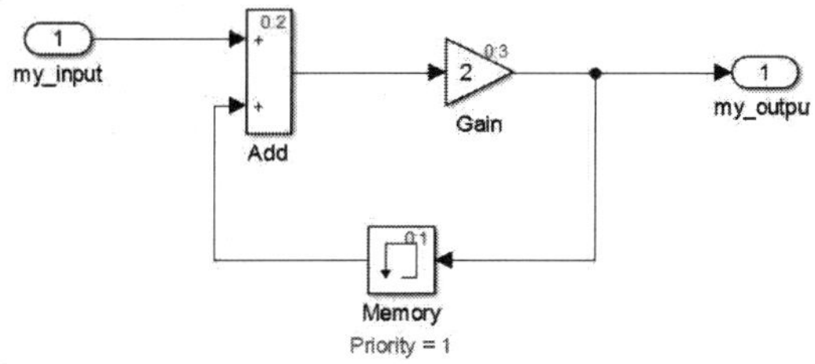

(b) Inportt 블록과 Outport 블록의 이름 변경

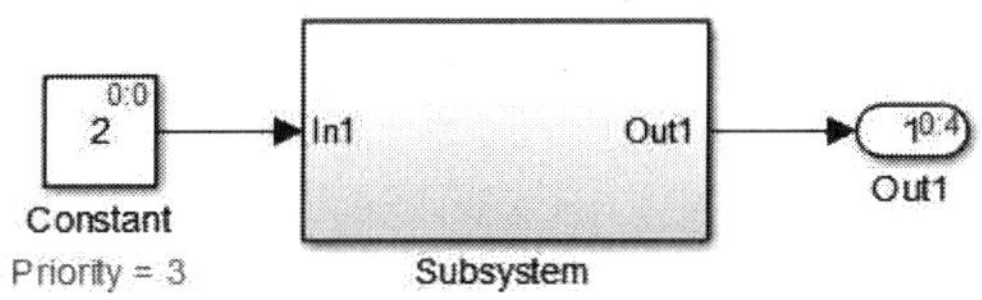

(c) 디폴틀로 생성된 서브시스템

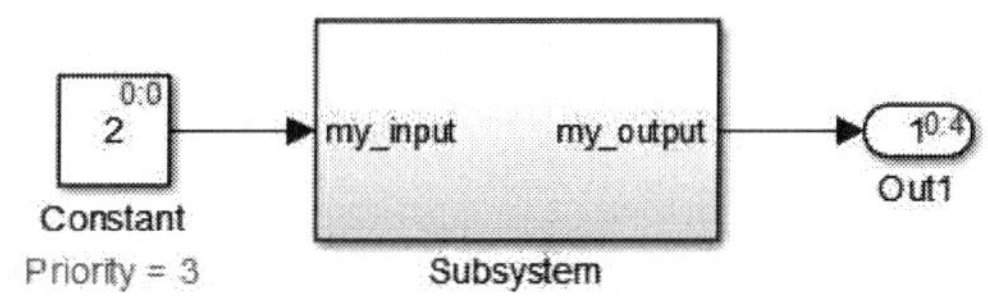

(d) 변경된 서브시스템의 인풋/아웃풋

그림 2.20: 서브시스템의 인풋/아웃풋 변경, chap02_Create_Subsystem_Ports_Name

2.5.4.2 Non-Virtual Subsystem

비버추얼 서브시스템을 만드는 방법도 버추얼 서브시스템과 마찬가지로 두 가지가 있다.

Ports & Subsystems에서 Atomic Subsystem 블록 사용하기

앞에서 버추얼 서브시스템 만드는 것과 같이 Ports & Subsystems에서 Atomic Subsystem 블록을 이용하면 비버추얼 서브시스템을 만들 수 있다.

버추얼 서브시스템에 대한 옵션 이용한 변환

마우스로 직접 선택해서 만들때는 항상 버추얼 서브시스템을 만들고 나서, 그림 (2.21)에서 ①을 선택하면 ②가 나타난다. Treat as atomic unit 옵션이 체크가 되면 비버추얼 서브시스템으로 만들겠다는 것이다.

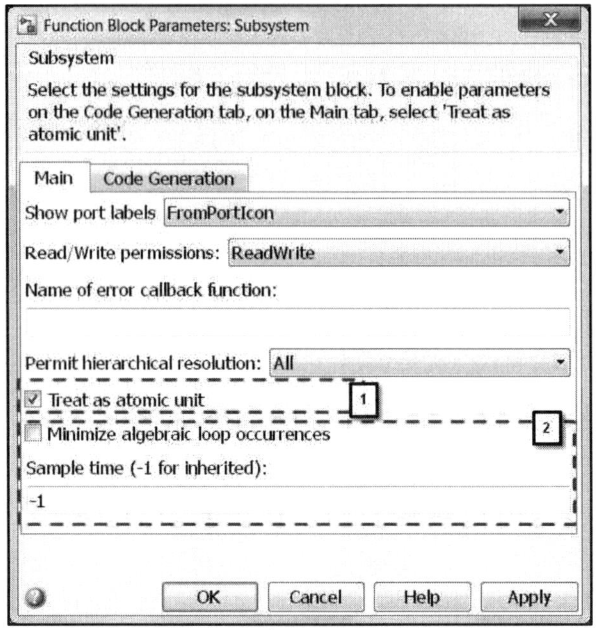

그림 2.21: 서브시스템 파라메타 창

2.5.4.3 서브시스템과 Block Sorted Order와의 관계

비버추얼 서브시스템을 만들면 어떤 차이가 있는지 알아 보자. 그림 (2.22(a))는 비버추얼 서브시스템을 보여 주는 것이다. 그림 (2.20(d))와 차이를 보면, 비버추얼 서브시스템의 경우 서브시스템의 오른쪽에 보면 Block Sorted Order 가 있음을 알 수 있다. 또한 그림 (2.22(b))와 그림 (2.20(b))를 보면 계층을 나타내는 ID가 0과 1로 다른 것을 알 수 있다.

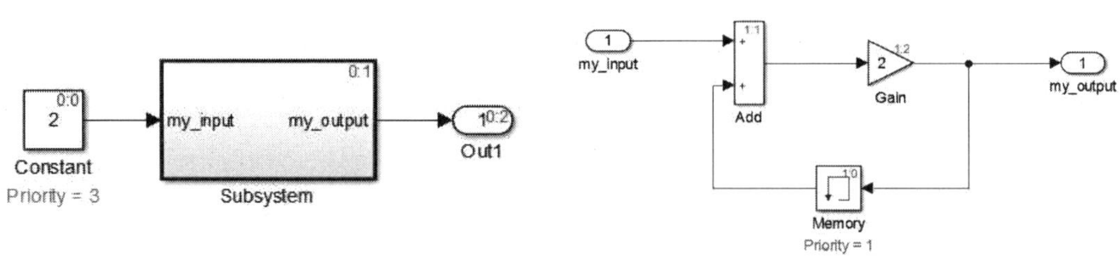

(a) (b)

그림 2.22 서브시스템과 Block Sorted Order

버추얼 서브시스템의 Block Sorted Order 그림 (2.20(d))의 Block Sorted Order는 다음과 같다.

```
Constant → Unit Delay → Add → Gain → Out1
```

비버추얼 서브시스템의 Block Sorted Order 그림 (2.22)의 Block Sorted Order는 다음과 같으며, Subsystem이 ID 1인 계층이되므로 Unit Delay부터 Gain까지가 같은 계층이다.

```
Constant → Subsystem(Unit Delay → Add → Gain) → Out1
```

이 두 시스템의 차이는 Model Compilation 단계에서 버추얼 서브시스템은 제거하고 계산을 하는 것이고, 비버추얼 서브시스템은 보는 것처럼 하나의 계층을 만들어서 계산하는 것이다. 이는 코드 생성을 할때 따로 함수로 뽑아 내거나 할 수 있으며, 코드 생성시 최적화에도 영향을 준다.

비버추얼 서브시스템의 경우 사용자가 이렇게 직접 옵션을 바꿔서 만들 수도 있으며, Ports & Subsystems 라이브러리에 있는 대부분의 서브시스템이 실제로는 비버추얼 서브시스템이다. 이런 서브시스템에 대해서는 나중에 라이브러리 설명시에 더 자세하게 설명하겠다.

2.5.5 Simulation Loop Phase

시작 시간으로부터 끝나는 시간에 맞춰서 실제로 시뮬레이션이 실행되는 단계이다. 앞 단계 까지가 시뮬레이션을 시작하기 위해서 필요한 정보가 모두 있는지 확인하고, 실행하기 위해서 준비하는 단계이면, 현 단계는 그런 정보를 바탕으로 실제로 시뮬레이션이 시작되는 단계이다. 이 단계도 초기화 단계와 반복 단계로 나누어 진다.

2.5.5.1 Loop Initialization 단계

Loop Initialization 단계는 시뮬레이션을 시작하는 처음 한번만 실행되는 단계로서, 시뮬레이션하기 위한 스테이트와 아웃풋에 대한 초기값을 지정하는 단계이다.

2.5.5.2 Loop Interation 단계

Loop Interation 단계는 시뮬레이션 각 스텝마다 시스템의 인풋과 스테이트, 아웃풋을 계산하고 그 값을 반영한다. 각 스텝마다 Simulink 엔진은 다음 사항들을 수행한다.

1. 모델의 아웃풋 계산
   Simulink 엔진이 Simulink Model Outputs 메소드를 실행하는데, 이것은 앞에서 설명했던 Link Phase에서 작성한 Method Execution Lists에 따라 각 블록의 Outputs 메소드를 실행해서 모델 전체의 아웃풋을 계산한다.

2. 모델의 스테이트 계산
   Simulink 엔진이 솔버(Solver)를 실행시킴으로써 모델의 스테이트를 계산한다. 모델에 스테이트가 있는지, 혹은 이산(discrete) 스테이트인지, 연속(continuous) 스테이트인지에 따라 적합한 솔버를 Simulink 엔진이 선택해서 수행한다.

   이산 스테이트(Discrete states) 모델에 이산 스테이트만 있는 경우, Simulink 엔진은 사용자가 선택한 이산 시스템용 솔버를 실행한다. 이산 스테이트용 솔버의 경우 모델의 샘플 타임에 맞게 시간 간격을 계산하며, 모델의 Update 메소드를 실행한다. 모델의 Update 메소드는 Link Phase에서 작성한 Method Execution Lists 에 따라 블록의 Update 메소드를 실행한다.

   연속 스테이트(Continuous states) 모델에 연속 스테이트만 있는 경우, Simulink 엔진은 모델에 지정된 연속 시스템용 솔버를 실행한다. 선택된 솔버에 따라서 모델의 Derivatives 메소드를 한번 실행시키거나 혹은 마이너 시간 간격으로 솔버가 반복적으로 메이저 시간 스텝안에서 연속적인 간격에 모델의 아웃풋과 도함수를 계산하는 모델의 Outputs 메소드나 Derivatives 메소드를 실행한다. 모델의 Outputs 메소드나 Derivatives 메소드는 Method Execution Lists에 따라 각 블록의 Outputs 메소드와 Derivaties 메소드를 실행한다.

3. 필요한 경우 블록의 연속 상태에 대한 불연속적인 부분 체크
   Zero-Crossing Detection이라는 기법으로 연속 스테이트 상에서 불연속인 부분을 체크해서 시뮬레이션 결과에 정확도를 추가할 수 있다. Zero-Crossing Detection은 뒤에서 설명하겠다.

4. 다음 스텝을 위한 시뮬레이션 시간 계산
   Loop Interation의 다음 스텝을 위해서 시뮬레이션의 시간을 계산한다.

Loop Interation 단계는 위의 1에서 4까지의 순서가 시뮬레이션 끝날때까지 계속 반복되는 것이다.

2.6 Solver에 대한 이해

일반적으로 동적 시스템을 모델링하면 미분 방정식 형태로 모델링 하게 되며, 미분 방정식을 계산하기 위해서는 수치적분을 해야 한다. 이를 위해서 Simulink에서 다양한 종류의 솔버를 제공하고 있다. 또한 앞에서 언급했던 Zero-Crossing Detect 기법을 이용해서 좀 더 정확한 계산 결과를 제공한다. 여기서는 솔버에 대한 대략적인 개념과 함께 Zero-Crossing Detect 기법을 설명하겠다.

Simulink 모델은 디폴트로 Variable Step 솔버 형태로 ode45가 선택되어 있다. 일반적으로 사용하는 시뮬레이션의 경우는 이 디폴트 옵션으로 충분하지만, 모델링된 시스템의 특징에 따라 변경해야 하는 경우도 있으며, 특히나 모델로부터 C코드를 생성하기 위해서는 무조건 Fixed Step 솔버를 사용해야 한다.

2.6.1 Variable Step Solver와 Fixed Step Solver

그림 (2.23)은 Simulation → Model Configuration Parameters를 선택했을때의 Configuration Parameter 창이다. ①의 메뉴에는 솔버에 관한 내용과 시뮬레이션 시간에 관한 내용, 그리고 Zero-Crossing에 관한 옵션등이 있다. ②를 보면 Variable-step과 Fixed-step 솔버가 있으며, 어떤 형태의 솔버를 선택했는지에 따라 Solver options라고 하는 항목 전체의 옵션이 달라 진다.

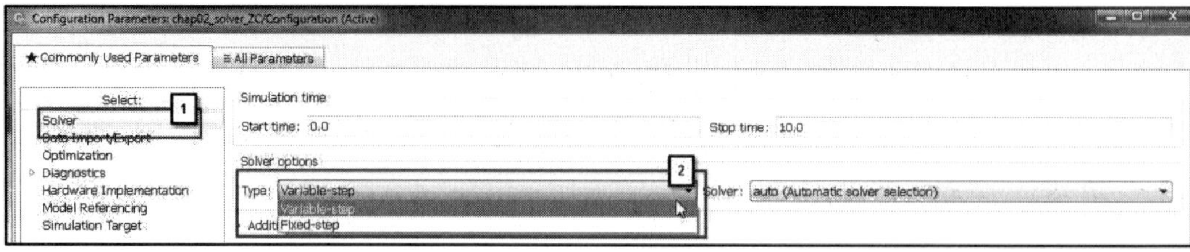

그림 2.23: Configuration Parameter 창에서 Solver Type에 관한 옵션

Fixed-step 그림 (2.24)와 같이 선택할 수 있는 솔버의 종류가 있으며, 디폴트로는 ode3이 선택되어 있다. 각각의 솔버의 특징은 메뉴얼을 참조하기 바라며, ode 다음에 있는 숫자가 높을 수록 높은 차수로 수치적분을 하므로 적합한 솔버를 선택하기 바란다. 각 ode 다음에 괄호안에 있는 방식이 수치해석 관련 책에서 찾아보면 알 수 있는 알고리즘이므로 관심 있으면, 찾아 보기 바란다.

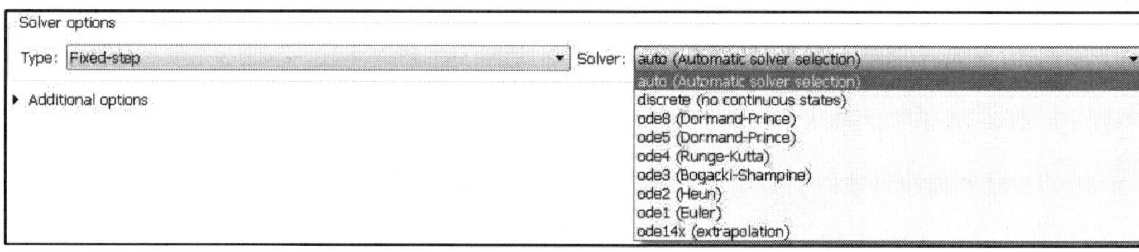

그림 2.24: Fixed-step 솔버 선택시에 가능한 솔버

Fixed-step 솔버의 경우 입력할 수 있는 옵션이 솔버를 선택하고 나면 Fixed-step size 밖에 없다. 이는 수치 적분시에 얼마나 짧은 시간 간격으로 적분할 것인지 표시하는 것으로 짧으면 짧을 수록 실제 손으로 적분하는 것과 비슷하겠지만, 그만큼 시간이 많이 걸리는 점을 인지해야 한다. 여기에 적는 시간은 무조건 초(sec) 단위이다. 또한 여기에 입력하는 시간은 전체 시뮬레이션의 가장 작은 단위의 시간이 되어야 한다. 즉 단순히 수치 적분에만 영향을 미치는 것이 아니고, 전체 시뮬레이션의 시간에 가장 작은 스텝이라고 생각하면 된다. 그리고 시뮬레이션 도중에 이 값은 절대 변하지 않고 동작한다.

예를 들어 나중에 멀티 레이트 시스템에 대해서 설명을 할텐데, 만약 모델링된 시스템이 0.02초와 0.03초로 동작한다면, 여기 솔버에는 0.02와 0.03의 최소 공약수인 0.01로 입력을 주어야 한다. 그러지 않으면, Simulink 엔진이 Model Compilation 단계에서 에러를 띄울 것이다.

Variable-step 그림 (2.25)는 Variable-step 솔버로 지정했을때 사용할 수 있는 솔버들을 보여 준다. Fixed-step과는 다르게, ode 다음에 숫자가 최소 2개 이상 있다는 것을 알 수 있다. 디폴트는 ode45로서 이 방식은 내부적으로 ode4와 ode5 두 수치 적분 방식을 이용해서 값을 결정한다는 것이다. 그리고 이때 이용하는 계산 시간의 크기는 실제로 옵션에 있는 Max step size와 Min step size 내에서 Simulink 엔진이 적합한 계산 간격(Step size)을 계산한다. 이 계산은 앞에서 설명했던 Loop Iteration의 맨 마지막 단계인 다음 스텝을 위한 시뮬레이션 시간 계산에서 결정된다. 이때 정밀도를 위해서 Zero-Crossing Detection 기법을 사용할 수 있다. 디폴트로는 이 기법을 사용하도록 되어 있다.

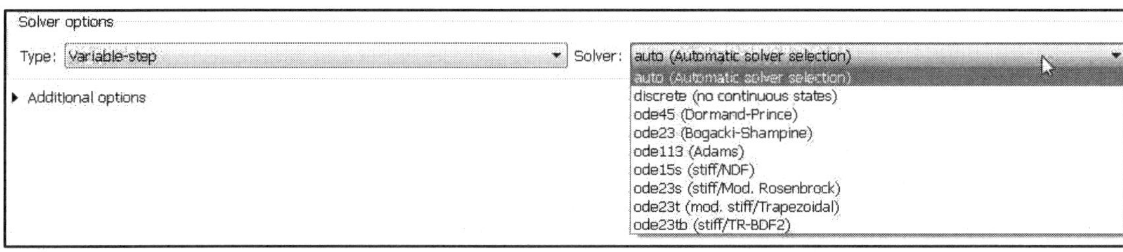

그림 2.25: Variable-step 솔버 선택시에 가능한 솔버

모델에서 State가 급격히 변하는 경우에는 계산의 정확도를 위해서 스텝 크기를 작게 가져가며, 모델의 State가 천천히 변하는 경우는 불필요한 계산 과정을 줄이기 위해서 스텝 크기를 크게 가져 간다. 때문에 일반적인 경우에는 Fixed-step 솔버보다는 Variable-step 솔버가 계산량이 작다. 이런 스텝 사이즈의 계산에 영향을 주는 것이 Solver 옵션에 있는 것들이다.

2.6.2 Continuous Solver와 Discrete Solver

앞에서 설명한 Fixed-step과 Variable-step 모두 연속 시스템과 이산 시스템을 위한 적합한 solver를 제공한다. Solver라는 메뉴에서 discrete이라고 적혀 있는 것이 이산 시스템을 위한 Discrete Solver이며, 나머지는 전부 Continuous Solver로 생각하면 된다. 만약 시스템이 연속 State가 없는 경우에는 Simulink가 자동으로 Fixed-step discrete solver나 Variable-step discrete solver를 선택한다.

만약 모델링한 시스템이 연속 State와 이산 State를 가지고 있는 경우에는 무조건

Continuous Solver를 사용해야 하는데, 이는 Discrete Solver의 경우 연속 State를 계산할 수 없기 때문이다.

2.6.3 Zero Crossing이란?

Variable-step Solver를 사용할 경우 Simulink가 계산 간격을 필요에 따라 바꿀 수 있지만, 정확도를 위해서는 가능한 이 계산 간격을 줄이는 것이 좋다. 다만 계산 간격을 줄이게 되면 시뮬레이션 시간이 커지게 된다. Simulink에서는 시뮬레이션 시간은 가능한 줄이면서 정밀도를 높이는 방법으로 Zero-crossing Detection이란 기법을 사용한다. 이 기법은 Variable-step Solver를 쓰는 경우 디폴트로 선택되어 있다.

2.6.3.1 Zero-crossing에 대한 기본 이해

Zero-crossing이란 이름 그대로 0을 지나는 것을 말한다. 즉, 음수에서 양수로 넘어가거나 혹은 양수에서 음수로 넘어 가는 순간을 말한다. 컴퓨터에서 계산하는 모든 방법은 연속적인 것은 없으며, 결국은 아주 짧지만 시간 간격을 가지고 계산을 해야 한다. 시간 간격을 가지고 계산을 하면, 그림 (2.26)과 같은 경우가 생길 수 있다.

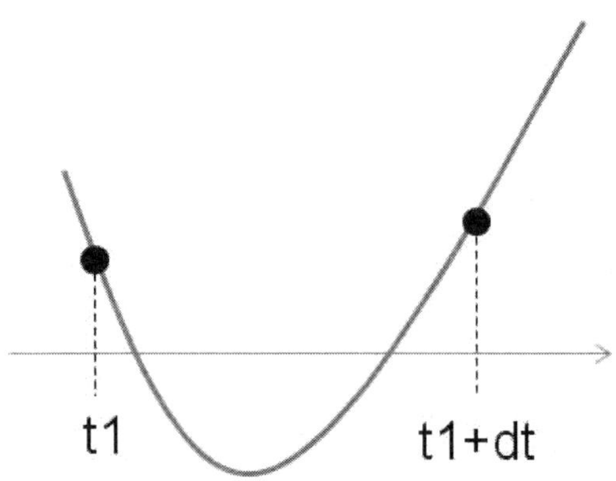

(a) 발생하지 않는 경우

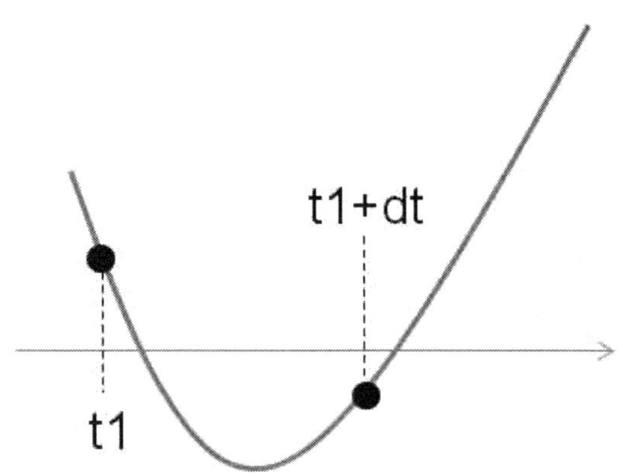

(b) 발생하는 경우

그림 2.26: Zero-crossing 이벤트

그림 (2.26(a))는 Zero-crossing 이벤트가 발생하지 않는 경우이므로 시뮬레이션을 할 때 이런 경우를 만나면 어쩔 수 없는 경우이며, 정확도가 많이 떨어지게 된다.

그림 (2.26(b))는 Zero-crossing 이벤트가 발생하는 경우이다. Variable-step 솔버의 경우 옵션에 따라서 이런 Zero-crossing 이벤트가 발생했을때 시뮬레이션 시간과 정확도에 영향을 줄 수 있다.

Zero-crossing 이벤트를 감지하고 시뮬레이션에 어떻게 영향을 미치는지 간단히 설명하자면 그림 (2.27)과 같다.

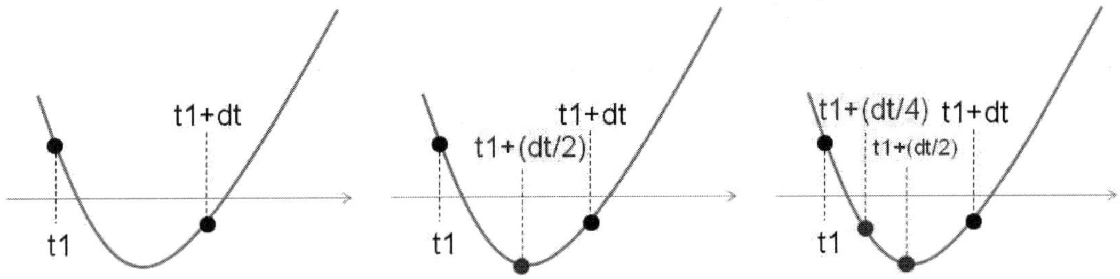

(a) 이벤트 발생 (b) 시뮬레이션 시간 간격을 반으로 (c) 시간 간격을 다시 반으로

그림 2.27: Zero-crossing 의 영향

그림 (2.27(a))에서 Zero-crossing 이벤트가 감지되면, 현재 시뮬레이션 시간 간격을 반으로 줄여서 계산을 하며 그림 (2.27(b))와 같다. 여기서도 Zero-crossing 이벤트가 감지되므로 다시 시뮬레이션 시간 간격을 반으로 줄여서 계산을 한다 (그림 (2.27(c))). 이와 같이 시뮬레이션 시간 간격을 계속 줄여 나가면 어느 순간엔가 Zero-crossing 이벤트가 감지 안되는 시간이 있을 것이므로 Zero-crossing이 일어난 시간을 감지할 수 있다. 이렇게 해서 시뮬레이션 시간을 내부적으로 Simulink 엔진이 줄여서 계산을 하기 때문에 정확도를 높일 수 있다.

Zero-crossing 이벤트 감지는 이름에서는 단순히 0을 지나는 시간을 감지하는 것으로 보이지만, 실제로는 0뿐만 아니라 특정 값을 기준으로 이벤트를 감지할 수 있다. 예를 들어 Saturation 블록의 경우 Max값과 Min값을 지정할 수 있는데, 이런 기준 값을 벗어나는 시간을 Zero-crossing 이벤트로 감지할 수 있다.

Zero-crossing에 대한 더 자세한 내용은 MATLAB 명령어 창에서 아래와 같이 실행하면 나오는 검색 결과에서 첫 번째 결과를 선택하면 기본적인 설명부터 옵션까지 자세한 설명을 볼 수 있다.

```
>> docsearch('Zero-crossing Detection');
```

2.6.3.2 Zero-crossing을 위한 옵션

그림 (2.28)과 같이 Configuration Parameters → Solvers에서 Additional options를 확장하면 Zero-crossing에 관한 옵션을 선택할 수 있다.

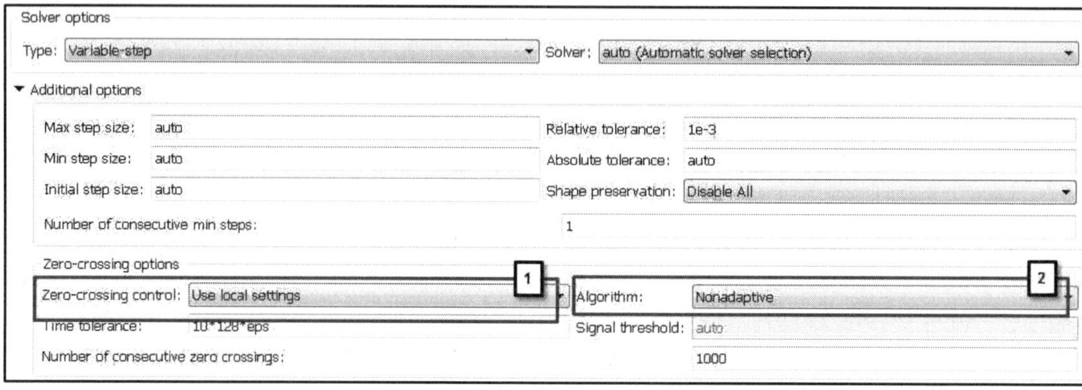

그림 2.28: Configuration Parameters에서의 Zero Crossing 셋팅

Zero-crossing control 'Use local settings', 'Enable All', 'Disable All'중에 하나를 선택할 수 있으며, 디폴트 값으로 'Use local settings'로 되어 있다. 이는 Zero-crossing 이벤트를 감지할 수 있는 블록은 각 블록에 Zero-crossing 이벤트 감지를 할 것인지 체크하는 옵션이 있는데, 각 블록마다의 셋팅에 따라 동작한다는 것을 의미한다. 'Enable All'과 'Disable All'의 경우 각 블록의 셋팅은 무시하고 일괄적으로 적용하겠다는 의미이다. 그림 (2.29(b))에 Saturation 블록의 옵션을 보여 준다.

Algorithm 'Nonadaptive'와 'Adaptive'중에 하나를 선택할 수 있으며, Zero-crossing 이벤트를 감지하는 알고리즘을 선택하는 메뉴로서 디폴트인 'Nonadaptive'는 R2008a 이전 버전에서도 같이 사용한 방식이다. 채터링이 많은 시스템에서는 시뮬레이션 시간이 많이 걸리는 방식이다. 'Adaptive' 방식은 Zero-crossing 이벤트 감지를 적용하는 구간을 시뮬레이션 도중에 Simulink 엔진이 알아서 적용하는 방식으로 좀 더 향상된 Zero-crossing 이벤트를 감지하는 알고리즘을 제공한다.

그림 (2.29(a))는 Zero-crossing 옵션의 영향을 보기 위한 모델인데 Zero-crossing 이벤트를 감지하는 블록을 하이라이팅한 것이다. 그림 (2.29(b))에서 Zero-crossing 옵션은 디폴트로 체크된 상태로 두고, 그림 (2.28)에 ①을 'Use local settings'와 'Disable All'로 두 경우를 계산 해서 SDI로 결과를 비교한 것이 그림 (2.30)이다.

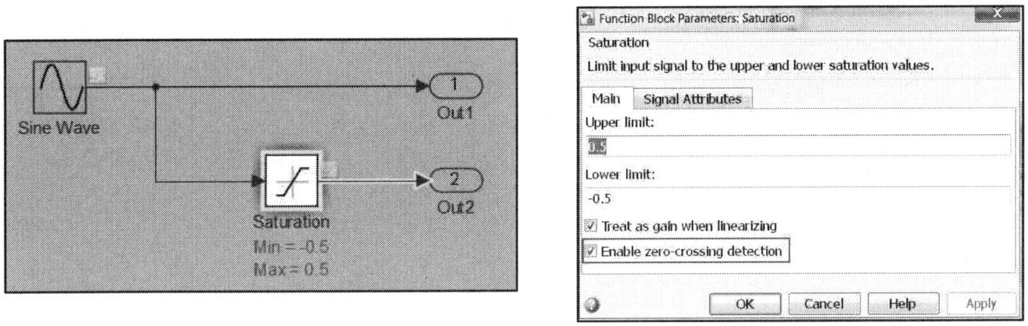

(a) Zero Crossing을 보기 위한 모델 (b) Saturation 블록에서의 옵션

그림 2.29: Zero Crossing 옵션에 따른 결과의 차이 (chap02_solver_ZC.slx)

그림 (2.30)에서 차이가 나는 부분이 실제로 Zero-crossing이 감지된 부분으로 Variable-step 솔버이므로 실제 Zero-crossing이 일어 나는 부분의 근처에서는 더 많은 계산을 해서 좀 더 정밀하게 값이 변경되는 부분을 감지할 수 있다.

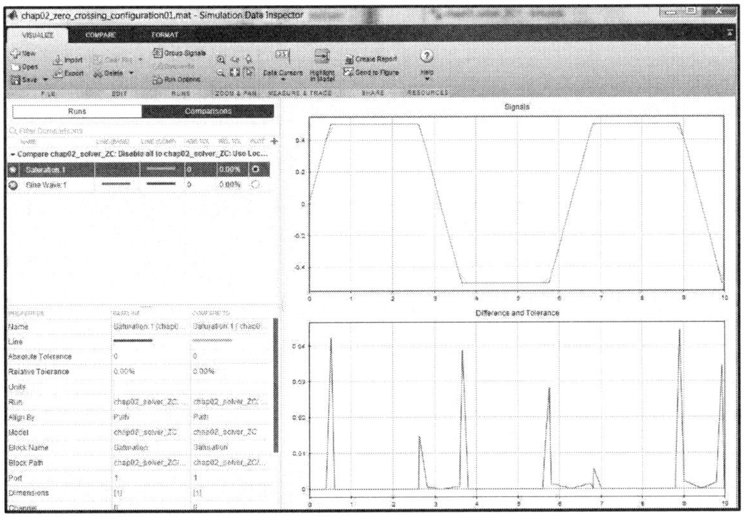

그림 2.30: 옵션의 차이에 따른 실행 결과

2.6.4 적합한 Solver 선택하기

지금까지 다양한 종류의 솔버와 함께 Zero-crossing에 대한 개념을 설명했는데, 실제로 이런 옵션들은 시뮬레이션의 결과와 시뮬레이션 시간에 영향을 주는 중요한 옵션들이다. 만약 나중에 Simulink 모델로부터 C코드를 생성하고자 하면 무조건 Fixed-step 솔버를 쓸 수 밖에 없다. 때문에 시작은 디폴트인 Variable-step 솔버인 ode45로 시작을 했더라도 나중에 솔버를 discrete이나 혹은 ode3 등으로 변경을 하게 되면 꼭 만족스러운 솔버를 사용했을때의 결과와 비교를 해서 원하는 오차 범위내로 결과가 나올 때까지 모델을 수정해야 한다.

동적 시스템을 모델링할 때는 특히나 솔버에 대한 선택을 모델링을 하는 유저가 잘 선택해야 원하는 결과를 빠른 시간에 얻을 수 있다는 것을 명심하자.

Chapter 3

Signal Routing 라이브러리와 Lookup Tables 라이브러리

모델링할때 일반적으로 사용하는 블록들을 라이브러리별로 소개하고자 한다. 모델링을 잘하기 위해서는 블록을 잘 사용해야 하는데, 원하는 기능을 하는 블록이 있는지 알아야 하므로 한번쯤은 각 라이브러리 내에 어떤 블록이 있는지 확인을 해보기 바란다. 특히나 많이 사용하는 Signal Routing 라이브러리와 Lookup Tables 라이브러리에 있는 대표적인 블록들에 대해서 설명하도록 하겠다.

3.1 Signal Routing 라이브러리

Signal Routing 라이브러리는 모델에서 시그널의 경로에 영향을 주는 블록들을 모아놓은 것이다. 모델이 복잡해지고, 커지면 Signal Routing 라이브러리에 있는 블록들을 이용해서 시그널을 묶기도 하고, 특정 조건에 따라서 시그널을 선택하기도 하는 등 자주 사용하게 될 것이므로 블록들의 사용법을 잘 알고 넘어 가는 것이 좋다.

Signal Routing 라이브러리는 크게 세 종류로 나눌 수 있다.

- 여러 개의 시그널 중에서 조건이나 혹은 사용자의 선택에 의해서 한 개의 시그널을 선택할 수 있는 블록들이 있으며, 주로 Manual Switch 블록, Switch 블록, Multiport Switch 블록에 대해 알아 볼 것이다.
- 여러 개의 시그널을 한 개의 시그널로 묶을 수 있는 시그널 묶음 블록들로서 Mux 블록, Demux 블록, Bus Creator 블록, Bus Selector 블록들에 대해 설명할 것이다.

- 시그널을 연결할 때 직접적인 선이 아니라 태그를 이용해서 연결하는 블록들로 Goto 블록과 From 블록을 알아 볼 것이다.

3.1.1 Switch 관련 블록들

여러 개의 시그널 중에서 특정 시그널을 선택하는 블록들 중에서 대표적으로 사용되는 Manual Switch 블록, Switch 블록, 그리고 Multiport Switch 블록을 알아 보자. 모델링을 하면서 많이 사용될 블록들이므로 적절한 활용법을 꼭 익혀 두면 좋겠다. 그림 (3.1)은 세 종류의 Switch 관련 블록을 다 사용한 모델이다.

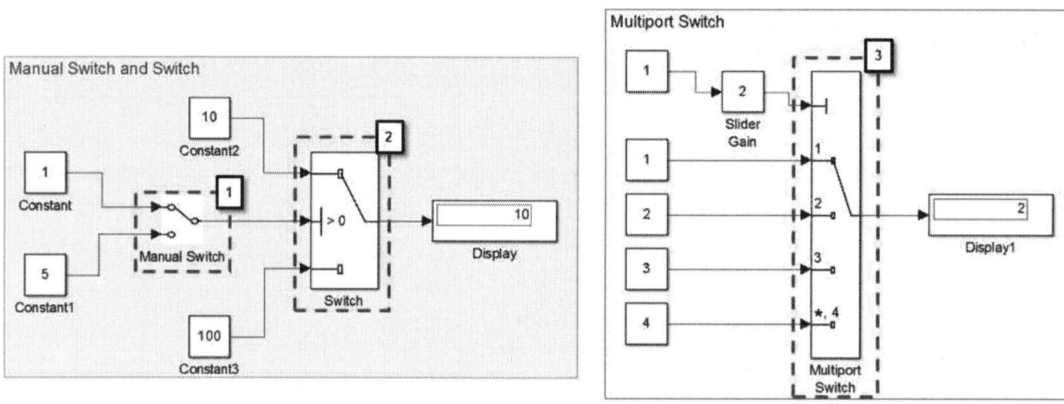

그림 3.1: Switch 관련 블록을 활용한 모델 (UsingSwitch.slx)

3.1.1.1 Manual Switch 블록

Manual Switch 블록의 경우 그림 (3.1)에서 ①처럼 인풋이 두 개이며, 아웃풋이 한 개인 블록이다. 디폴트로는 첫 번째 인풋이 아웃풋으로 나가지만, 사용자가 블록을 더블 클릭하면 두 번째 인풋이 아웃풋으로 나게 된다. 블록의 아이콘이 디폴트인 경우가 그림 (3.1)처럼 표시되지만, 더블 클릭하면 두 번째 인풋이 아웃풋과 연결되는 형태로 아이콘이 변경된다. 이런 상태에서 다시 블록을 더블 클릭하면 다시 첫 번째 인풋과 아웃풋이 연결되면 실제로 첫 번째 인풋이 아웃풋으로 나가게 된다. 첫 번째 인풋과 두 번째 인풋 사이에서 블록을 더블 클릭할 때마다 변경된다.

일반적으로 블록을 더블 클릭하면 파마메타 창이 나와서 필요한 파라메타를 변경할 수 있는데, Manual Switch 블록은 파라메타 창이 없으며, 아이콘이 변경되며, 인풋과 아웃풋의 연결이 변경된다. 또 하나의 특징이 이렇게 변경되는 것이 시뮬레이션 도중에도 똑같이 동작한다. 즉, 시뮬레이션하는 중간에 사용자가 Manual Switch 블록을 더블 클릭하면 인풋의 연결이 변경되며, 즉시 시뮬레이션에도 영향을 준다.

3.1.1.2 Switch 블록

Switch 블록은 그림 (3.1)에서 ②로 표시되는 블록으로 총 세 개의 인풋이 있는데, 이를 u1, u2, u3로 블록에서는 구별한다. 두 번째 인풋으로 들어 오는 u2와 비교되는 값을 확인해서 그 결과가 참이면 첫 번째 인풋인 u1을 아웃풋으로, 거짓이면 세 번째 인풋인 u3를 아웃풋으로 내보내는 역할을 한다. 프로그래밍적인 것을 생각하면 if - else 구문이라고 생각해도 된다.

그림 (3.2)를 보면 ①은 어떤 조건식으로 비교할지를 선택하는 것이고, ②는 비교할때의 비교값을 셋팅하는 것이다. ①과 ②는 Switch 블록의 아이콘에 u2 옆에 실제로 표시가 되므로 이 셋팅을 알기 위해서 파라메타 창을 열어 볼 필요는 없다.

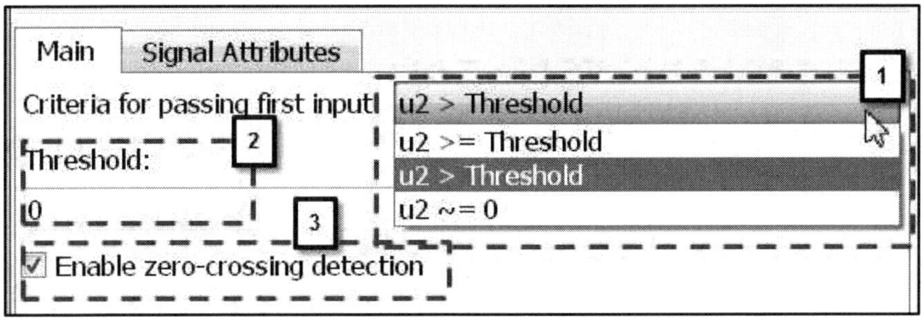

그림 3.2: Switch 블록의 파라메타

Switch 블록의 또 하나의 특징은 Zero-crossing 과 연관되어 있는 블록이라는 것이다. 그림 (3.2)에서 ③에 표시된 옵션이며, 디폴트로 항상 체크가 되어 있다.

그림 (3.3(a))의 모델을 이용해서 Zero-crossing 옵션을 On/Off 했을때의 결과가 (3.3(b))이다. 동그라미로 표시된 두 부분이 제일 차이가 많이 나는 부분이다.

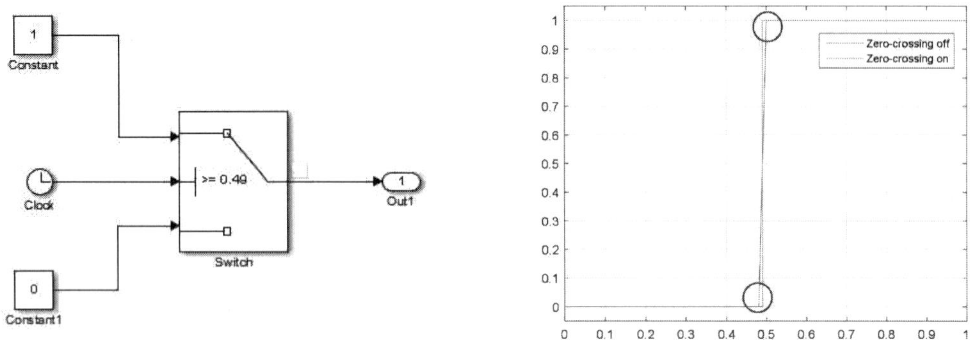

(a) Zero-crossing 옵션을 체크하기 위한 모델

(b) Zero-crossing 옵션의 on/off 효과

그림 3.3: Switch 블록의 Zero-crossing(SwitchZeroCrossing.slx)

왜 이런 결과가 나오는지 생각을 해보자. 모델에서 솔버가 Variable-step 솔버이므로 Simulink 엔진이 필요한 만큼 샘플 타임을 변경할 수 있다. Zero-crossing이라것이 편의상 Zero가 들어 있는 것이지만, 실제로는 값의 급격한 변경 혹은 지정된 값을 언제 지나는 것인지를 뜻하는 것이다. Switch 블록의 경우 u2로 들어 오는 값에 의해 u1 혹은 u3의 값이 아웃풋으로 나가므로 언제 u2로 들어 온 값이 지정된 조건식에 딱 맞게 되는지를 확인하는 것이 Zero-crossing을 뜻한다. 즉 그림 (3.3)의 모델은 u2 〉= 0.49이므로 Zero-crossing이 on 되어 있으면, 정확히 언제 이 값이 변경되는지 Zero-crossing을 체크하는 것이며, 그 앞 뒤로 값을 변경해서 계산을 하는 것이다.

실제로 Switch 블록의 아웃풋 시그널을 로깅해서 시간과 값을 보면 그림 (3.4) 와 같다. Zero-crossing이 정확히 0.49초에 조건식의 변경을 체크해서 값을 계산한 것을 알 수 있다.

0.4800	0
0.4900	0
0.4900	1.0000
0.5100	1.0000

(a) Zero-crossing 옵션 On

0.4600	0
0.4800	0
0.5000	1.0000
0.5200	1.0000

(b) Zero-crossing 옵션 off

그림 3.4: Switch 블록의 Zero-crossing 영향

3.1.1.3 Multiport Switch 블록

Multiport Switch는 말 그대로 인풋 포트가 여러 개 있어서 그 중에 한 개를 아웃풋으로 할 수 있는 블록이다. 인풋 중에서 제일 위에 있는 첫 번째 인풋 (u1)이 그 다음에 있는 인풋 포트중에서 어떤 포트를 사용할 것인지 결정하는 포트이다. 그림 (3.5(a))의 ③이 Multiport Switch 블록을 보여 주는데, 블록의 파라메타 창과 함께 같이 확인을 해보자.

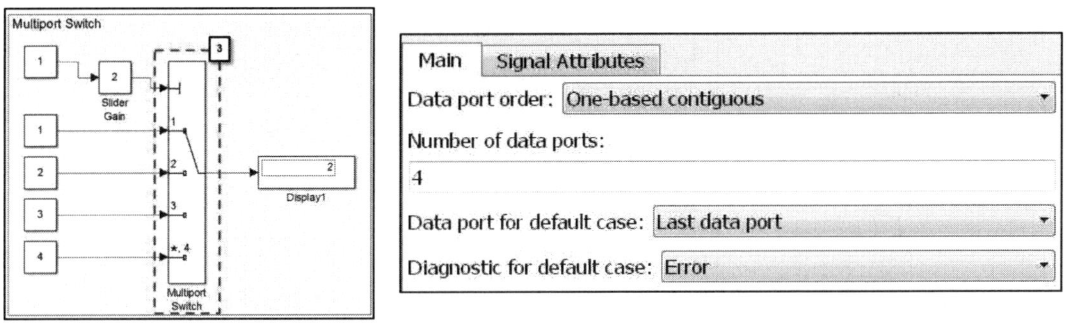

(a) Multiport를 활용한 모델 (b) Multiport Switch 파라메타 창

그림 3.5: Multiport Switch 블록

Multiport Switch 블록의 첫 번째 인풋을 제어 인풋이라고 하며, 제어 인풋으로 들어 오는 값은 부동 소수점일 경우는 값이 정수형으로 소수점 이하는 버림을 해서 값을 가진다. 즉 1.2가 제어 인풋으로 들어 오면 1로 계산되어 진다. 제어 인풋에서 계산된 값이 그 다음에 있는 인풋 포트의 숫자를 지정해서 그 인풋을 아웃풋으로 내보내 주는 것이 Multiport Switch의 역할이다. 그림 (3.5(b))에 있는 각각의 파라메타에 대해서 알아 보자.

Data port order 첫 번째 인풋인 제어 인풋을 제외하고 그 다음 인풋부터 순서를 매길때 어떻게 매길 것인지에 대한 옵션이다. Zero-based contiguous, One-based contiguous, Specify Indices가 있다. 그림 (3.5(b))에는 디폴트인 One-based contiguous가 표시되어서 두 번째 인풋부터 숫자가 1부터 매겨져 있다. Zero-based contiguous로 하면 0부터 시작이 된다. 제어 인풋은 같은 값을 가지더라도 이 옵션에서 어떻게 되어 있는지에 따라 아웃풋으로 나가는 인풋이 달라진다. Specify Indices를 선택하면 아래에 있는 옵션인 Number of data ports가 없어지고, 대신에 Data port indices 라는 옵션이 생긴다. 여기서 사용자가 직접 순서를 매길 수 있다. 그림 (3.5(a))와 같은 상태에서 Specify indices로 하고 Data port indices 에는 1, 6, 3, 5라고 입력하면 위에서부터 순서대로 1, 6, 3, 5로 번호를 가지게 된다. 그림 (3.6)을 보면 Multiport Switch 블록이 변경된 것을 알 수 있다.

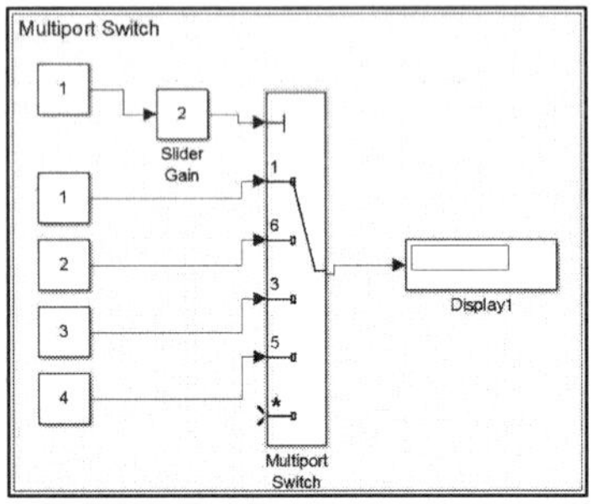

(a) Multiport Switch를 활용한 모델

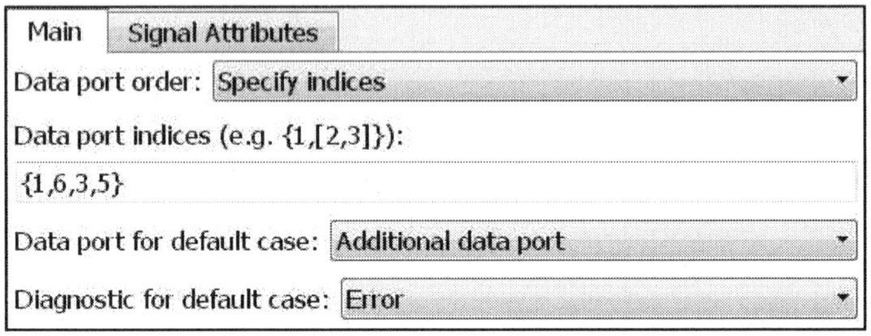

(b) Multiport Switch 파라메타 창

그림 3.6: 옵션에 따라 변경된 Multiport Switch 블록

Number of data ports 제어 인풋을 제외하고 몇 개의 인풋을 만들 건지 결정하는 옵션이다. Data port order 옵션이 Zero-based contiguous 혹은 One-based contiguous인 경우에만 사용할 수 있는 옵션이다.

Data port for default case 그림 (3.5(a))에서 맨 마지막 인풋 포트에 보면 * 표시가 있는데, 이 표시에 대한 처리를 위한 옵션이다. 제어 인풋으로 들어 오는 값이 만약 5이면 어떻게 될까? 이런 지정된 번호가 아닌 값이 들어 왔을때 아웃풋으로 나갈 인풋의 표시에 * 표시가 보인다. 이 옵션은 디폴트로 Last data port로 되어 있어서 맨 마지막 인풋 포트에 * 표시가 생긴다. Additional data port로 변경하면, Number of data ports에서 지정한 포트보다 한 개의 인풋이 더 생겨서 따로 * 표시를 하는 블록이 생긴다. 그림 (3.6)에서 변경된 블록과 옵션을 알 수 있다.

Diagnostic for default case 그림 (3.5(a))에서 제어 인풋이 만약 10이 들어오면 default case로 맨 마지막 인풋을 아웃풋으로 보내야 하는데, 이런 경우에 처리를 어떻게 할지에 대한 옵션이다. None, Warning, Error 세 종류의 옵션이 있으며, 각각이 뜻하는 바와 같이 제어 인풋으로 10이 들어 왔을때 아무 표시 없이 실행되는 것이 None이며, Warning은 그림 (3.7(a))처럼 표시되면서 계속 시뮬레이션이 진행되는 것이며, Error인 경우는 그림 (3.7(b))처럼 표시되고, 시뮬레이션이 중단되는 경우이다.

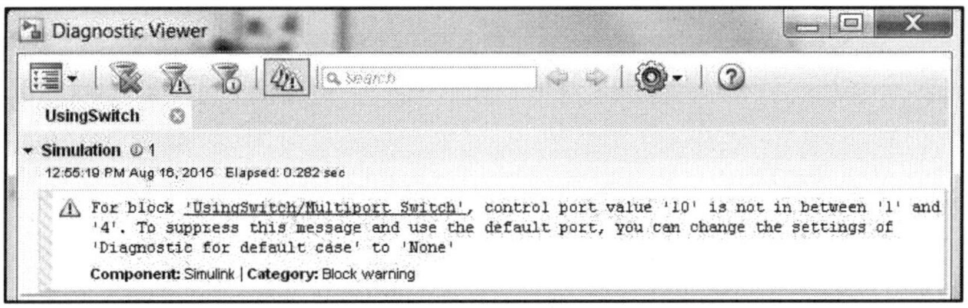

(a) Warning인 경우

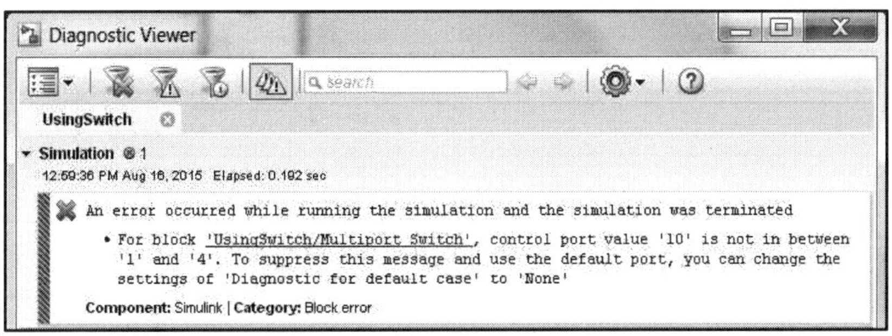

(b) Error인 경우

그림 3.7: Diagnostic for default case 옵션의 영향

3.1.2 시그널 묶음 블록

시그널 묶음 블록은 여러 개의 시그널을 한 개의 시그널처럼 보이게 묶어서 보내거나 혹은 묶여 있는 한 개의 시그널을 다시 여러 개의 시그널로 분리하는 작업을 하는 블록이다. 여러 개의 시그널을 묶을 때 사용하는 블록은 주로 Mux 블록과 Bus Creator 블록이며, 한 개의 시그널을 여러 개의 시그널로 분리하는 블록은 Demux

블록과 Bus Selector 블록이다. 이 블록들은 Mux 블록과 Demux 블록이 한 쌍이며, Bus Creator 블록과 Bus Selector 블록이 또 다른 한 쌍으로 Mux 블록과 Bus Selector 블록을 섞어서 사용하면 안된다.

3.1.2.1 Mux 블록과 Demux 블록

Mux 블록은 특징이 같은 데이터 타입의 시그널을 여러 개로 묶을 수 있다는 점이다. 만약 두 개의 시그널이 한 개는 정수형 시그널이고, 다른 한 개는 더블형 시그널이면 이 두 시그널은 Mux로 묶을 수 없다는 것을 명심해야 한다. Mux 블록으로 묶은 시그널은 Math Operations에 있는 대부분의 블록들의 인풋으로 사용할 수 있다. 이는 Mux 블록으로 묶은 시그널은 실제로는 벡터이거나 행렬로 만들어 지기 때문이다.

그림 (3.8)에서 ①은 Mux 블록을 뜻하며, ②는 Demux 블록이다. Mux 블록과 Demux 블록 사이에 시그널이 굵은 형태는 모델 에디터에서 Display → Signals & Ports → Wide Nonscalar Lines를 선택해서 굵게 보이는 것이다.

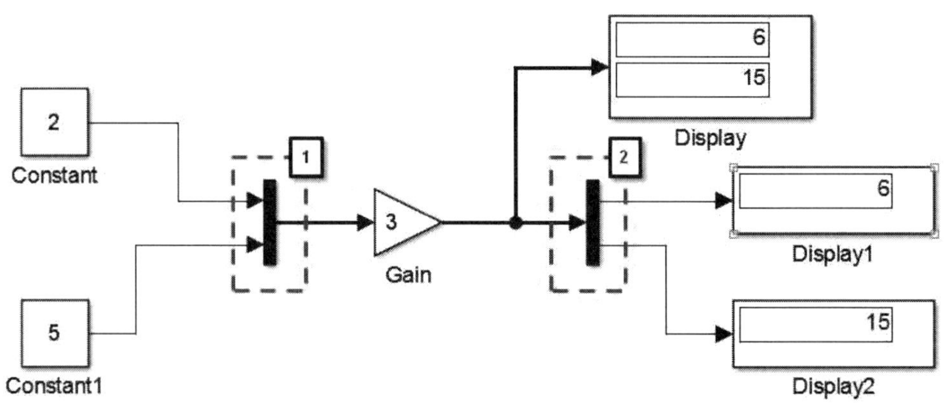

그림 3.8: Mux 블록과 Demux 블록을 활용한 모델 (MuxDemux.slx)

Mux 블록과 Demux 블록의 파라메타 윈도우는 몇 개의 시그널을 합치거나 분리할 건지에 대한 옵션뿐이다. Mux 블록에서 다섯 개의 시그널을 합친 시그널을 Demux를 이용해서 2개로 나누는 것도 가능하지만, 권장하는 방식은 Mux로 묶은 갯수와 Demunx로 푸는 갯수가 같은 것을 권장한다. 만약 다르게 했을때의 동작을 확인하고 싶으면, Demux의 설명서를 보기 바란다. 이런 경우는 Bus Creator와 Bus Selector 블록의 사용을 권장한다.

3.1.2.2 Bus Creator 블록과 Bus Selector 블록

Bus Creator 블록은 Mux 블록과 비슷하게 여러 개의 시그널을 한 개의 시그널로 묶을 수 있지만, 다른 점은 벡터나 배열을 만들지 않는다는 점이다. 이런 특징 때문에 Bus Creator 블록은 묶이는 시그널이 서로 다른 데이터 타입을 가져도 상관이 없다. 대신에 Math Operations에 있는 블록들의 인풋으로 사용하지 못한다. Bus Selector 블록은 Demux 블록과 다르게 숫자로 아웃풋의 갯수를 결정하는 것이 아니고, 파라메타 창에서 직접 원하는 시그널만을 뽑아서 아웃풋으로 만들 수 있다.

그림 (3.9)는 Bus Creator 블록과 Bus Selector 블록을 사용한 모델이다. ①이 Bus Creator 블록이고 ②가 Bus Selector 블록이다. Bus Selector 블록의 아웃풋으로 나오는 시그널에 이름이 〈〉 사이에 있음을 알 수 있다. 이는 시그널 이름이 그대로 전달되어 왔다는 것을 의미한다.

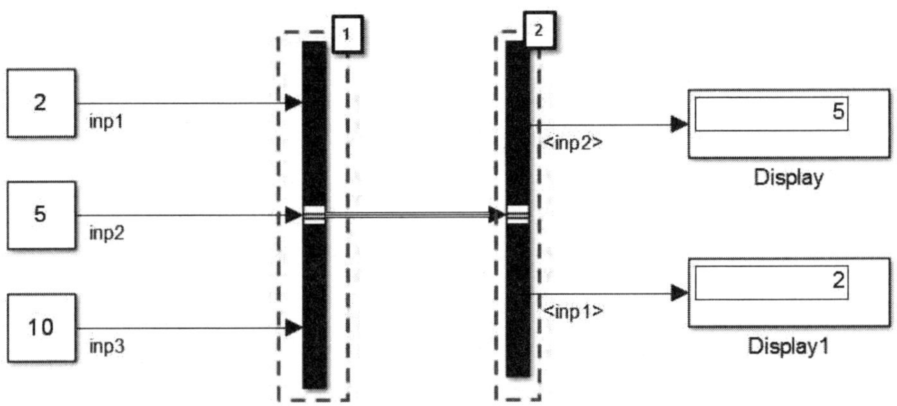

그림 3.9: Bus Creator 블록과 Bus Selector 블록을 활용한 모델 (BusCreator.slx)

Bus Creator 블록 Bus Creator 블록에서 만들어진 시그널 선은 그림 (3.9)에서처럼 선이 세 가닥으로 다른 시그널 선과 구별되는 것을 알 수 있다. 또한 Bus Creator 블록전에 있던 시그널의 이름이 그대로 전달되어 Bus Selector 를 통과하면 어떤 시그널이 나오는지 시그널 이름으로 알 수 있다.

Bus Creator 블록은 라이브러리에서 모델 에디터로 복사하면 디폴트로 인풋이 2개이며, 더블 클릭하면 그림 (3.10(a))와 같은 파라메타 창이 나온다. 그림 (3.9)와 같이 만들기 위해서 Number of inputs을 3으로 하면 Bus Creator 블록의 인풋이 3개가 만들어진다. 이를 Constant 블록과 각각을 연결하고 시그널에 inp1, inp2, inp3로 이름을 지정한다. 마지막으로 그림 (3.10(b))에서 Refresh 버튼을 클릭하면 연결된 시그널의 이름이 파라메타 창에 보여진다.

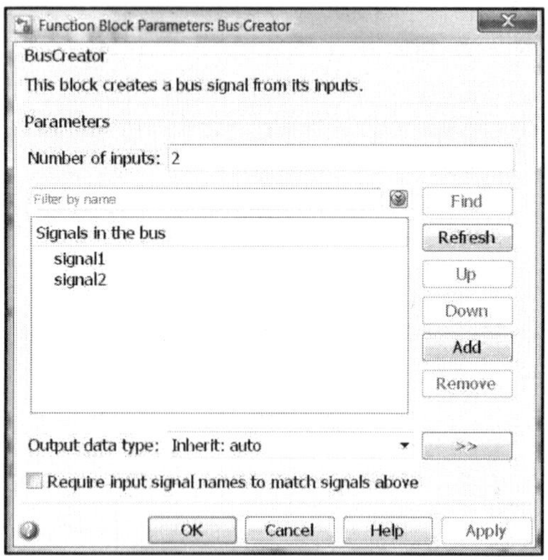

(a) 디폴트 옵션의 Bus Creator 블록 파라메타 창

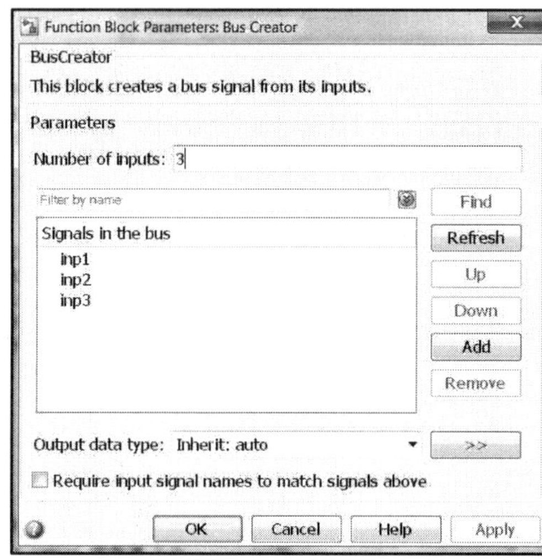

(b) 변경된 옵션의 Bus Creator 블록 파라메타 창

그림 3.10: Bus Creator 블록의 파라메타

Bus Selector 블록 Bus Creator로 만들어진 시그널에서 시그널을 이용하기 위해서는 Bus Selector 블록을 이용해야 한다. Bus Selector 블록의 경우 디폴트로 그림 (3.11(a))와 같이 연결된 시그널 내부에 묶여 있는 시그널들의 이름을 보여 주며, 그 중에서 어떤 시그널을 아웃풋으로 지정할 것인지를 표시한다. 그림 (3.11(a))에서 오른쪽 리스트 박스에 있는 두 시그널을 선택해서 Remove 버튼을 클릭한다. 그리고 왼쪽 리스트 박스에서 원하는 시그널을 선택해서 Select» 버튼을 클릭하여 그림 (3.11(b))와 같이 만든다. 오른쪽 리스트 박스에서 시그널의 아웃풋의 순서를 바꾸고 싶으면 시그널을 선택하고 Up 버튼과 Down 버튼으로 순서를 정하면 된다.

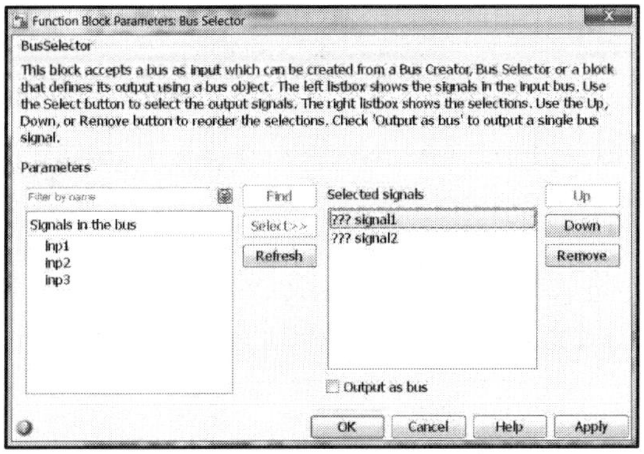

(a) 디폴트 옵션의 Bus Selector 블록 파라메타 창

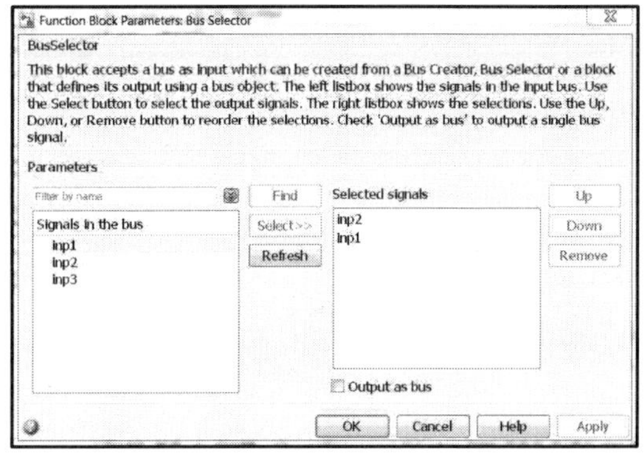

(b) 변경된 옵션의 Bus Selector 블록 파라메타 창

그림 3.11: Bus Selector 블록의 파라메타

3.1.3 Goto 블록과 From 블록

Goto 블록과 From 블록은 이름에서 의미하는 것처럼 시그널을 직접적인 연결 없이 점프 시켜서 사용할 수 있게 한다. 모델이 복잡해지면 시그널들이 막 꼬이는 수가 있다. 지금은 시그널이 교차되어도 모델 에디터에서 어느 정도 표시가 되므로 알 수 있지만, 역시나 시그널들이 겹치면 모델이 복잡해 보인다. 이런 시그널의 복잡함을 Goto 블록과 From 블록을 쓰면 어느 정도 해소할 수 있지만, 이 역시나 많이 사용하면 모델을 해석할 때 시그널의 단절로 여기 저기 옮겨 다니면서 봐야 하므로 적합한 상황에서만 사용하는 것이 좋다.

그림 (3.12(a))는 Goto/From 블록을 사용하지 않아서 Divide 블록의 두 번째 인풋으로 들어 가는 시그널이 겹치는 것이 보일 것이다. 그림 (3.12(b))처럼 Goto/From 블록을 사용하면 시그널이 겹치는 것 없이 모델링을 할 수 있다. Goto/From 블록의 아이콘을 보면 [] 로 감싸진 문자가 보이는 데 이것을 태그 (Tag)라고 부른다. Goto 블록과 From 블록을 연결하는 것은 이 태그만으로 이루어진다.

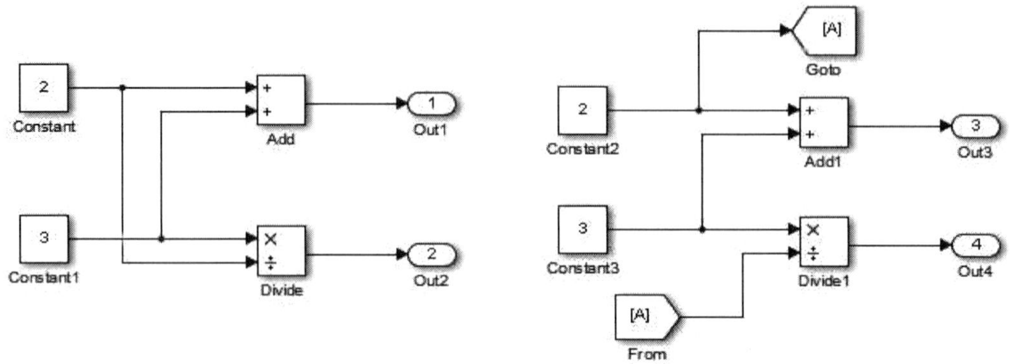

(a) Goto/From 블록 없는 모델 (b) Goto/From 블록 이용 모델

그림 3.12: Goto/From 블록 활용 모델 (GotoFrom.slx)

그림 (3.13)을 보면 양쪽에 모두 Goto Tag가 있음을 알 수 있다. 태그는 기본적으로 Goto 블록의 태그를 기본으로 하며, Goto 블록에 태그를 입력하고 From 블록의 파라메타 창을 열어서 UpdateTags 버튼을 클릭하면 그 왼쪽에 현재 모델에서 사용할 수 있는 모든 태그가 드롭다운 박스로 나타난다. 이 중에서 원하는 태그를 선택하면 된다.

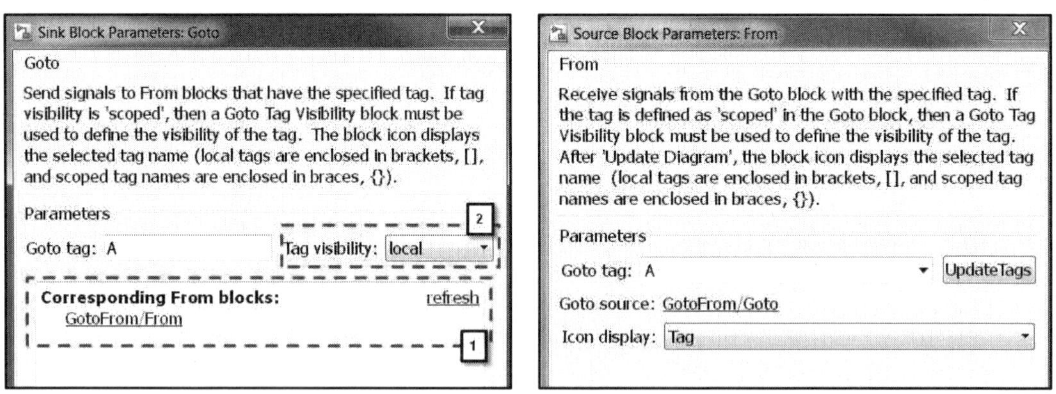

(a) Goto 블록의 파라메타 (b) From 블록의 파라메타

그림 3.13: Goto/From 블록의 파라메타

한 개의 Goto 블록에 여러 개의 From 블록을 연결할 수 있기 때문에 Goto 블록에는 그림 (3.13(a))에 ①처럼 From 블록을 보여 주는 부분이 있다. 그리고 From 블록의 이름을 ①에서 클릭하면 모델에서 연결된 블록을 하이라이팅해서 보여 준다. 또한 From 블록에서도 모델의 어떤 Goto 블록과 연관되어 있는지는 Goto source에 보면 연관된 Goto 블록을 보여 준다. 이를 클릭하면 마찬가지로 모델에서 연관된 Goto 블록을 하이라이팅해 준다. 하이라이팅된 부분을 해제하기 위해서는 모델 에디터에서 Display → Remove Highlighting을 선택하면 된다.

②의 Tag visibility는 Goto 블록의 태그를 어느 레벨에서 볼 수 있는지에 대한 셋팅이다. 여기에는 local, scoped, global 등과 같은 값을 셋팅할수 있는데, Goto/From 블록의 Tag visibility를 local 이외에 것을 쓰면 나중에 모델을 분석할 때 힘들어지므로 디폴트인 local로만 놓고 사용하기 바란다.

3.2 Lookup Tables 라이브러리

Lookup Table 블록은 라이브러리에 보면 1-D, 2-D, n-D로 구별되어 있지만, 실제로는 n-D Lookup Table 블록의 차원만 다르게 한 것이다. 따라서 가장 많이 쓰는 1-D Lookup Table 블록과 2-D Lookup Table 블록을 사용해 보자.

3.2.1 1-D Lookup Table

1-D Lookup Table 블록의 한 예로 sin() 함수를 대신하는 룩업 테이블을 만들어 보자. 실제로 실시간 시스템에서는 sin() 함수와 같이 수학적으로 계산할 때 많은 반복을 해야 하는 계산을 빨리 하기 위해서나 혹은 계산식의 시간이 정해진 시간이내에 끝내야 할 경우에 룩업 테이블로 만들어서 간단히 보간법을 사용하는 방식으로 사용한다.

여기서는 아주 간단한 식을 계산할 것이므로 표 (3.1)과 같이 0도부터 30도씩 증가해서 90도까지 sin() 함수의 값을 미리 테이블로 만들어서 1-D Lookup Table 블록을 이용해 보자.

표 3.1: sin() 함수에 대한 룩업 테이블

각도 (radian)	값
0	0
30*π/180	0.5
60*π/180	0.866
90*π/180	1

표 (3.1)을 1-D Lookup Table 블록에 입력으로 하기 위해서 MATLAB 상에서 아래와 같이 명령어를 입력한다. inp1과 t_data 변수로 1-D Lookup Table 블록을 활용해서 실제 sin() 함수와의 값의 차이를 보기 위해서 그림 (3.14)와 같이 모델을 먼저 만든다.

```
>> inp1 = [0:30:90]*pi/180
>> t_data = [0 0.5 0.866 1]
```

sin() 함수는 Math Operations라는 서브 라이브러리에 Trigonometric Function 블록의 파라메타 창에서 Function을 sin으로 선택하면 된다. 삼각함수는 각각이 따로 있는 것이 아니고, Trigonometric Function 블록에서 sin, cos, tan 등과 같은 함수를 선택할 수 있으므로, 어떤 함수를 사용할 수 있는지 꼭 직접 체크해 보기 바란다.

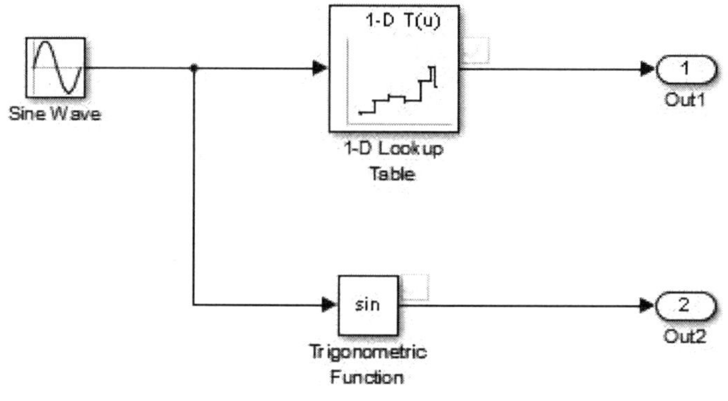

그림 3.14: 1-D Lookup Table 블록을 이용한 모델 (Lookup_1D.slx)

1-D Lookup Table 블록의 파라메타는 결과에 직접적으로 영향을 주는 옵션들이 많아서 신경을 써서 사용해야 한다. 그림 (3.15)는 1-D Lookup Table 블록의 파라메타 창을 보여 주는 것으로 세 번째 탭인 Data Types 탭은 생략한 것이다. Data Types 탭은 처음에는 신경쓸 필요가 없지만, 나중에 모델로부터 코드 생성시 셋팅을 해야 하는데, 책의 범위 바깥이므로 설명을 제외하겠다.

아래에서 설명하는 옵션에 따른 변경은 Lookup_1D.slx 모델에서 각각의 옵션을 바꾸고, SDI에서 그 결과를 그린 경우이다.

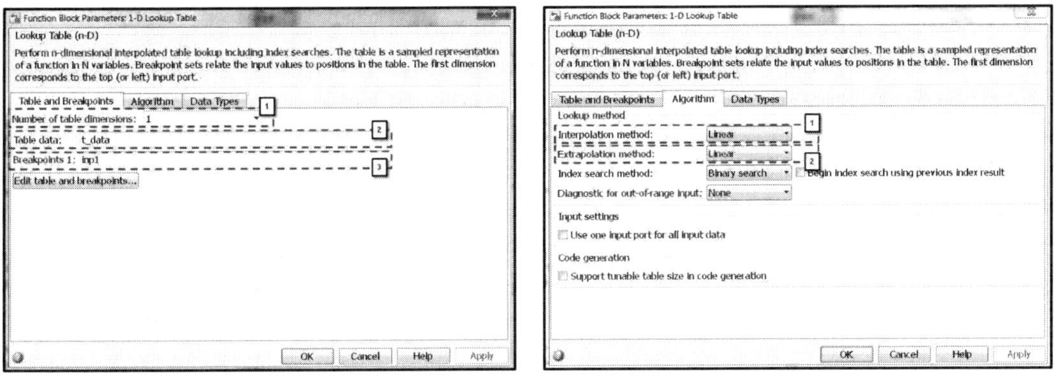

(a) Table and Breakpoints 탭 (b) Algorithm 탭

그림 3.15: 1-D Lookup Table 블록의 파라메타 창

Table and Breakpoints 룩업 테이블의 실제 데이터를 입력하는 부분이다.

- ①은 1-D인지, 2-D인지와 같이 룩업 테이블의 차원을 셋팅하는 곳이다. 즉 1-D Lookup Table 블록을 이용하더라도 언제든지 2-D나 혹은 더 높은 차원으로 변경할 수 있다.

- ②는 실제 룩업 테이블 블록의 데이터가 들어 가는 부분이다. 표 (3.1)에서 값에 해당되는 내용이 입력되어야 한다.

- ③은 블록의 인풋으로 들어 온 값과 매칭되도록 체크되는 것으로 Lookup Table 블록에서는 이를 Breakpoints라고 부른다. 표 (3.1)에서는 각도(radian)에 해당되는 부분이다.

Algorithm 룩업 테이블은 정확한 Breakpoints의 값이 아닌 다른 인풋이 들어오면 그 값을 계산하고 테이블 데이터에서도 테이블 내부 데이터인 경우에는 보간법(내삽법, interpolation)과 테이블 외부의 경우 외삽법(extrapolation)을 이용해서 계산을 해야 한다. Algorithm 탭에서는 이런 옵션을 셋팅하는 곳이므로, 테이블을 만들고 나서 제일 신경 써서 옵션을 정해 주어야 한다.

- ①은 테이블 내에서 데이터 값을 계산할 때 사용하는 보간법을 셋팅하는 경우이다. 사용 가능한 보간법 방법은, Flat, Nearest, Linear, Cubic spline로 총 4가지 방법이 있다. 이 방법에 따라 아웃풋이 완전히 달라지니 본인이 원하는 옵션을 잘 골라야 한다. 디폴트는 Linear로 되어 있다. 그림 (3.16)은 내삽법, 외삽법 모두 디폴트인 Linear로 된 경우에 삼각함수인 sin() 함수에 직접적으로 인풋을 넣었을 때 나오는 결과를 각각 그린 경우이다.

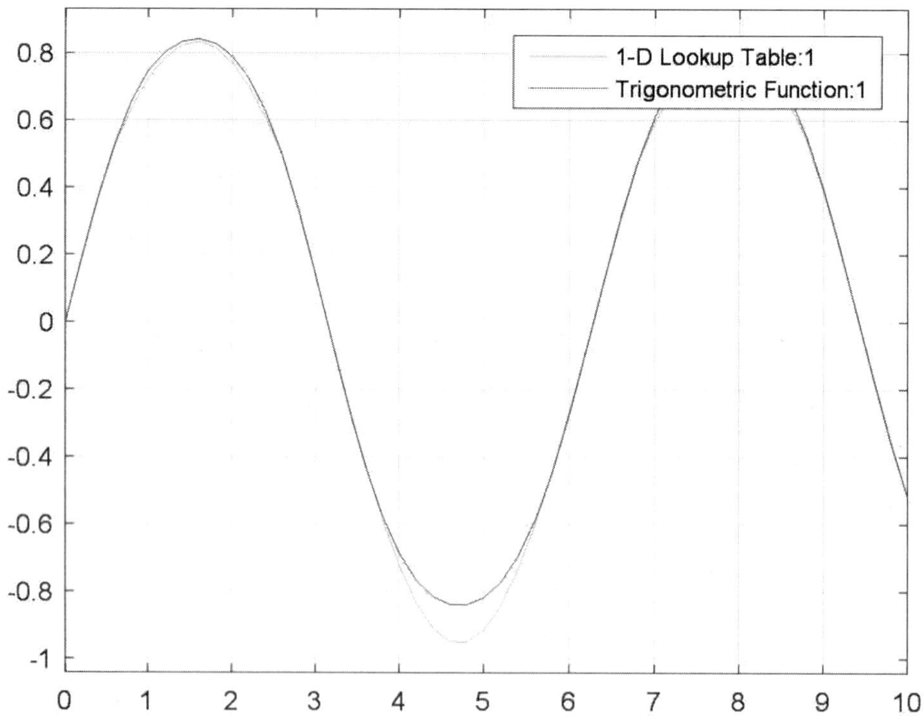

그림 3.16: 내삽법, 외삽법 모두 디폴트인 Linear로 한 상태의 결과

- 결과 값이 양수인 경우는 그리 많은 차이가 나지 않지만, 음수인 경우에는 차이가 제법 나는 것을 알 수 있다. 먼저 1초에서 2초 사이를 보면 0초에서 1초 사이와 2초에서 3초 사이보다 오차가 나는 것을 알 수 있다. 이는 내삽법을 Linear 를 사용했기 때문에 직선 상태인 경우는 값이 오차가 많이 생기지 않지만, 곡선이 되는 1초에서 2초 사이에는 더 많은 오차가 생기기 마련이다.

- 4초에서 5초 사이의 오차가 1초에서 2초 사이보다 많이 나는 이유는 표 (3.1)에서 데이터를 양수만 제공했기 때문에 그림 (3.16)은 외삽법을 Linear로 적용했기 때문에 더 많은 오차가 나는 것이다. 만약 음수 데이터도 주었으면 오차가 더 줄어 들었을 것이다.

- 내삽법과 외삽법 모두 Cubic spline으로 바꾸면 오차가 훨씬 줄어 들것이다. 그림 (3.17)은 내삽법, 외삽법에 각각 Cubic spline으로 변경했을 때의 오차를 보여 준다. 특히나 그림 (3.17(b))를 보면 그림 (3.16)과 오차가 많이 차이 나는 것을 알 수 있다.

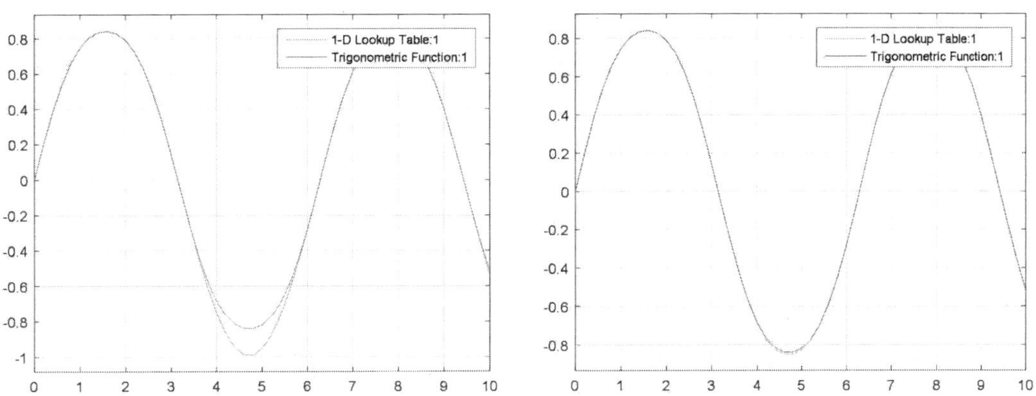

(a) 내삽법은 Cubic spline, 외삽법은 Linear 설정

(b) 내삽법, 외삽법 모두 Cubic spline 설정

그림 3.17: Cubic spline 방법의 영향

- ①에서 선정하는 보간법 방법에 따라서 ②의 외삽법을 사용자가 셋팅을 할 수 있거나 혹은 Clip으로 사용되기도 한다. ①에서, 즉 보간법으로 Flat과 Nearest를 선택하면 외삽법은 무조건 Clip으로 사용된다. 그림 (3.18)은 두 영향을 보여 주는 그래프이다.

- Clip 방식은 외삽법 자체를 실행하지 않고, 무조건 테이블의 마지막 값을 아웃풋으로 내보내는 방식이다. 외삽법에는 Flat과 Nearest 방법이 존재하지 않는데, 이는 당연한 것으로 이런 역할을 하는 것이 Clip 이라고 생각하면 된다.

Algorithm 탭에서 사용하는 방식에 대해서 좀 더 자세한 내용은 Simulink의 내부 문서를 참조하면 되며, MATLAB의 명령어 창에서 아래와 같이 입력하면 볼 수 있다.

```
>> web (fullfile(docroot, 'simulink/ug/methhods-for-estimating-missing-points.html'))
```

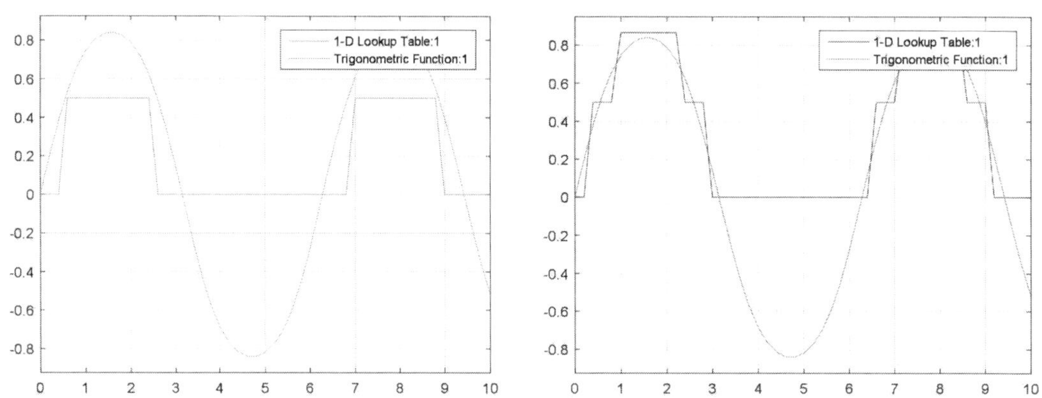

(a) 내삽법을 Flat으로 설정　　(b) 내삽법을 Nearest로 설정

그림 3.18: Flat과 Nearest의 영향

3.2.2 2-D Lookup Table

지금까지 설명한 1-D Lookup Table 블록을 잘 사용할 수 있으면, 2-D Lookup Table 블록을 사용하는데, 아무 문제가 없다. 단지 테이블 데이터가 2-D 테이블이며, 블록의 인풋이 2개라는 것만 생각하면 된다.

2-D Lookup Table 블록을 간단히 수식으로 생각해보면 z = f (x, y)로서 z를 계산하는 것이다. 간단히 수식을 세워서 2-D Lookup Table 블록의 사용법을 알아 보자.

$$z = x^2 + y^3 \tag{3.1}$$

식 (3.1)과 같은 식이 있는데, 이를 2-D Lookup Table 블록으로 구현해 보자. 이를 위해서 이미 계산된 값들이 식 (3.2)와 같이 존재한다.

$$x = [1\ 2\ 3] \tag{3.2a}$$

$$y = [4\ 5\ 6\ 7] \tag{3.2b}$$

$$z = \begin{matrix} 65 & 68 & 73 \\ 126 & 129 & 134 \\ 217 & 220 & 225 \\ 344 & 347 & 352 \end{matrix} \tag{3.2c}$$

식 (3.2) 를 테이블로 만들면 그림 (3.19(a))와 같이 만들 수 있다. ①이 그림 (3.19(b))의 파라메타 창에서 Breakpoints1을 나타내며, ②가 Breakpoints2를 나타낸다.

그림 (3.20)은 2-D Lookup Table 블록을 활용한 모델이다. 여기서 주의 깊게 봐야 하는 부분이 u1이 Breakpoints1과 연결되며, u2가 Breakpoints2와 연결되는 것이다. 그래서 실제 수식과의 오차를 계산하는 형태로 모델을 만들었다.

	1	2	3
4	65	68	73
5	126	129	134
6	217	220	225
7	344	347	352

(a) 테이블 구성

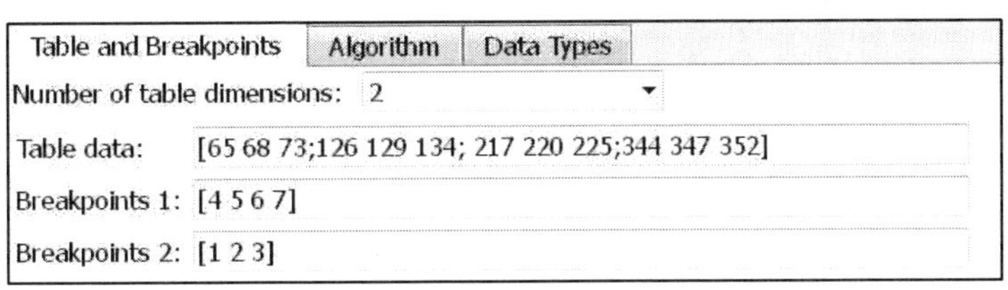

(b) Table and Breakpoints 탭

그림 3.19: 2-D Lookup Table 블록을 위한 테이블 구성

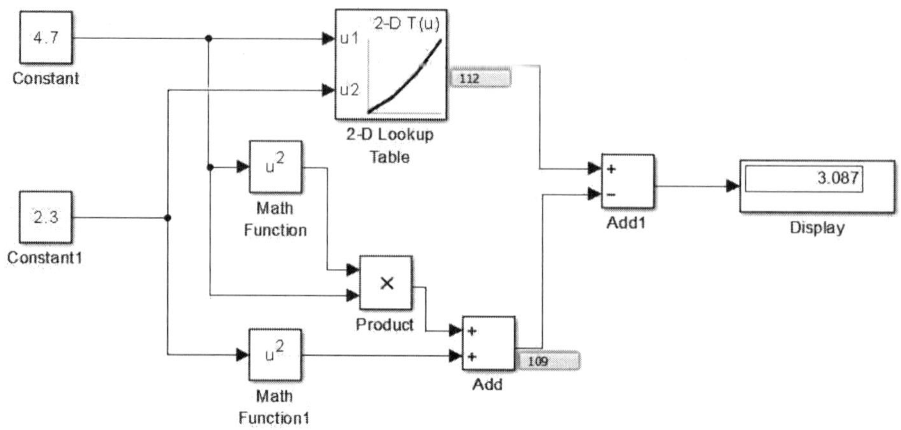

그림 3.20: 2-D Lookup Table 블록을 이용한 모델 (Lookup_2D.slx)

데이터 테이블에 대한 내삽법과 외삽법의 경우 1-D Lookup Table 블록과 똑같으므로 따로 설명하지는 않겠다. MATLAB에서 미리 어떤 값이 나올지 확인을 하고 싶은 경우에는 interp1()과 interp2(), 그리고 interp3() 함수가 있어서 각각의 숫자가 1-D, 2-D, 3-D를 나타낸다. 각각의 사용법은 메뉴얼을 참조하기 바란다. 참고로 interp2의 사용법을 확인하는 방법은 다음과 같다.

```
>> doc interp2
```

Chapter

4 입력, 출력, 시그널 저장

Simulink로 모델링을 하는 이유는 시뮬레이션을 하기 위한 것이며, 시뮬레이션을 할 경우에는 항상 인풋이 필요하다. 이번 장에서는 Simulink에서 인풋으로 줄 수 있는 다양한 방법과 결과에 대한 저장/시그널의 저장 방법에 대해서 알아 보겠다.

외부 데이터를 이용하지 않고, Simulink의 Sources에 있는 블록만으로도 가능하지만, 실제 모델링을 하게 되면 외부로부터 시간과 관련된 데이터를 받게 되거나 혹은 실험 데이터를 이용해서 인풋으로 사용하게 되는 경우가 많다. 이런 데이터를 Simulink 모델의 인풋으로 사용하기 위해서는 특정한 형태로 데이터를 만들어서 사용해야 한다. 또한 데이터를 저장할 때도 특정한 형태로 데이터를 저장하기 때문에 그 형태를 잘 이해해야 한다. 먼저 Simulink의 데이터 입력과 데이터 저장을 위한 포맷을 알아 보자.

4.1 입력, 출력, 시그널 저장을 위한 데이터 포맷

많이 사용되는 기본적인 데이터 포맷은 총 3가지 형태로 배열, 구조체, timeseries 이다. 각각에는 장점과 단점이 존재하므로 형태를 잘 알고 어떤 것을 사용할지는 사용자가 판단하면 되겠다. 하지만 권장 포맷은 timeseries이므로 이 부분을 중점적으로 보기 바란다.

Simulink에서의 데이터는 기본적으로 항상 시간과 연관지어 생각해야 한다. 파라메타를 제외하고는 시그널 데이터나 입력을 위한 데이터 혹은 출력 데이터 모두 시간과 연관되어 있다. 이는 데이터 포맷에서도 항상 시간을 생각해야 한다는 것이다.

4.1.1 배열 포맷

배열 포맷은 첫 번째 열이 항상 시간이어야 하며, 거기에 맞춰서 두 번째 열부터 데이터를 추가하면 된다. 즉 열 단위로 데이터가 의미를 가진다. 아래 코드를 실행하면 그림 (4.1(c))와 같이 데이터가 만들어 진다. 마지막으로 만들어지는 inp1 배열이 최종적으로 의미있는 데이터를 가진다. 이상과 같이 데이터를 인풋으로 쓸때는 배열 포맷을 사용할 경우 항상 이런 형태로 만들어야 하며, 데이터를 저장할때 배열 포맷으로 저장하면 Simulink가 항상 첫 번째 열에는 시간이 들어 있는 데이터를 만들어 낸다.

```
>> t = [0:0.5:2]
>> u1=sin(t)
>> inp1 = [t, u1]
```

```
>> t=[0:0.5:2]'

t =

         0
    0.5000
    1.0000
    1.5000
    2.0000
```

(a)

```
>> u1=sin(t)

u1 =

         0
    0.4794
    0.8415
    0.9975
    0.9093
```

(b)

```
>> inp1 = [t, u1]

inp1 =

         0         0
    0.5000    0.4794
    1.0000    0.8415
    1.5000    0.9975
    2.0000    0.9093
```

(c)

그림 4.1: 배열 형태의 인풋 데이터 포맷

다시 한번 강조하지만, 배열 포맷의 경우 항상 첫 번째 열이 시간임을 명심하자.

4.1.2 구조체 포맷

구조체 포맷은 MATLAB에서 사용하는 구조체 형태로 각각의 필드 이름만 맞춰주면 언제든 사용할 수 있는 형태이다. 포맷은 그림 (4.2)와 같다. 즉 특정 변수를 만들때 구조체로 time과 signals를 만들고, signals 아래에 다시 values, dimensions, label, blockName 등을 가진 형태의 구조체이다.

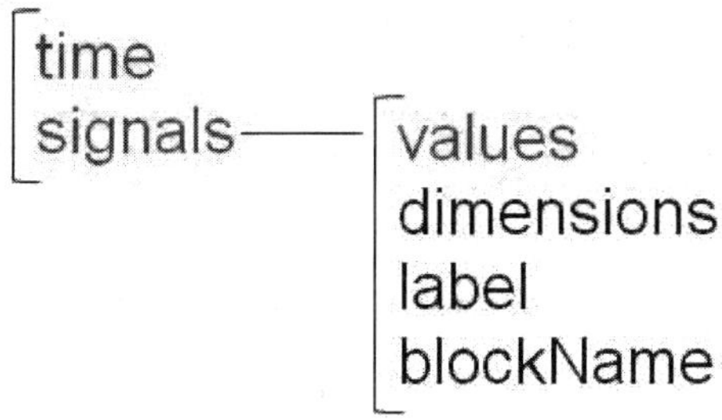

그림 4.2: Simulink 인풋/아웃풋/시그널 로깅을 위한 구조체 포맷

Simulink의 아웃풋으로 구조체 포맷을 이용해서 저장하면 위와 같은 구조체가 만들어 지지만, 실제로 구조체 형태로 Simulink에 인풋으로 줄때는 이걸 다 만들 필요는 없다. 꼭 필요한 최소한의 필드만 있는 형태로 구조체를 만들면 되는데, 이는 time, signals 그리고 signals 밑에 values이다. 앞에서 만든 inp1을 구조체 형태로 만들어서 Simulink의 인풋으로 사용하면 다음과 같이 inp1_st 변수를 만들면 된다.

```
>> t = [0:0.5:2]
>> u1 = sin(t)
>> inp1_st.time = t
>> inp1_st.signals(1).values = u1
```

4.1.3 timeseries 포맷

timeseries 포맷은 MATLAB과 Simulink 양쪽에서 다 사용할 수 있는 데이터 포맷으로 MATLAB에서 기본적으로 제공하는 포맷이다. 만드는 방법은 생각보다 간단해서 timeseries라는 함수를 사용하면 된다.

```
>> inp1_ts = timeseries (u1,t)
```

timeseries로 저장을 하면 Simulation Data Inspector에서 데이터를 인식해서 데이터에 대한 분석을 하기 쉽다. 그리고 기본적으로 권장하는 데이터 포맷이 timeseries 데이터 포맷이다. 따라서 가급적 timeseries 포맷을 이용해서 사용하면 좋겠다.

4.2 Inport와 Outport 블록의 활용

Inport 블록을 사용하여 인풋으로 데이터를 사용하고 Outport 블록을 이용해서 데이터를 저장하는 것을 배워 보자.
Inport와 Outport를 이용해서 입력과 저장을 하는 경우, 루트 레벨의 Inport 블록과 Outport 블록에서만 가능하다. 즉 서브시스템안에 있는 Inport 블록과 Outport 블록은 데이터의 인풋과 아웃풋으로 사용할 수 없다는 것을 꼭 기억하자.

4.2.1 Inport 블록을 활용한 인풋 입력

Inport 블록으로 인풋을 입력하기 위해서는 모델의 Configuration Parameter 창에서 필요한 셋팅을 해야 한다. 그림 (4.3)을 보면 먼저 ①이 선택되어야 한다. 그림 (4.3)에서 보듯이 ①이 선택되지 않으면, 편집할 수가 없으며, 루트 레벨의 Inport 블록에는 모든 시뮬레이션 시간에 0만 들어 가게된다.

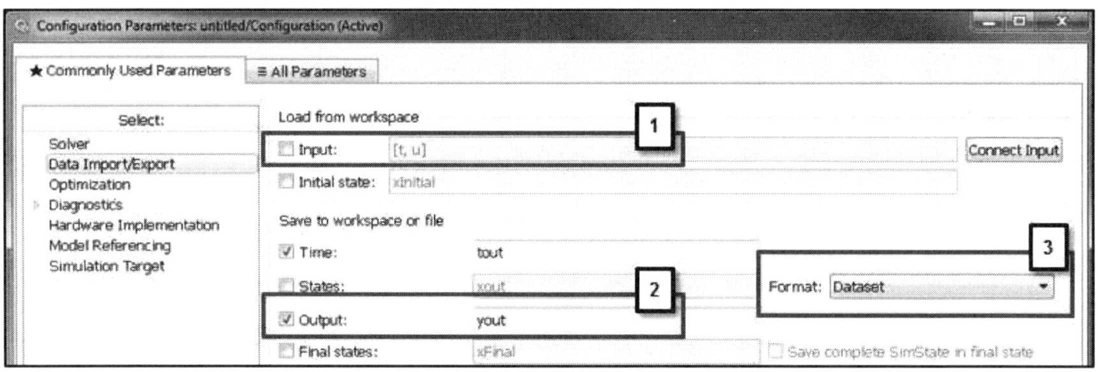

그림 4.3: 모델의 Configuration 파라메타 창

①을 선택해서 편집할 때 들어 가는 포맷은 앞에서 보여 준 세 가지 포맷을 다 사용할 수 있다. 세 가지 포맷중에 하나를 선택해서 변수를 MATLAB의 작업 공간에 만들고, 그 변수 이름을 ①에 입력하면 된다.

그림 (4.4)와 같은 모델의 루트 레벨의 Inport 블록들을 활용해서 인풋을 넣어 보자. 그림 (4.4)에는 2개의 인풋이 있으므로 변수를 만들때 염두에 두고 만들어야 한다.

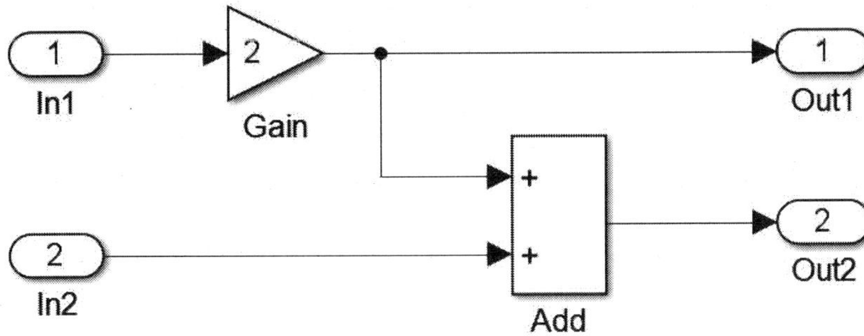

그림 4.4: 인풋을 테스트하기 위한 모델 (inport_outport_array.png)

첫 번째 인풋은 0초에서 10초까지 0.1초 단위로 0에서부터 0.5 단위로 증가하는 인풋을 만들고, 두 번째 인풋은 0초에서 10초까지 0.1초 단위로 10에서 -0.5 단위로 값이 감소하는 인풋을 만들어 보자. 즉 식을 쓰면 식 (4.1a)와 (4.1b)와 같다.

$$In1(t) = 0.5t \tag{4.1a}$$

$$In2(t) = -0.5t + 10 \tag{4.1b}$$

배열 포맷 배열로 만들때는 앞에서 배웠듯이 첫 번째 열은 시간으로 두 번째 열과 세 번째 열에 인풋이 들어 가게 된다. 그림 (4.4)의 Inport 블록들과 두 번째 열과 세 번째 열의 관계는 Port Order라는 것에 의해 결정된다. Port Order는 Inport 블록의 중간에 있는 숫자가 작을 수록 먼저 실행되는 순서를 가진다. 이 숫자는 블록의 파라메타 창에서 변경이 가능하지만, 특별한 일이 없는 한 변경할 필요는 없다.

```
>> t = [0:0.1:10]';
>> in1 = 0.5*t;
>> in2 = -0.5*t + 10;
>> inp_arr = [t, in1, in2];
```

그림 (4.5)와 같이 MATLAB의 작업 공간에 있는 변수명을 입력하면 된다. 다른 포맷들도 이런 식으로 변수를 만들어서 입력하면 된다.

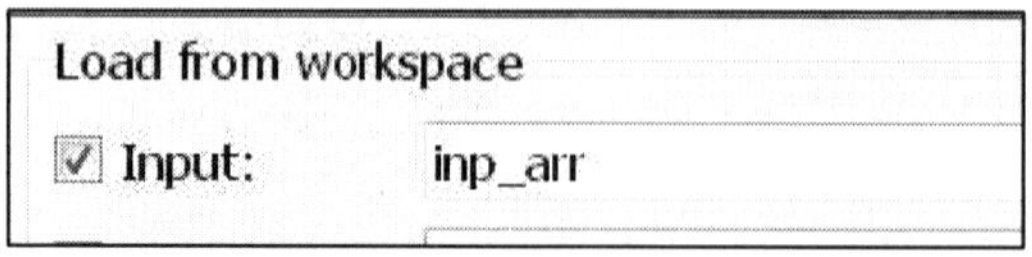

(a) 하나의 배열 변수 입력

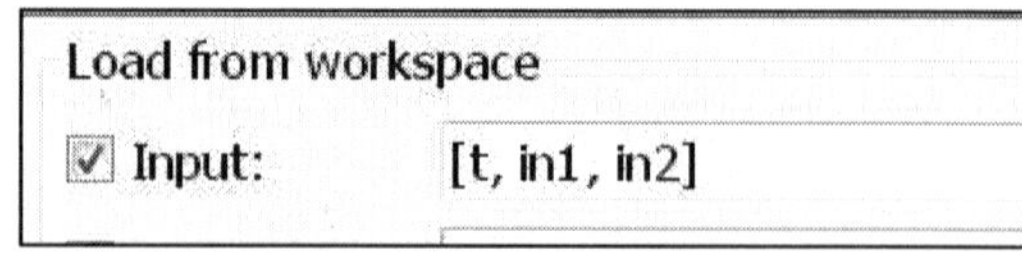

(b) 배열을 직접 만들어서 입력

그림 4.5: Configuration Parameters 창을 이용한 입력

구조체 포맷 구조체 포맷도 앞에서 배운것을 응용하면 된다. 단 배열 포맷과 다르게, Inport 블록의 갯수만큼 구조체를 만든다는 것이 다르다. 여기서는 Inport 블록이 두 개 있으므로, 구조체도 두 개 만들어서 각각을 입력하면 된다. 아래 명령어를 입력하기 전에 t, in1, in2는 배열 포맷을 만들면서 이미 작업 공간에 존재한다는 가정하에 다음과 같은 명령어를 MATLAB의 작업 창에서 입력하고 만들어진 변수 이름을 그림 (4.5)의 위치에 inp1_st, inp2_st라고 입력하면 된다.

```
>> inp1_st.time = t;
>> inp1_st.signals(1).values = in1;
>> inp2_st.time = t;
>> inp2_st.signals(1).values = in2;
```

timeseries 포맷 timeseries 포맷도 구조체 포맷과 똑같이 Inport 블록의 갯수만큼 변수를 만들어서 구조체 포맷처럼 그림 (4.5)의 위치에 inp1_ts, inp2_ts라고 입력하면 된다.

```
>> inp1_ts = timeseries (in1, t);
>> inp2_ts = timeseries (in2, t);
```

한 가지 생각해볼 점이 있는데, 배열 포맷과 다른 두 포맷의 가장 큰 차이는 각각의 Inport 블록에 서로 다른 시간 데이터를 입력할 수 있느냐 없느냐의 차이가 있다. 예를 들어 이렇게 생각해 보자. In1 블록에 인풋으로 들어 가는 데이터가 실험 데이터로 0초부터 0.1초 단위로 10초까지 있고, In2 블록에 인풋으로 실험 데이터가 0초부터 0.5초 단위로 10초까지 있으면 어떻게 해야 할까? 배열 포맷으로는 이 데이터만 가지고는 만들 수가 없다. 배열 포맷은 항상 첫 번째 열인 시간에 대해서 모든 데이터가 있어야 배열이 만들어 지기 때문이다. 하지만, 구조체 포맷과 timeseries 포맷은 각각의 Inport 블록마다 시간을 따로 입력하니 그대로 입력하면 된다.

현재 권장하는 포맷은 timeseries 포맷이 제일 좋은 방식이다. 이 포맷은 SDI (Simulation Data Inspector)에서 바로 인식이 가능하며, MATLAB에서 그래프를 그리는 plot 명령에서도 인식하는 포맷이다. 그리고 아웃풋이나 시그널을 저장할때 권장하는 포맷은 Dataset 포맷인데, 이 포맷이 내부에는 각각의 아웃풋이나 시그널을 timeseries로 저장하기 때문에, 앞으로는 timeseries를 자주 사용하기를 권장한다.

4.2.2 Outport 블록을 활용한 아웃풋 저장

Inport 블록을 이용할때 Configuration Parameter 창을 이용해서 작업을 한 것처럼 마찬가지 셋팅을 해야 저장할 수 있다. 그림 (4.3)에서 ②와 ③이 특히나 영향을 준다. 디폴트로 Format은 Dataset 형태로 되어 있으며, Outport로 저장되는 변수의 이름은 yout이다.

그림 (4.6)의 모델에서 아웃풋을 확인 해 보자. 두 개의 Inport 블록이 있고, 각각의 Sample Time은 표시된 것처럼 0.2초와 0.3초이다. 솔버의 옵션은 Variable-step 솔버로 되어 있으며, Outport도 각각 연결된 Inport와 같은 Sample Time을 가진다. 인풋은 0.5초 단위로 만들어서 Inport 블록을 이용한 인풋으로 입력할 것이다.

그림 4.6: 아웃풋 저장을 테스트하기 위한 모델 (inport_outport_diff_sample.png)

모델의 PreLoadFcn에 필요한 인풋을 만드는 명령어를 그림 (4.7(a))와 같이 입력했으므로 모델을 로드하면 inp_arr이라는 변수가 생기며, 모델에 inp_arr을 입력으로 받도록 Configuration Parameters 창의 셋팅이 그림 (4.7(b))에 ①처럼 되어 있다.

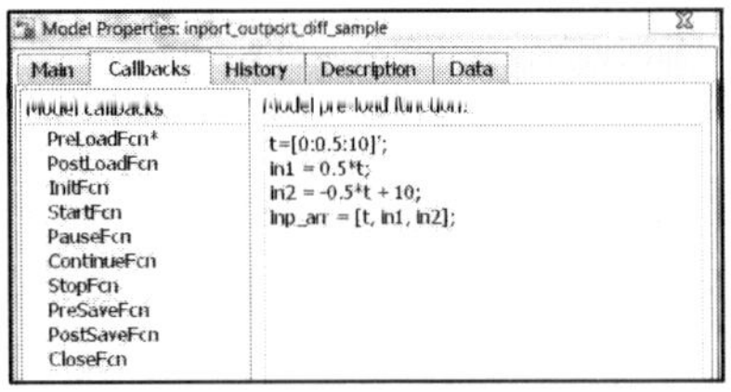

(a) 인풋을 만들기 위한 PreLoadFcn 콜백

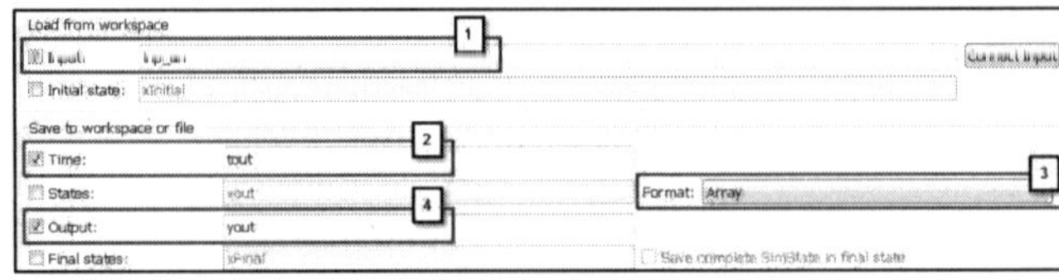

(b) 배열을 직접 만들어서 입력

그림 4.7: Configuration Parameters 창을 이용한 아웃풋

②는 시물레이션 시간만을 따로 저장할때 사용되는 변수이며, ④는 루트 레벨의 아웃포트의 값이 저장될 변수 이름이다. ②의 시물레이션 시간은 Outport의 Sample Time과는 상관없이 시물레이션이 실제로 동작하는 모든 시간을 의미한다.

③은 ④의 변수에 아웃풋을 저장할때 어떤 포맷으로 저장할 것인지 표시하는 것이다. 이때의 포맷은 앞에서 배운 포맷과 같으며, 여기서 포맷에 따라 고려해야 하는 것이 있으니, 결과를 보면서 내용을 확인해 보자.

배열(Array) 배열 포맷으로 저장한 후 시간과 아웃풋이 열(column) 단위로 저장되서 보기가 어렵기 때문에 시작부터 총 10개까지만 보면서 전치행렬로 보는 명령어를 아래와 같이 MATLAB 명령어 창에 입력하자.

```
>> tout (1:10)'
>> yout(1:10,:)'
```

그림 (4.8)를 보면 tout에는 시물레이션이 실행된 모든 시간이 다 저장되어 있고, 아웃풋이 저장되는 yout도 각각의 시간에 값들이 저장되어 있다. 0.3초일때의 저장값을 보면 Out1인 아웃포트의 경우 Sample Time이 0.2초 단위이므로 0.3초일때는 계산을 하지 않고, 지난 Sample Time 때 계산한 아웃풋을 그대로 저장한다. Out2 인 아웃포트의 경우 0.3초에 실제 계산을 하고 그 값이 다음 Sample Time인 0.6초때까지 유지된다.

```
>> tout(1:10)'

ans =

         0    0.2000    0.3000    0.4000    0.6000    0.8000    0.9000    1.0000    1.2000    1.4000

>> yout(1:10, :)'

ans =

         0    0.1000    0.1000    0.2000    0.3000    0.4000    0.4000    0.5000    0.6000    0.7000
   10.0000   10.0000    9.8500    9.8500    9.7000    9.7000    9.5500    9.5500    9.4000    9.4000
```

그림 4.8: 배열 포맷으로 저장한 아웃풋

구조체(시간이 저장된 구조체) 구조체 포맷과 시간이 저장된 구조체는 앞에서 배운 방식과 똑같으며, 시뮬레이션 시간의 값이 구조체에 저장되는지에 따라 다른 형태이다. 다음과 같은 명령어를 MATLAB 명령어 창에서 입력하면 그림 (4.9)와 같은 아웃풋을 볼 수 있다.

```
>> tout (1:10)'
>> yout.signals(1).values(1:10)'
>> yout.signals(2).values(1:10)'
```

그림 (4.9)를 보면 배열 포맷과 똑같이 데이터가 저장됨을 알 수 있다. 배열 포맷과 비교해서 장점이라면 구조체가 저장되는 포맷에서 블록의 이름등과 같이 부가적으로 알 수 있는 정보가 있다는 점이다.

```
>> tout(1:10)'

ans =

         0    0.2000    0.3000    0.4000    0.6000    0.8000    0.9000    1.0000    1.2000    1.4000

>> yout.signals(1).values(1:10)'

ans =

         0    0.1000    0.1000    0.2000    0.3000    0.4000    0.4000    0.5000    0.6000    0.7000

>> yout.signals(2).values(1:10)'

ans =

   10.0000   10.0000    9.8500    9.8500    9.7000    9.7000    9.5500    9.5500    9.4000    9.4000
```

그림 4.9: 구조체 포맷으로 저장한 아웃풋

Dataset Dataset 형태는 앞에서 배운 timeseries 형태를 다시 묶어서 사용하는 형태이다. SDI에서 포맷을 이해해서 쉽게 그래프도 그릴 수 있는 형태이므로 가급적이 포맷을 추천 한다. 아래와 같이 MATLAB 명령어 창에서 입력하면 그림 (4.10)과 같은 결과를 얻을 수 있다. 이 결과를 보면 0.3초의 Sample Time을 가지는 경우에 앞의 두 포맷과 다르게 본인의 Sample Time에만 결과가 저장되는 것을 알 수 있다.

```
>> yout.get(1).Values.Time(1:10)'
>> yout.get(1).Values.Data(1:10)'
>> yout.get(2).Values.Time(1:10)'
>> yout.get(2).Values.Data(1:10)'
```

```
>> yout.get(1).Values.Time(1:10)'

ans =

         0    0.2000    0.4000    0.6000    0.8000    1.0000    1.2000    1.4000    1.6000    1.8000

>> yout.get(1).Values.Data(1:10)'

ans =

         0    0.1000    0.2000    0.3000    0.4000    0.5000    0.6000    0.7000    0.8000    0.9000

>> yout.get(2).Values.Time(1:10)'

ans =

         0    0.3000    0.6000    0.9000    1.2000    1.5000    1.8000    2.1000    2.4000    2.7000

>> yout.get(2).Values.Data(1:10)'

ans =

   10.0000    9.8500    9.7000    9.5500    9.4000    9.2500    9.1000    8.9500    8.8000    8.6500
```

그림 4.10: Dataset 포맷으로 저장한 아웃풋

4.2.3 Inport 블록의 보간법 (Interpolation)

모델의 솔버가 Variable-step 솔버의 경우 시뮬레이션의 시간을 Simulink가 알아서 변경하는 것이므로 만약 인풋으로 주는 값이 시뮬레이션 시간과 일치 하지 않으면 어떻게 될까? 예를 들자면 시뮬레이션 시간은 0.2초 단위로 계산하고 있는데, 만약 입력으로 주는 인풋이 0초, 0.5초, 1초와 같이 0.5초 단위이면 어떻게 될까? 이 경우에 어떻게 동작되는지 확인해 보자.

앞에서 사용했던 inport_outport_diff_sample.slx 파일을 inport_outport_interpolation.slx 파일로 저장을 하고 아웃풋의 저장 형태를 배열 형태로 해서 Inport 블록의 보간법이 어떻게 영향을 주는지 확인을 해보자.[5)]

5) 여기서 배열 형태로 하는 것은 좁은 화면에 많은 것을 볼 수 있으므로 배열 포맷을 사용한 것이다.

Inport 블록에 보간법과 관련된 옵션은 그림 (4.11)과 같이 디폴트로 항상 체크 되어 있나. 체크가 해제되면 실제적으로 인풋으로 들어 오는 것과 똑같은 Sample Time이 아니면 그 전에 값으로 항상 유지된다.

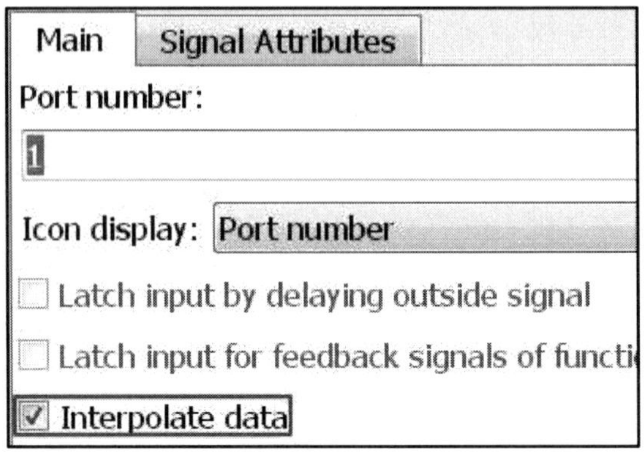

그림 4.11: Inport 블록의 보간법을 위한 옵션

그림 (4.12(b))를 보면 인풋은 0.5초 단위로 입력되고 있으므로 0초, 0.2초, 0.4초에는 값이 0이 들어 가고 0.5초보다 뒤인 0.6초, 0.8 초에는 값이 0.5 초의 값이 들어가고, 1.0초, 1.2초, 1.4초에는 1.0초에 입력되는 값이 인풋으로 이용된다. 그림 (4.12(a))와 비교해보면 1차 보간법을 이용해서 계산된 것을 알 수 있다. 디폴트가 항상 보간법을 사용하는 방식이므로 특별히 해제해야 할 이유가 없으면 디폴트로 이용하는 것이 좋다. 보통 해제하는 경우는 On/Off 신호를 인풋으로 받을 때 사용한다.

```
>> tout(1:10)'

ans =

         0    0.2000    0.3000    0.4000    0.6000    0.8000    0.9000    1.0000    1.2000    1.4000

>> yout(1:10, :)'

ans =

         0    0.1000    0.1000    0.2000    0.3000    0.4000    0.4000    0.5000    0.6000    0.7000
   10.0000   10.0000    9.8500    9.8500    9.7000    9.7000    9.5500    9.5500    9.4000    9.4000
```

(a) Interpolation 옵션 체크된 상태 (디폴트)

```
>> tout(1:10)'

ans =

         0    0.2000    0.3000    0.4000    0.6000    0.8000    0.9000    1.0000    1.2000    1.4000

>> yout(1:10, :)'

ans =

         0         0         0         0    0.2500    0.2500    0.2500    0.5000    0.5000    0.5000
   10.0000   10.0000    9.8500    9.8500    9.7000    9.7000    9.5500    9.5500    9.4000    9.4000
```

(b) Interpolation 옵션 체크 해제 상태

그림 4.12

4.3 시그널 로깅

지금까지 배운 것은 Inport와 Outport 블록을 이용해서 값을 저장하는 방법인데, 시그널 로깅을 이용하는 방법은 모델의 어떤 부분이던지, 원하는 시그널의 값을 저장해서 시뮬레이션이 끝난 후에 저장된 시그널의 값을 이용할 수 있는 방법이다.

시그널 로깅과 관련된 메뉴는 Configuration Parameter 창에서 Data Import/Export 메뉴에서 디폴트로서 그림 (4.13)과 같다. ①에 체크가 되어 있으며, 로깅된 시그널을 저장할 변수 이름을 적어야 한다. 디폴트로는 logsout 로 지정되어 있다. 여러 개의 시그널을 로깅하여도 logsout 변수 안에 ②에 있는 포맷으로 저장된다. 포맷은 아웃풋 저장하는 것과 같으며, Dataset 포맷을 권장한다.

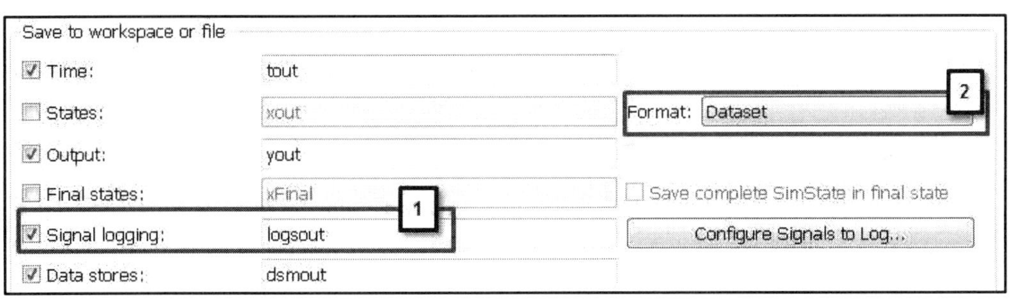

그림 4.13: Configuration Parameter 창에서의 시그널 로깅을 위한 옵션

시그널 로깅을 위해서는 그림 (4.13)의 옵션뿐만 아니라 원하는 시그널에서도 셋팅을 해야 한다.

1. 그림 (4.14(a))처럼 로깅을 원하는 시그널에서 마우스 오른쪽을 클릭하여 나온 팝업 메뉴중 Properties를 선택한다.
2. Properties창에서 그림 (4.14(b))와 같이 로깅된 데이터를 저장할 변수 이름과 로깅을 하겠다는 체크를 하고 OK 버튼을 누른다.
3. 그림 (4.14(c))처럼 안테나 표시가 있는 시그널이 로깅을 한다는 표시이며, 시그널 이름도 표시가 된다.

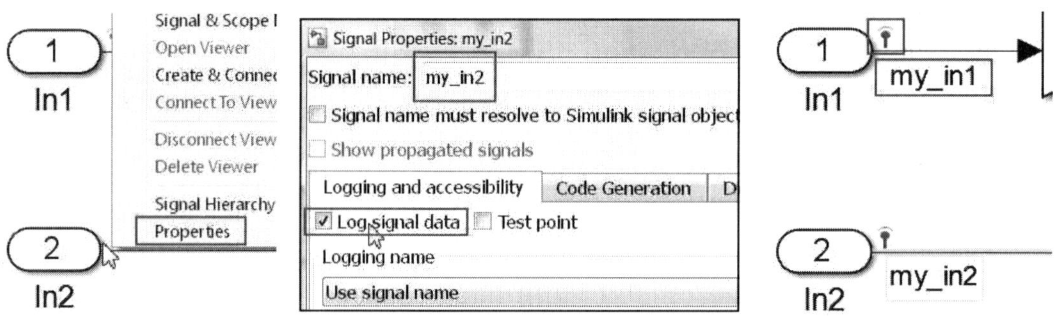

(a) 원하는 시그널 선택

(b) 변수 이름과 로깅 옵션 선택

(c) 시그널에 표시된 로깅 표시 및 이름

그림 4.14: 시그널 로깅을 위한 옵션 선택 (inport_outport_signal_logging.slx)

모델을 실행하고 시뮬레이션이 끝난 후에 MATLAB 작업 공간에 logsout이라는 변수가 생기며, 변수 내부에 시그널 이름으로 로깅이 된다. 이를 확인하기 위해서는 다음과 같이 MATLAB 명령어 창에서 입력하면 되며, SDI의 데이터 가져오기를 이용하여 쉽게 그래프를 그릴 수 있다.

```
>> logsout
>> logsout.get(1)
>> logsout.get(1).Values
```

SDI에서는 그림 (4.15)처럼 지정한 시그널 이름으로 데이터를 logsout 변수로부터 직접 추출할 수 있으며, 그에 따라 그래프도 앞에서 배운것처럼 이용하년 된다.

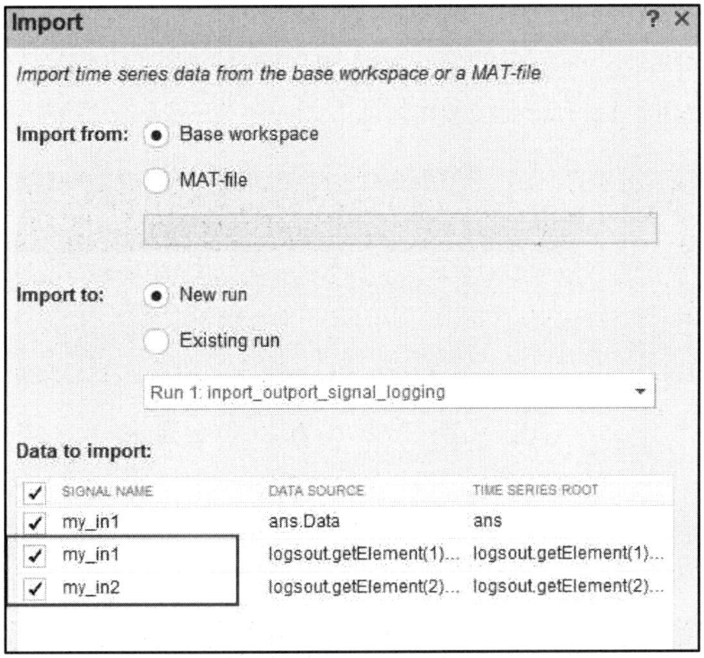

그림 4.15: SDI로 Import하는 과정

4.4 외부 데이터를 MATLAB으로 가져 오기

이제는 MATLAB 바깥에 있는 외부 데이터를 MATLAB 으로 가져 오는 방법을 배워 보자. 실제로 외부 실험 데이터는 주로 텍스트 파일이나, CSV 혹은 엑셀 파일등으로 많이 저장을 한다. 이런 데이터를 Simulink 모델의 인풋으로 사용하기 위해서는 먼저 MATLAB으로 가져와야 한다. 이런 작업을 여기서 상세히 설명하기에는 본 책의 범위를 넘어서기 때문에 간단히 uiimport()라는 함수를 사용하는 방법만 보도록 하겠다.

4.4.1 uiimport() 함수 사용법

uiimport() 함수는 명령어 창에서 uiimport라고 입력해도 되지만, 그림 (4.16)과 같이 실행할 수도 있다. 이렇게 실행하면 실제로 실행되는 것은 Import Wizard이며 파일을 선택하는 창이 나오는데, 파일의 확장자가 csv나 xls, xlsx 같은 파일 뿐만 아니라 이미지 파일등 다양한 파일을 지원한다.

그림 4.16: Import Wizard 실행

미리 만들어 놓은 엑셀 파일을 읽어 보도록 하자. 제공된 experiment_data.xlsx 파일을 선택하면 그림 (4.17)과 같은 창이 나온다.

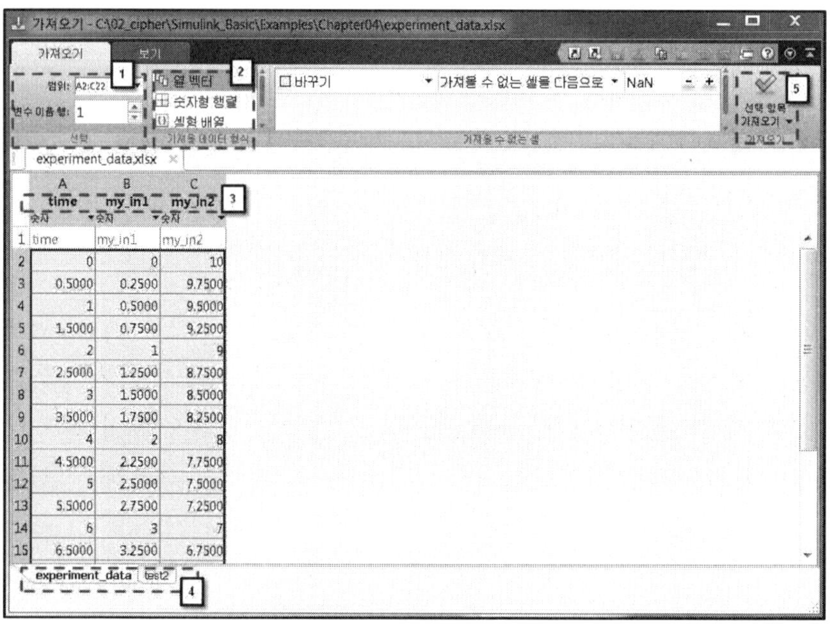

그림 4.17: Import Wizard 창

①을 이용해서 엑셀 파일에서 가져올 범위와 변수 이름으로 여길 행을 표시한다. 또한 ②에 옵션에 의해서 변수로 가져 올 때 어떤 형태의 변수로 가져 올지 정할 수 있다. 지금처럼 열벡터로 데이터를 가져 오게 되면 변수 이름을 표시해 주는 것이 ③에 표시된다. 이 변수 이름을 더블 클릭하면 변경할 수 있다. ④는 엑셀 파일의 경우 각 시트마다 다른 데이터가 있으므로 어떤 시트인지 선택할 수 있게 표시해 준다. 원하는 형태가 되었으면 ⑤의 체크 이미지를 클릭해서 데이터를 MATLAB의 작업 영역으로 가져 오면 된다.

⑤에서 체크 이미지 말고 "선택 항목 가져오기"라고 적혀 있는 부분을 클릭하면 "데이터 가져오기", "스크립트 생성", "함수 생성"과 같은 세 메뉴가 나온다. 체크 이미지를 클릭하는 것은 이 중에서 첫 번째인 "데이터 가져오기"를 선택한 것과 같다. "스크립트 생성"이나 "함수 생성"의 경우는 포맷은 똑같지만 내용은 다른 파일을 읽어 올때 스크립트나 함수로 직접 읽어 올 수 있도록 코드를 생성해 주는 기능이다. 반복해서 같은 포맷의 데이터를 MATLAB으로 가져 올때 도움이 되니 필요한 경우에 사용해 보자.

그림 (4.17)과 같이 셋팅된 상태에서 가져 오기를 하면, 변수가 time, my_in1, my_in2가 열벡터 형태로 생기므로 이를 인풋으로 이용하는 것은 앞에서 배운 포맷 중에 하나로 만들면 된다.

4.5 Signal Builder 블럭

모델링시에 사용되는 일반적인 인풋은 Sources 라이브러리안에 스텝 인풋, 펄스 인풋, 랜덤 넘버, 사인 인풋등과 같이 다양하게 존재한다. 이렇게 일반적인 인풋말고 사용자가 필요한 형태로 만드는 것이 지금까지 배웠던 외부 인풋을 Inport 블록을 이용하는 것인데, 이런 방식은 인풋 자체가 모델에 같이 저장되지 않고, 다른 포맷의 형태로 저장을 해야 하므로 데이터의 취급에 유의해야 한다. 지금부터 설명할 Signal Builder는 모델에 같이 저장되면서 사용자가 원하는 형태의 인풋을 만들 수 있는 블록이다.

Signal Builder 블록의 또 다른 장점은 인풋을 한 개만 만드는 게 아니고, 여러 개의 인풋을 각각의 이름으로 저장 할 수 있으며, 이를 순서대로 테스트 하도록 실행 버튼이 있어서 여러 개의 테스트를 순차대로 실행하는데 사용할 수 있다.

그림 (4.18)의 인풋은 MATLAB으로 만들어서 plot() 함수로 그린 그래프이다. 이를 Inport 블록으로 인풋을 받아도 되지만, Signal Builder로 이런 형태의 인풋을 만드는 방법을 해보겠다. 그리고 Signal Builder를 외부 입력 데이터를 받아 들이는 용도로도 사용할 수 있으니 다양한 방법을 설명하겠다.

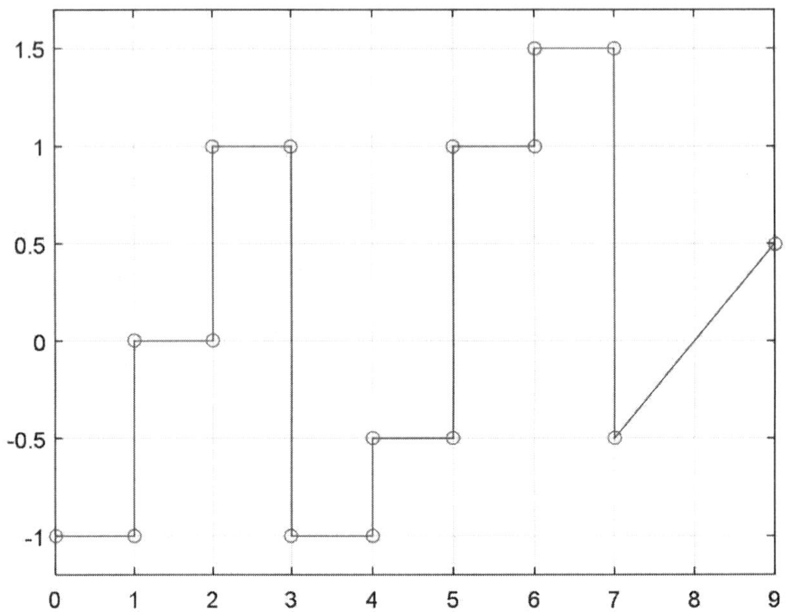

그림 4.18: Signal Builder 블록으로 만들고자 하는 인풋

4.5.1 직접 Signal Builder에서 인풋 만들기

그림 (4.19)는 Signal Builder 블록을 더블 클릭했을때 나오는 창이며, 각각의 영역에 대해서 알아야 Signal Builder 블록을 잘 사용할 수 있다.

①의 메뉴 여러 개의 인풋 그룹을 선택할 수 있는 옵션이다. 기본적으로 Group 1, Group 2 등과 같이 다양한 테스트 인풋 그룹을 저장할 수 있다. 이 메뉴에서는 인풋 그룹을 선택할 수만 있다.

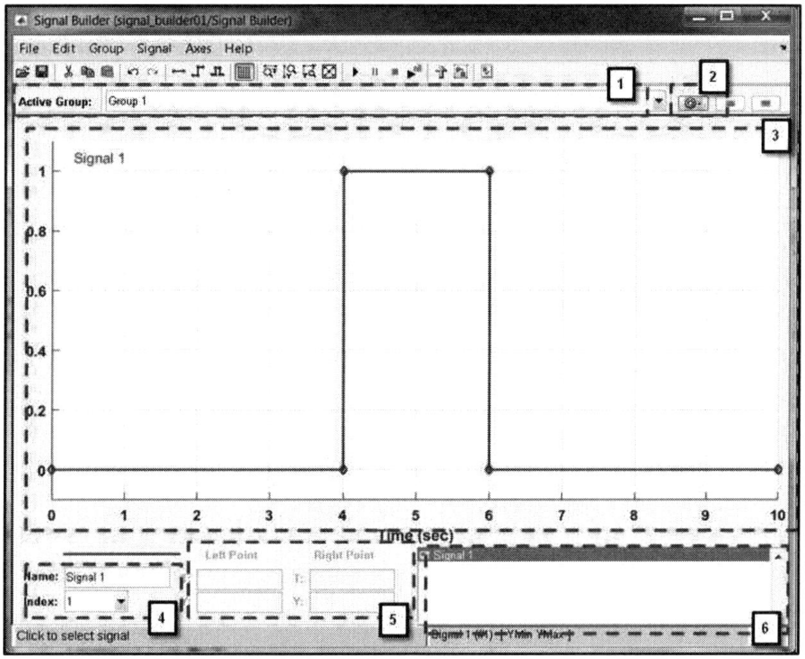

그림 4.19: 디폴트 Signal Builder 블록

②의 메뉴 ①에 현재 선택된 인풋 그룹에 대해서 사용할 수 있는 메뉴가 그림 (4.20)과 같이 표시된다. 그림 (4.20)처럼 ①에 현재 선택된 인풋 그룹에 대해서 이름 변경, 복사, 지우기, 그리고 인풋의 순서를 바꿀 수 있다. Signal Builder는 디폴트로 Group 1이 생겨서 한 개의 인풋 그룹이 있는 형태로 만들어 진다. 여기에 인풋 그룹을 추가 하기 위해서는 ②의 메뉴에서 Copy를 선택해서 하나를 복사한 후 복사된 인풋 그룹을 에디팅하여 사용한다.

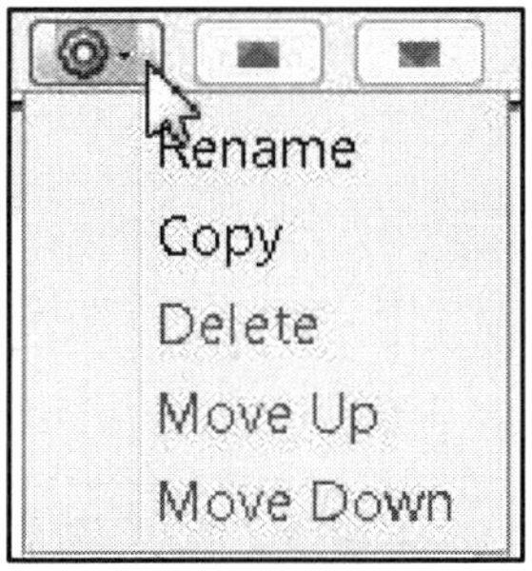

그림 4.20

③의 메뉴 실질적인 인풋 그룹에 포함되는 시그널이 표시되는 부분이며, 사용자가 시그널을 수정할 수 있는 부분이다. Group panes로서 ①에 선택된 인풋 그룹이 항상 보여 진다.

④의 메뉴 ③에서 선택된 시그널의 이름과 순서를 나타낸다. Index 라는 순서에 따라서 Signal Builder 블록의 아웃풋 포트의 순서가 결정된다. 1이 아웃풋 포트로는 제일 위에 있는 포트가 된다.

⑤의 메뉴 ③에서 선택된 시그널 부분의 시작점과 끝점의 값을 알 수 있으며, 변경할 수도 있다.

⑥의 메뉴 ①에 포함된 모든 시그널 리스트를 볼 수 있다. 그리고 ③에서 선택된 시그널이 하이라이팅되어 보인다. 또한 여기서 선택하면 ③에서도 선택된 시그널이 변경된다.

4.5.1.1 원하는 데로 시그널 변경하기

원하는 데로 시그널을 변경하기 위해서는 그림 (4.19)의 ③에서 시그널을 변경해야 하며, 그림 (4.21)은 시그널 전체를 선택하는 방법이다. 그림 (4.21(b))처럼 마우스 커서가 시그널 위에 가면 아이콘이 변경된다. 이 때 클릭을 하면 시그널이 선택되는데, 그림 (4.21(c))처럼 선택된 시그널에는 포인트가 표시 된다.

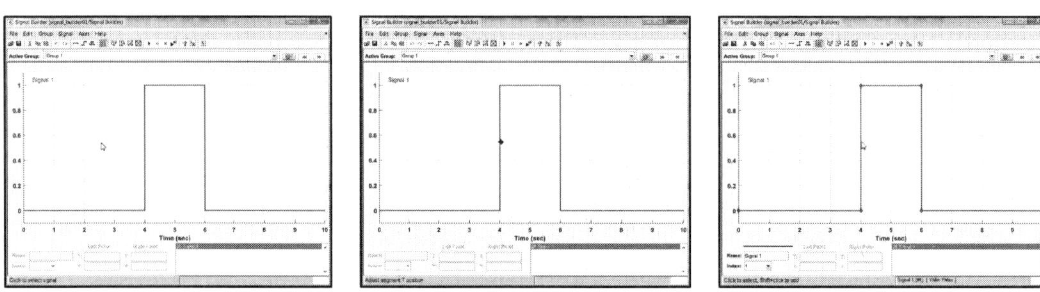

(a) 처음 화면 (b) 시그널 위 마우스 커서 변경 (c) 시그널 변경

그림 4.21: Signal Builder 블록에서 시그널 선택

시그널이 선택된 상태에서 그림 (4.22(a))와 그림 (4.22(b))처럼 마우스로 클릭한 채로 드래깅하면 포인트와 포인트 사이에 일부분만 움직이게 된다. Signal Bulder 블록에서 시그널을 원하는 형태로 만들려면 이와 같이 포인트와 포인트 사이에 있는 시그널의 일부분을 움직여서 만들 수 있다. 그림 (4.22(a))처럼 시그널의 일부분을 선택한 후에, 그림 (4.19)의 ⑤에 있는 time과 y값을 변경하여 선택된 시그널의 시작점과 끝점을 변경할 수 있다.

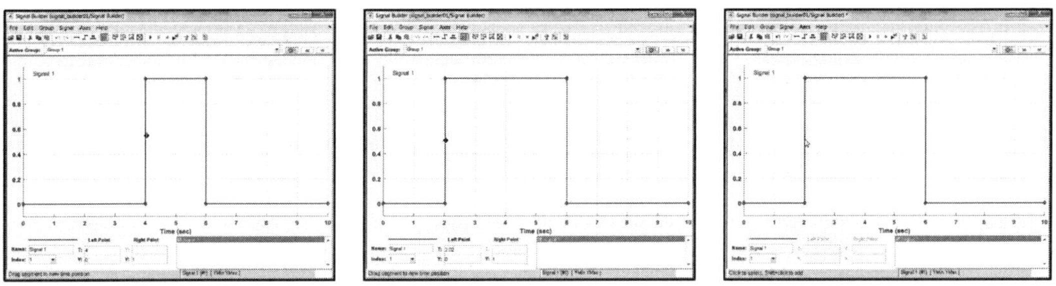

(a) 시그널의 일부분 선택 (b) 선택된 시그널 부분의 드래깅 (c) 드래깅 해제

그림 4.22: Signal Builder 블록에서 시그널 일부분 선택 및 위치 변경

또한 그림 (4.23)처럼 특정 포인트만을 선택해서 드래깅하거나 값을 직접 써서 변경할 수 있다.

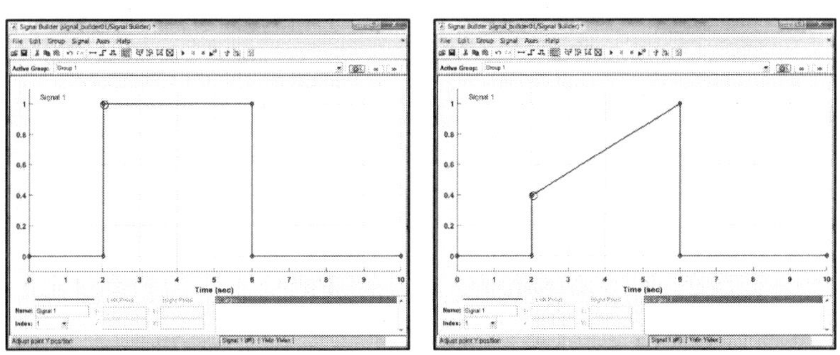

(a) 포인트 선택 (b) 포인트 드래깅 및 해제

그림 4.23: Signal Builder 블록에서 포인트 위치 변경

4.5.1.2 포인트 추가

이상과 같이 Signal Builder에서 시그널을 원하는 형태로 만드는 것은 기본적으로 포인트와 포인트 사이에 시그널을 변경하거나 혹은 포인트의 값을 변경해야만 한다.

그림 (4.23(b))의 시그널에서 4초에 값을 변경하여 그림 (4.24)와 같이 만들어 보자.

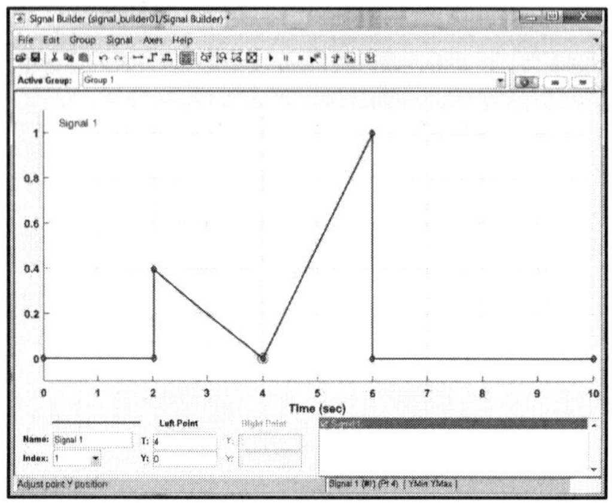

그림 4.24: 4초에 값이 추가된 만들고자 하는 인풋

그림 (4.23(b))를 보면 2초와 6초 사이에 값을 변경 시킬 수가 없다. 이는 Signal Builder에서는 항상 포인트와 포인트 사이에 있는 선과 포인트만을 기준으로 변경시킬 수 있기 때문이다. 따라서 4초에 값을 변경하기 위해서는 포인트를 추가해야 한다.

포인트의 추가는 2초와 6초 사이의 시그널 위에서 Shift 키를 누른 상태에서 마우스로 시그널을 클릭하면 포인트가 추가된다. 포인트가 추가되지 않는 경우는 이미 다른 포인트가 선택된 상태, 즉 그림 (4.23(a))와 같은 경우에는 포인트가 추가가 되지 않으니, 포인트의 선택을 해제하고 해야 한다. 선택의 해제는 다른 빈 공간을 클릭하면 된다.

그림 (4.25(a))는 포인트가 추가된 상태이다. 포인트가 처음 추가되면, 추가된 포인트가 선택된 상태가 아니므로, 그림 (4.25(b))처럼 추가된 포인트를 선택한다. 포인트가 선택되면 그림 (4.25(c))의 ①에 직접 4초와 0을 입력해서 정확한 위치를 잡는다. 이와 같이 원하는 시간과 값을 직접 입력할 수 있으므로, 포인트를 추가할 때는 정확한 위치를 잡기 위해서 애쓸 필요없이 적당한 위치에 포인트를 추가하고 포인트의 값을 변경하면 된다.

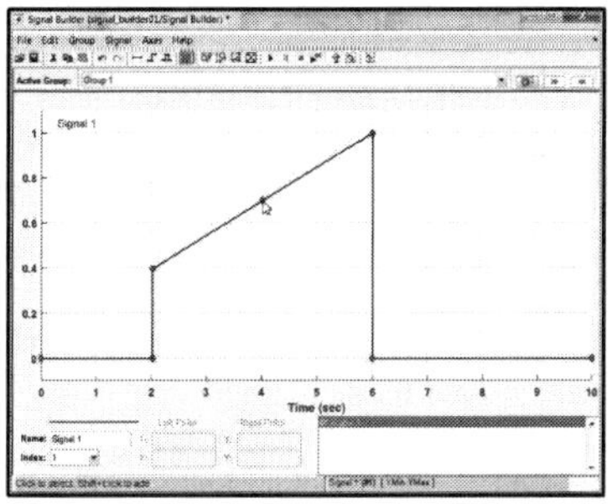

(a) 포인트 추가

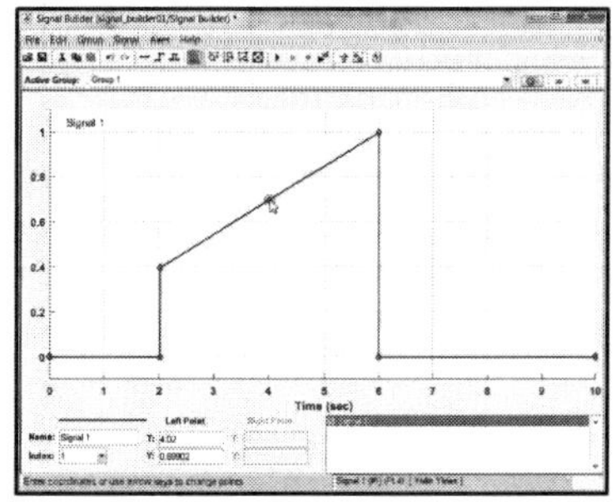

(b) 추가된 포인트 선택

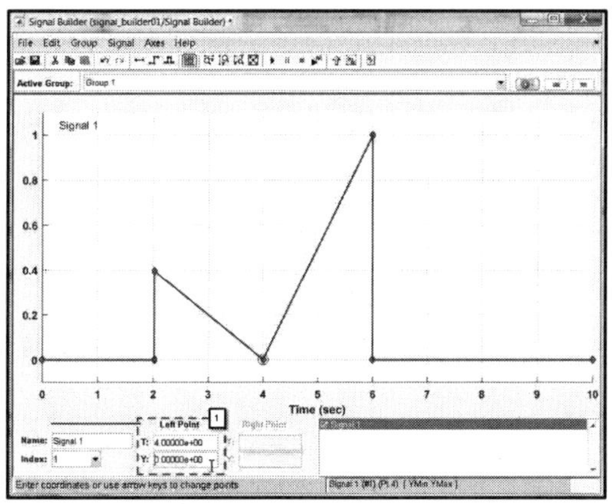

그림 4.25: 포인트 추가 및 값의 변경

4.5.1.3 시그널의 추가/삭제 및 대체

지금까지는 디폴트로 있는 시그널을 변경하였지만, 새롭게 시그널을 추가하는 것과 기존에 있는 시그널을 대체하는 방식을 알아 보겠다.

그림 (4.26(a))와 같이 Signal → Sampled Sin을 선택하면 Sampled Sine에 대한 옵션을 넣는 창이 나온다. 필요한 경우 옵션을 변경하고 OK 버튼을 클릭하면 그림 (4.26(b))와 같이 시그널이 추가된다. 이렇게 시그널이 추가되면, Signal Builder 블록의 아웃풋이 2개가 된다.

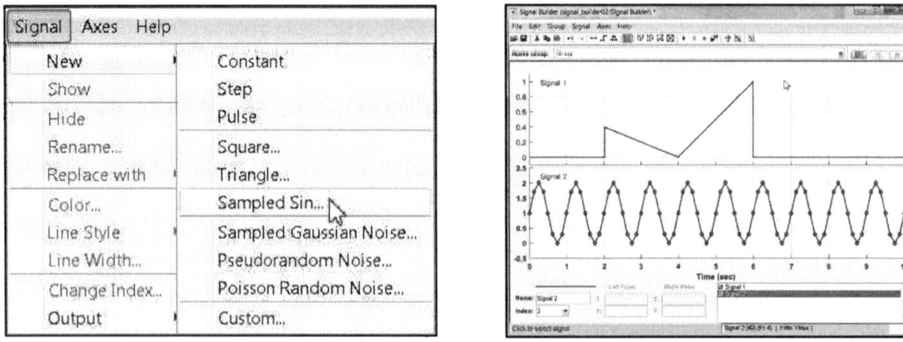

(a) 시그널 추가를 위한 메뉴 (b) 추가된 시그널

그림 4.26: Signal Builder 블록에 새롭게 시그널 추가

시그널을 삭제하는 방법은 메뉴로 간단히 삭제가 가능하다. 삭제하고자 하는 시그널의 빈 공간에서 마우스 오른쪽을 클릭했을 때의 팝업 메뉴에 보면 Delete 라는 메뉴가 있다. 이를 선택하면 정말로 삭제할 것인지 확인하는 창이 나오고, 여기서도 OK 버튼을 클릭하면 시그널 자체가 삭제된다.

시그널 대체는 전체 시그널을 변경하는 방법으로 변경하고자 하는 시그널을 선택한다. 시그널이 선택되었으면, 그림 (4.26(a))에서는 선택이 불가능했던 다른 메뉴들이 활성화되면서 Replace with 메뉴를 사용할 수 있게 된다. 그리고 다른 형태의 인풋을 선택하면 선택한 인풋 형태로 시그널이 대체된다.

여기서 주목할 만한 내용은 Replace with 메뉴의 하부 메뉴에서 Custom...을 선택하면 그림 (4.27)과 같이 시간과 값에 대해서 작업 공간에 있는 변수를 가져와서 시그널을 만들 수 있는 방법이다. 보통은 복잡한 수식으로 만들어지는 인풋의 경우 수식으로 MATLAB에서 만들고 이를 Signal Builder 블록으로 가져오는 방법을 많이 사용한다.

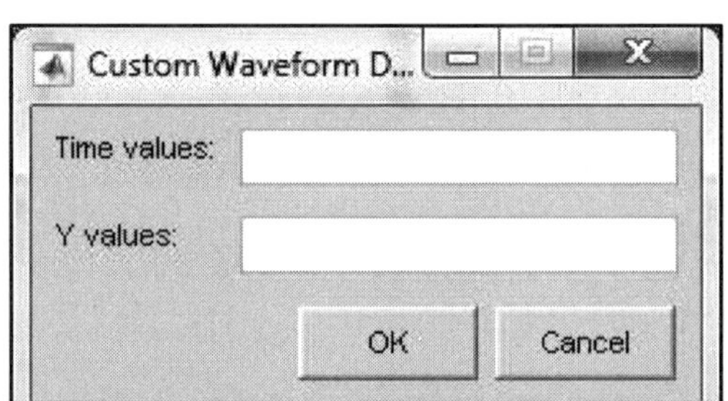

그림 4.27: 작업 공간의 변수를 Signal Builder로 가져 오기

4.5.1.4 인풋 그룹 추가 및 그룹 이름 변경

인풋 그룹의 추가는 그림 (4.19)에서 ②를 선택하면 나오는 그림 (4.20)의 메뉴에서 Copy를 선택하면 현재 인풋 그룹이 그대로 복사되면서 그룹이 한 개 더 생긴다. 그리고 그림 (4.19)에 ①을 클릭하면 추가된 그룹이 보일 것이다. 이 그룹을 선택해서 원하는 형태로 시그널을 변경하면 된다.

그룹 이름의 변경은 그림 (4.20)에서 Rename을 선택하면 현재 그룹 이름을 변경할 수 있는 창이 나와서 변경이 가능하다. 현재 화면에 선택되어진 인풋 그룹이 Simulink 모델 에디터에서 시뮬레이션을 시작하면 이용되는 인풋 그룹이며, Signal Builder 블록에 인풋 그룹 이름이 표시가 되어서 Signal Builder 블록을 더블 클릭하지 않더라도 어떤 인풋 그룹이 사용되고 있는지 알 수 있다.

Chapter 5

Ports & Subsystems 라이브러리

모델링을 할때 서브시스템을 만드는 경우가 많은데, Simulink 라이브러리중에 Ports & Subsystems에는 다양한 종류의 서브시스템을 제공한다. 또한 모델링시에 필요한 반복을 위한 서브시스템과 조건에 의한 if 서브시스템, Switch case 서브시스템등을 제공한다. 물론 Stateflow라는 제품을 사용하는 경우가 더 쉬운 경우도 많지만, 기본적으로 제공하는 서브시스템이므로 사용법을 알아 두면 도움이 된다.

5.1 조건에 의해 실행되는 서브시스템

특정 조건이 성립될 때만 실행하는 서브시스템 블록들은 그림 (5.1)과 같으며, 조건에 따른 시스템의 동작은 전체 모델의 결과에 큰 차이가 날 수 있는 옵션들이 있으므로 주의해서 사용해야 한다. 또한 조건에 의해 실행되는 서브시스템은 모두 비버추얼 서브시스템이다. 그림 (5.1)을 보면 다른 블록들과 다르게 블록의 위에도 인풋포트(제어 인풋포트)가 있으며, 이 아이콘으로 각각의 서브시스템이 어떤 역할을 하는지 알 수 있다.

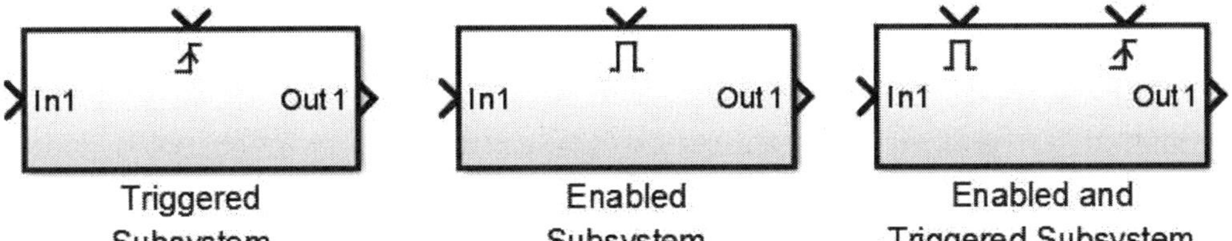

그림 5.1: 조건에 따라 실행되는 대표적인 서브시스템

여기서 말하는 특정 조건이란 Rising 시그널, Falling 시그널, Either 시그널 등과 같이 3가지 경우를 뜻한다. 이런 특정 조건은 그림 (5.1)에서 위에 있는 제어 인풋 포트로 연결되어 서브시스템의 동작에 영향을 준다.

Rising 시그널의 값이 상승하는(올라가는) 시점을 말하는데, 그림 (5.2)를 기준으로 다음과 같은 특별한 경우에만 Rising 시그널이라고 한다.

- 1초에서 값을 보면, -1에서 0으로 시그널이 올라가는 경우인데, 이런 경우를 Rising 시그널이라고 한다.
- 8초의 경우처럼 음수에서 양수로 가는 경우는 Rising 시그널이라고 한다.
- 2초에 0에서 1로 가는 것처럼 0에서 더 큰 양수로 가는 경우도 Rising 시그널이라고 한다.

다음과 같은 경우에는 Rising 시그널이라고 하지 않는다.

- 4초의 경우 -1에서 -0.5로 변하는 것은 Rising 시그널이라고 하지 않는다.
- 6초의 경우처럼 양수에서 양수로 변하는 것도 Rising 시그널이라고 하지 않는다.

정리하자면, Rising 시그널이란 음수에서 양수로 가는 상황, 음수에서 0으로 가는 경우, 0에서 양수로 가는 경우를 뜻한다.

Falling Falling 시그널은 Rising 시그널과는 정반대 상황을 생각하면 된다. 즉 양수에서 음수로 가는 경우와 양수에서 0으로 가는 경우, 그리고 0에서 음수로 가는 경우를 뜻한다.

Either Rising 시그널의 경우와 Falling 시그널의 경우를 다 포함하는 것이 Either 시그널이다.

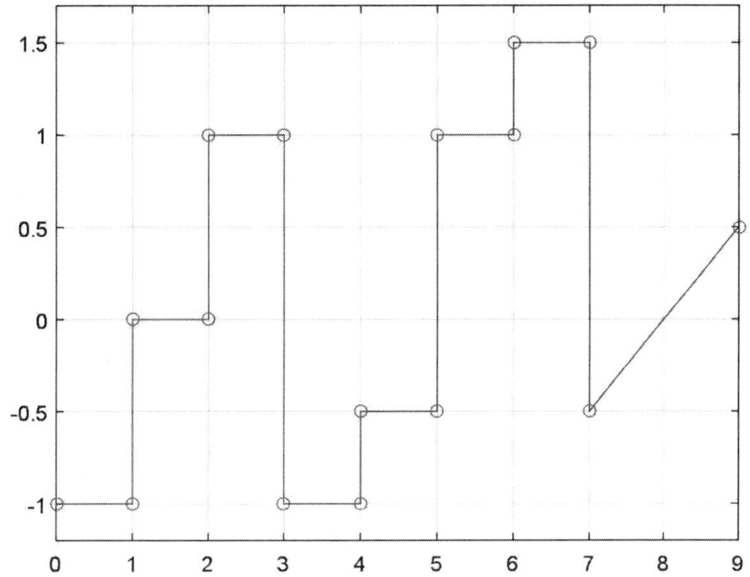

그림 5.2: 특정 조건(Rising, Falling, Either)을 설명하기 위한 그래프

5.1.1 Triggered Subsystem 블록

Triggered 서브시스템은 시스템에 특정 조건이 만족되는 시점에 한번만 실행되는 서브시스템으로, Rising 시그널을 제어 인풋으로 하여 Triggered 서브시스템의 동작을 예로 들어 보겠다.

그림 (5.3(a))는 Triggered 서브시스템을 포함한 전체 모델이며, Signal Builder 블록을 이용하여, 그림 (5.2)의 인풋을 실제로 구현한 것이다.

그림 (5.3(b))의 경우는 그림 (5.3(a))의 Triggered Subsystem 내부 모델이다. Unit Delay 블록은 현 시점에서 블록의 아웃풋이 바로 전 시점에서의 인풋이다. 쉽게 생각하면 시그널에 대해서 한 스텝의 시간 지연을 주기 위한 블록이다. 그림 (5.3(b))는 Triggered Subsystem이 실행될때 마다 1씩 증가시키는 알고리즘을 구현한 것이다. 즉 Signal Builder로부터 제어 인풋으로 들어 오는 시그널이 Rising 시그널인 경우에만 1씩 증가되는 결과를 예상할 수 있다.

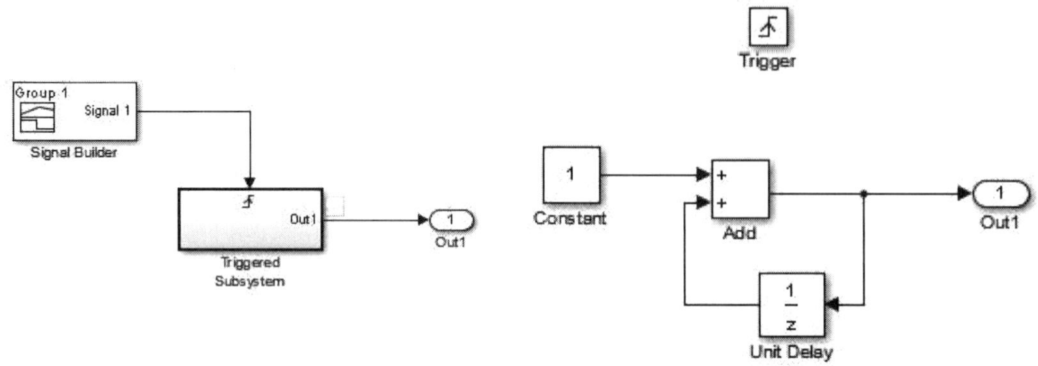

(a) 전체 모델　　　　　(b) Triggered Subsystem의 내부 모델

그림 5.3: Triggered 서브시스템을 활용한 모델 (TriggeredSubsystem.slx)

그림 (5.3(b))를 보면 다른 블록들과 시그널로 연결되지 않는 Trigger 블록이 있다. 디폴트로 Triggered Subsystem 블록 안에 항상 존재하고 있는 블록인데, 실제적으로 Trigger 블록이 이 블록을 포함하고 있는 서브시스템을 Triggered 서브시스템으로 만든다. 디폴트로 Rising 시그널에 반응하도록 되어 있는데, Falling이나 Either에 반응하게 할려면, Trigger 블록을 더블 클릭하면 나오는 그림 (5.4)의 파라메타 창에서 Trigger type을 변경하면 된다. Trigger type을 변경하면 Trigger 블록에 아이콘도 모양이 바뀌니 확인해 보기 바란다.

그림 5.4: Trigger 블록의 파라메타 창

5.1.1.1 Triggered 서브시스템의 아웃풋과 state의 값

Triggered 서브시스템의 중요한 특징중에 하나는 서브시스템의 아웃풋이 항상 유지된다는 점이다. 그림 (5.3)에 모델을 실행하면 결과는 그림 (5.5)와 같다.

모델링을 할때 state라는 의미는 시뮬레이션 중에 현재 시점의 값이 이전 시점의 값에 영향을 받을 때 현재 시점의 값을 저장해서 다음 시점에서 사용하기 위한 것을 의미한다. 즉, 그림 (5.3(b))에서는 Unit Delay 블록이 state를 가지고 있다. Triggered 서브시스템은 state가 항상 그 값을 유지한다는 것이 특징이다. 이는 그림 (5.4)에서도 State when enable 메뉴가 held로 고정되어 있는 것을 봐도 알 수 있다. 이 때문에 그림 (5.5(b))를 보면 Rising 시그널인 1초, 2초, 5초, 8초에 각각 1씩 증가되고 값이 유지 되는 것을 볼 수 있다.

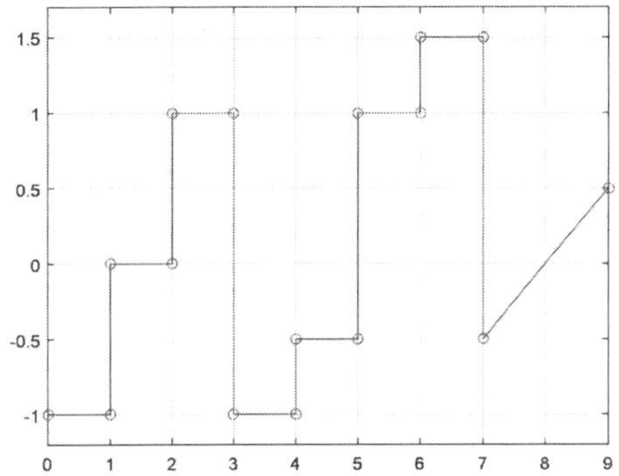

(a) 제어 인풋 시그널

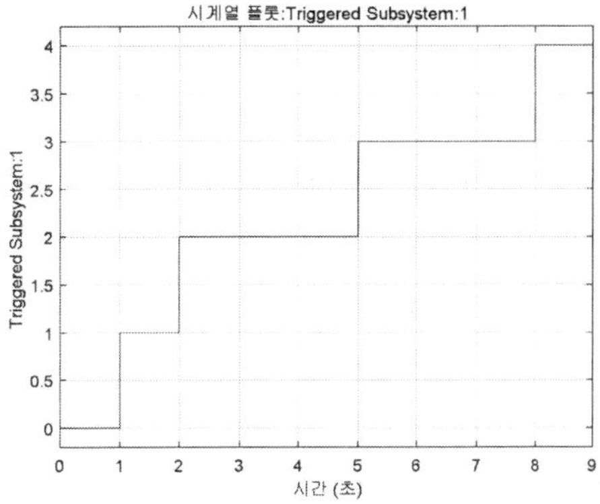

(b) 그림 (5.3)의 모델 아웃풋

그림 5.5: Triggered 서브시스템의 인풋과 아웃풋

5.1.1.2 Triggered 서브시스템의 제약 조건

Triggered 서브시스템은 조건이 맞는 경우 한번만 실행되는 동작의 특성상 Simulink 라이브러리중 Continuous 라이브러리에 있는 블록을 내부에 포함할 수 없다.

5.1.2 Enabled Subsystem

Enabled 서브시스템은 특정 조건이 만족되는 동안에 계속해서 실행되는 서브시스템이다. 제어 신호가 0보다 큰 경우(양수)에 Enabled 서브시스템은 무조건 실행되며, 0 이하의 값이 들어오면 실행되지 않는다. 그림 (5.6)은 기본적으로 그림 (5.3)과 같은 알고리즘이다. 즉, Enabled Subsystem이 동작하고 있으면 1씩 증가되는 알고리즘을 구현한 것이다. 단지 제어 인풋이 Pulse Generator를 이용한 것이 다른 점이다.

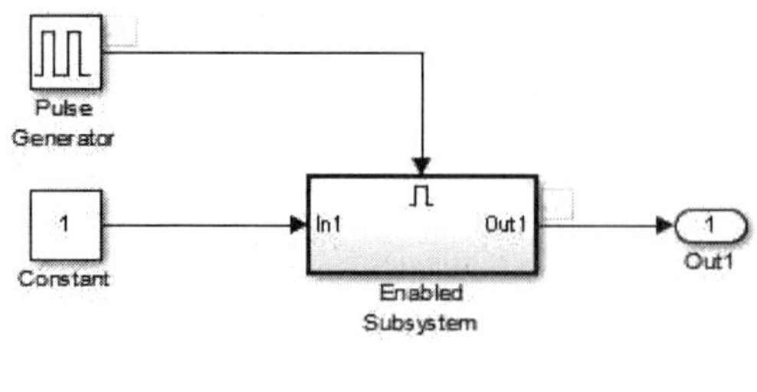

(a) 전체 모델

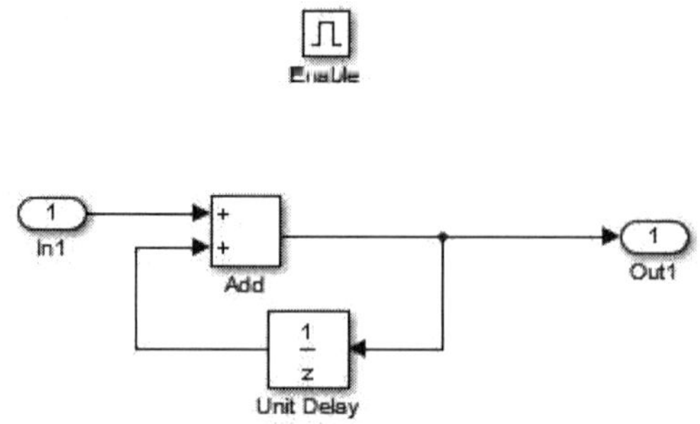

(b) Enabled Subsystem의 내부 모델

그림 5.6: Enabled 서브시스템을 활용한 모델 (EnabledSubsystem.slx)

그림 (5.7(a))가 제어 인풋이다. 0초 → 0.5초, 1초 → 1.5초, 2초 → 2.5초 사이가 0보다 큰 경우이므로 아웃풋인 그림 (5.7(b))를 보면 그 구간에서는 지속적인 증가가 일어 나는 것을 알 수 있다.

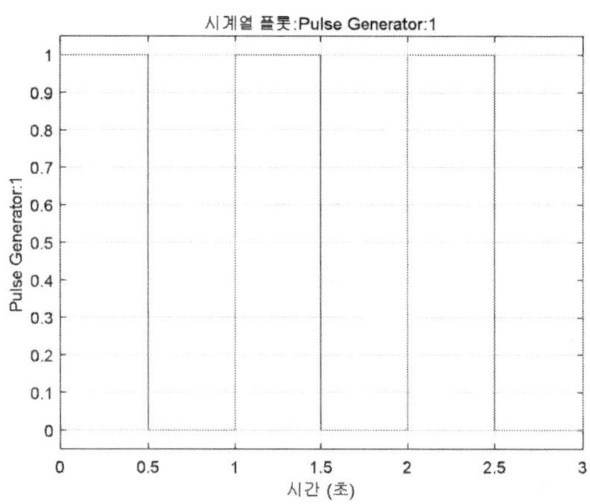

(a) 제어 인풋 시그널

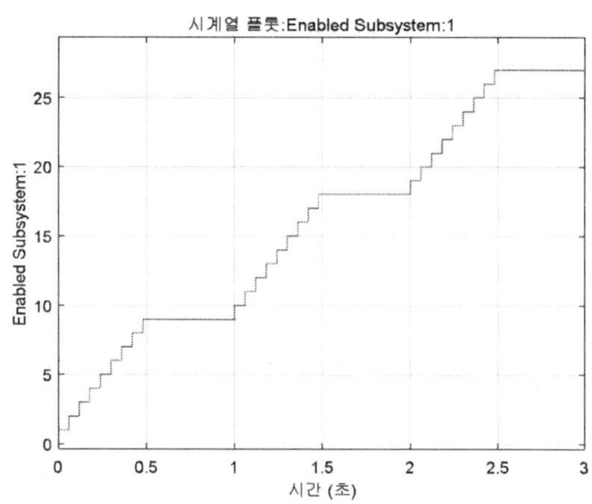

(b) 그림 (5.6)의 모델 아웃풋

그림 5.7: Enabled 서브시스템의 인풋과 아웃풋

5.1.2.1 Enabled 서브시스템의 아웃풋과 state의 값

그림 (5.7(b))의 결과를 보면 0.5 → 1초 사이에는 값이 그대로 유지되고 그 다음부터 증가되는 것이 Triggered 서브시스템에서 state가 유지되는 것을 알 수 있다. Enabled 서브시스템의 경우 아웃풋에 영향을 주는 블록이 두 개가 있는데, 한 개는 Enabled 서브시스템내에 있는 Outport 블록과 Enable 블록이다.

Outport 블록 Enabled 서브시스템 내부에 있는 Outport 블록의 파라메타 창인 그림 (5.8(a))에서 ①을 reset으로 변경하고 ②에 0.5를 입력하면 그림 (5.8(b))와 같은 아웃풋이 나온다. 결과를 자세히 보면 state 는 여전히 유지되고 있지만, Enabled 서브시스템이 실행안될때인 0.5초 → 1초, 1.5초 → 2초, 2.5초 → 3초 사이에는 2에 입력한 0.5임을 알 수 있다. 즉 Enabled 서브시스템의 아웃풋이 0.5로 다시 초기화되는 것을 알 수 있다.

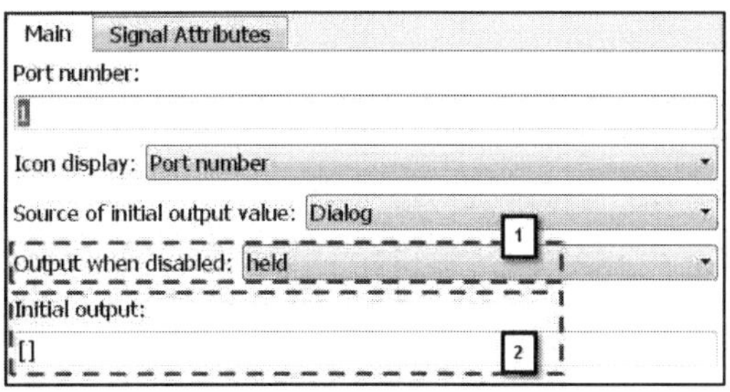

(a) Outport 블록 파라메타 창

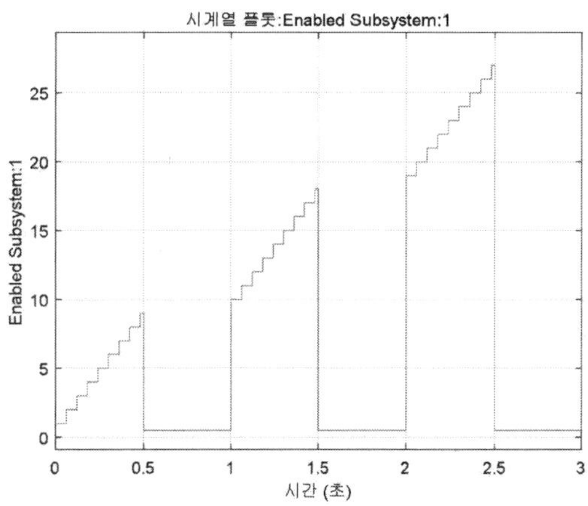

(b) 모델의 아웃풋

그림 5.8: Enabled 서브시스템 내부 Outport 블록의 옵션 (EnabledSubsystem_outport_reset.slx)

Enable 블록 Enabled 서브시스템의 경우 state 의 값이 디폴트로 held 로 되어 있으므로, Triggered 서브시스템처럼 내부 state의 값이 유지되는데, state의 값을 reset 할 수 있어서 다른 아웃풋을 낼 수 있다. 그림 (5.9(b))와 같이 Unit Delay의 state

가 다시 초기화되어 0부터 다시 더해 지는 것을 알 수 있다. 이는 그림 (5.6(b))의 Enable 블록을 더블 클릭했을때 나오는 파라메타 창인 그림 (5.9(a))에서 ①로 표시한 States when enabling 옵션을 held에서 reset으로 변경하면 된다. 또한 Enabled 서브시스템의 Outport 블록에서 Enabled 서브시스템이 동작하지 않을 때 reset 되고, 초기화는 0.5로 되어 있는 경우(앞에 조건 그대로)이므로 그림 (5.9(b))와 같은 모델의 아웃풋이 나온다.

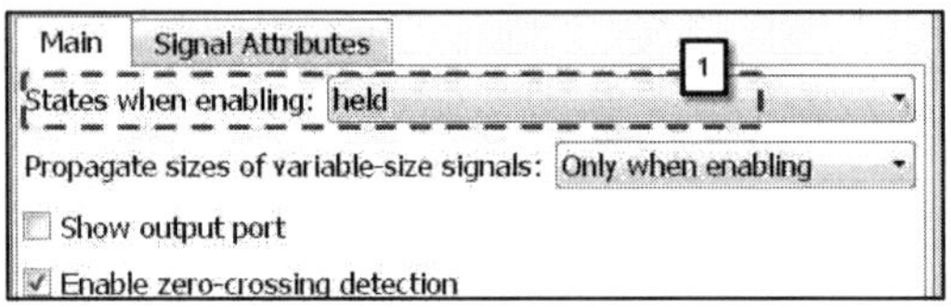

(a) Enable 블록의 파라메타 창

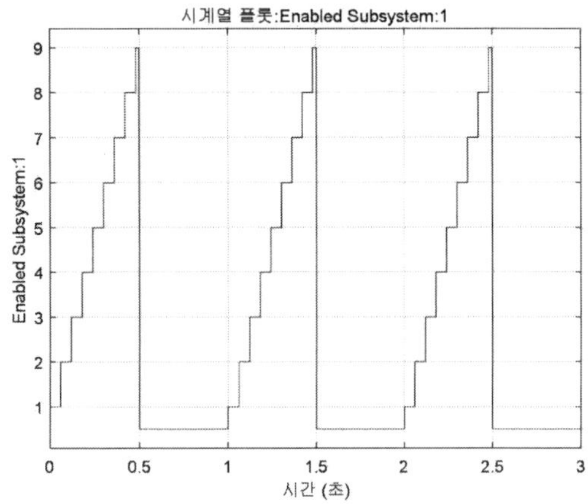

(b) 모델의 아웃풋

그림 5.9: state와 outport 모두 reset인 경우 (EnabledSubsystem_outport_state_reset.slx)

5.1.2.2 Enabled 서브시스템의 제약 조건

Triggered 서브시스템과 다르게 특별히 사용 못하는 블록은 없지만, Enabled 서브시스템 내부에 서로 다른 샘플 타임을 가진 블록들이 연결되면, 각각의 블록이 Enabled 된 상태에서만 실행된다는 것을 염두에 두면 된다.

5.1.3 Enabled and Triggered Subsystem

Enabled and Triggered 서브시스템은 지금까지 배운 Enabled 서브시스템과 Triggered 서브시스템의 교집합이라 생각하면 된다. 즉, 두 개의 제어 인풋을 가지며, 서브시스템이 동작하는 경우는 Enabled 제어 인풋이 0보다 큰 값이어야 하고,

Triggered 제어 인풋은 특정 조건에 맞아야만 한번 동작하는 서브시스템이다. 하나의 특징은 Enablcd 서브시스템의 특징을 받아서 내부의 state와 아웃풋을 각각 held 하거나 reset할 수 있다. 그림 (5.10)은 Enabled and Triggered Subsystem 블록을 활용한 모델이다.

그림 (5.11(a))를 보면 제어 인풋이 0초, 2초, 8초에 실행될 것을 예상할 수 있다. 그 결과로 그림 (5.11(b))에서 확인할 수 있다.

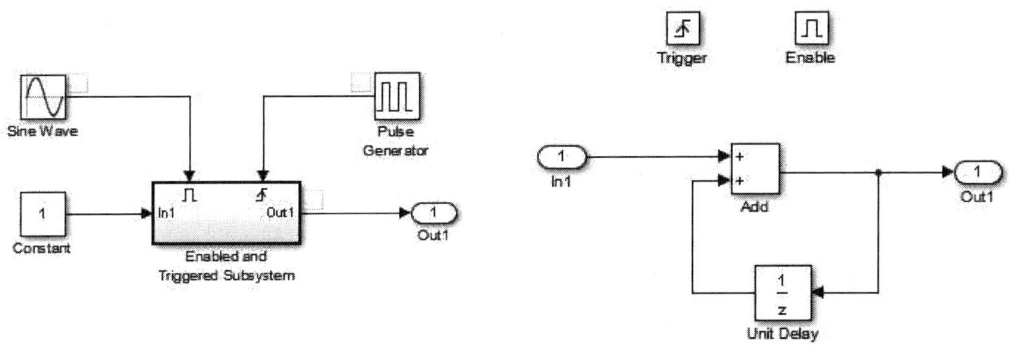

(a) 전체 모델

(b) Enabled and Triggered Subsustem의 내부 모델

그림 5.10: Enabled and Triggered 서브시스템을 활용한 모델 (EnabledTriggeredSubsys- tem.slx)

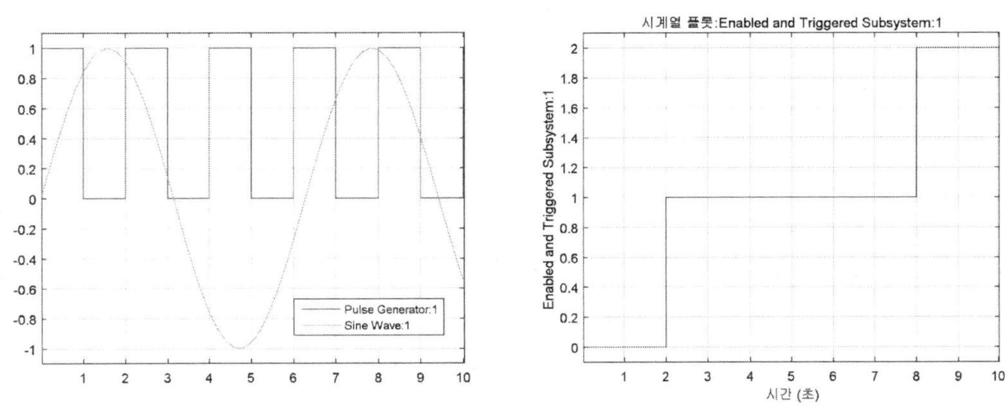

(a) 제어 인풋 시스템

(b) 그림 (5.10)의 모델 아웃풋

그림 5.11: Enabled and Triggered 서브시스템의 인풋과 아웃풋

5.2 반복을 위한 서브시스템

모델링 개념을 생각해 보면, 시뮬레이션 시간마다 조건에 의해서 인풋이 바뀌는 경우와 조건에 의해서 실행되는 것과 같이 특별한 경우를 제외하면 각 블록이 모두 한 번씩 실행된다. 알고리즘을 구현할 때 꼭 필요한 구문이 반복문이다. 일반적으로 프로그래밍에서 반복문의 경우 대표적으로 for와 while 구조로 구현되는 것을 Simulink에서 모델링으로 구현하는 방법은 For Iterator Subsystem 블록과 While Iterator Subsystem 블록을 이용하는 것이다. 또 다른 방법은 Stateflow라는 제품을 이용하는 것이다.

5.2.1 For Iterator Subsystem

For Iterator 서브시스템은 내부적으로 반복을 위한 변수를 생성해서 그 변수에 값을 증가 시킨다. 그래서 증가 시킨 변수의 값이 지정된 값을 초과하면 더 이상 반복하지 않는다.

구현하고자 하는 알고리즘이 아래와 같은 MATLAB 코드라면 y_result(ii)를 계산하는 루틴은 각각의 시뮬레이션 시간마다 (여기서는 0.1초 단위로 10초까지 증가) 6번을 반복해서 더하기를 해야 한다. 이 부분을 구현하기 위해서는 For Iterator Subsystem을 사용할 수 밖에 없다.

```
x_time = [0:0.1:10];
y_result = zeros(size(x_time))
for ii = 1:length(x_time)
  for iter_number = 1:6
    y_result(ii) = y_result(ii) + iter_number*sim(x_time(ii));
  end
end
```

For Iterator Subsystem 블록을 이용해서 위 MATLAB 코드를 모델링하면 그림 (5.12)와 같다. Memory 블록은 Discrete 라이브러리에 있는 블록으로 현재 시뮬레이션 시간에 인풋을 저장했다가 다음 시뮬레이션 시간에 아웃풋으로 내보내는 역할을 하는 블록이다. 하는 일만 생각해 보면 Unit Delay 블록과 거의 같다. 즉, Memory 블록도 state를 가지고 있다는 점을 중요하게 봐야 한다.

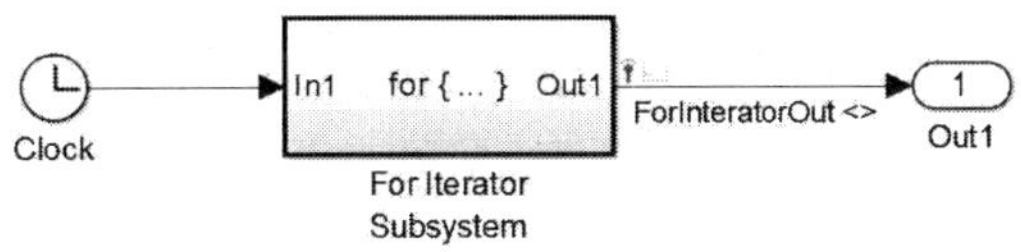

(a) 전체 모델

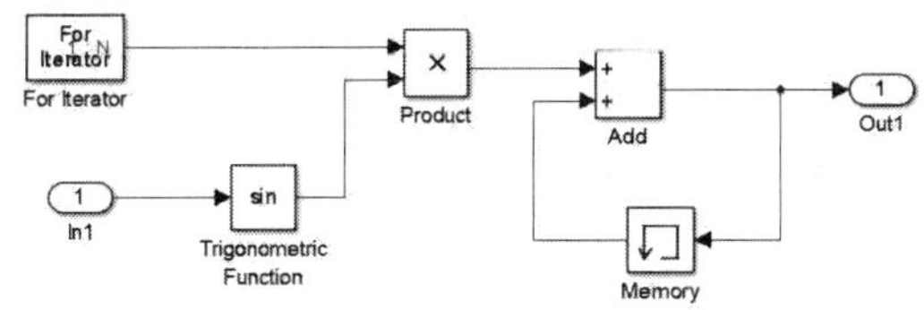

(b) For Interator Subsystem의 내부 모델

그림 5.12: For 구문의 MATLAB 알고리즘과 동일한 모델 (ForIteratorSubsystem.slx)

그림 (5.12(b))에서 For Iterator 블록이 실제로 For Iterator Subsystem의 대부분의 셋팅을 하는 블록이다. For Iterator 블록의 파라메타 창은 그림 (5.13)과 같으며, 각각의 파라메타는 다음과 같다.

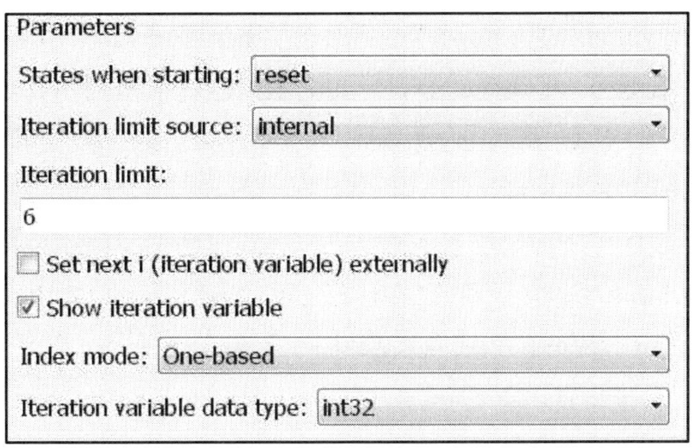

그림 5.13: For Iterator 블록의 파라메타 창

States when starting For Iterator 서브시스템 내부에 state 가 있으면 매 시뮬레이션 시간마다 초기화를 할 것인지 아니면 계속 유지할지에 대한 여부이다. 디폴트로는 held로 되어있다.

- 예를 들어 0.1초에 6번 돌고 계산이 끝났을때 Memory 블록의 state에 만약 10이 저장되어 있으면, 0.2초에 For Iterator 서브시스템을 계산할 때 Memory 블록의 state를 초기화를 다시 할 것인지 아니면 10을 그대로 쓸 것인지에 옵션이므로 아웃풋에 영향을 주는 옵션이다.

- 앞에서 보여준 MATLAB 코드와 같이 하기 위해서는 reset으로 해주어야 한다. 물론 Memory 블록의 초기값도 0이어야 원하는 형태로 모델링된 것인데, Memory 블록의 경우 디폴트로 초기값이 0으로 셋팅되어 있다.

Iteration limit For Iteration 서브시스템을 몇 번을 반복할지 결정하는 옵션이다. 디폴트로는 5로 셋팅되어 있다.

- 앞의 MATLAB 코드와 같이 맞추기 위해서는 6으로 지정해야 한다.
- 바로 앞에 있는 옵션인 Iteration limit source가 internal인 경우에만 파라메타 창에서 입력할 수 있고, 만약 Iteration limit source가 external로 지정되면 For Iterator 블록에 인풋 포트가 생기면서 외부에서 값을 넣을 수 있게 된다.

Set next i(iteration variable) externally 반복을 위한 변수의 증가를 어떻게 할지에 대한 옵션이다. 옵션이 체크가 안되어 있으면, 1씩 증가되지만, 옵션을 체크하면 For Iterator 블록에 인풋 포트가 생겨서 외부로부터 증분을 받게 된다. 체크가 안 되어 있는게 디폴트 옵션이다.

Show Iteration variable 옵션이 체크되어 있는게 디폴트 옵션이며, 체크된 옵션 때문에 For Iterator 블록에 아웃풋 포트가 생겨서 반복을 위한 변수값을 이용할 수 있다.

Index mode 내부적으로 생성되는 반복을 위한 변수의 초기값을 0으로 할 것인지, 1로 할 것인지에 대한 옵션이다. 디폴트로 One-based로 되어 있어서 1부터 시작한다.

그림 (5.13)을 지금까지 배운 것을 바탕으로 해석하면, 반복을 위해서 생성되는 내부 변수는 1로 초기화되어서 매 반복마다 1씩 증가되며, 6이 될때까지 반복된다. 그리고 다음 시뮬레이션 시간에 다시 1로 초기화되는데, 이때 내부에 있는 state도 초기화된다.

그림 (5.12)는 또한 솔버와 시뮬레이션 시간등을 셋팅해야 앞에 MATLAB 코드와 완전히 동일한 결과를 낼 수 있다. 그림 (5.14)처럼 솔버 타입은 Fixed-step 솔버, 솔버는 Discrete으로 선택해야 하고, Fixed step size는 0.1로 해야 한다.

모델링의 결과와 MATLAB 코드의 결과를 비교하면 그림 (5.15)와 같다. 그림 (5.12)의 모델을 실행하면 자동으로 그림 (5.15)와 같은 그래프가 생성된다. 이는 나중에 배울 Model Callback 기능을 이용한 것이므로 뒤에서 Model Callback 기능을 보고, 모델을 다시 열어 보기 바란다.

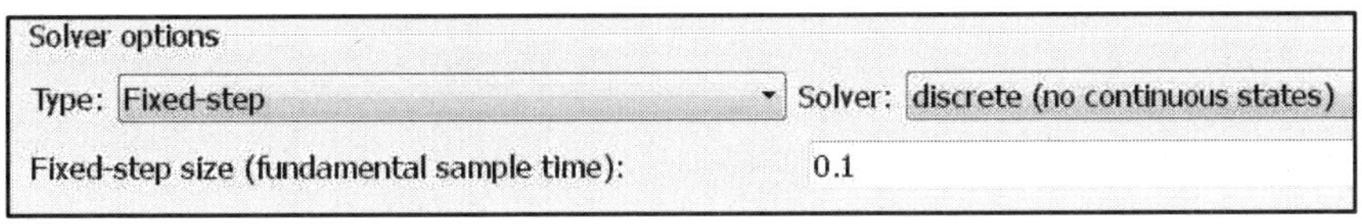

그림 5.14: 그림 (5.12)의 솔버 셋팅

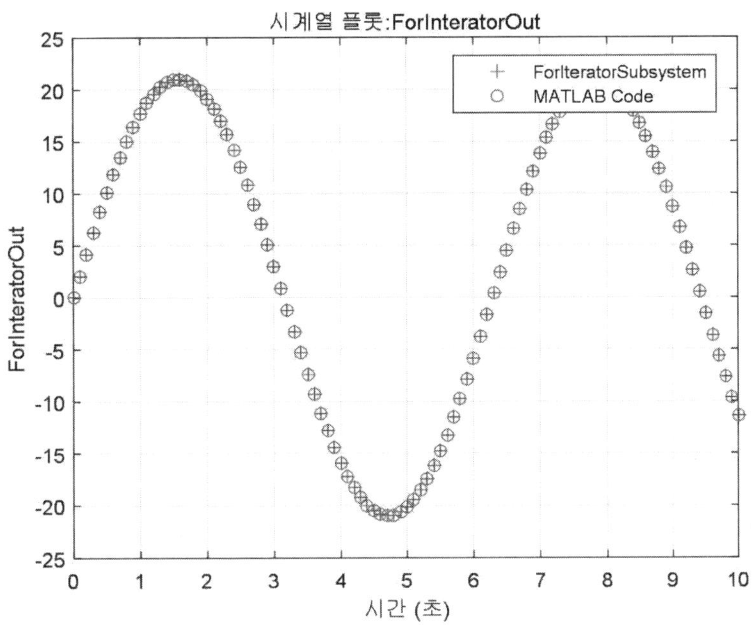

그림 5.15: 그림 (5.12) 모델의 결과와 MATLAB 코드의 결과

5.2.2 While Iterator Subsystem

Whilte Iterator 서브시스템은 For Iterator 서브시스템과 흡사하다. 사용법을 알고나면 반복문의 형태에 따라 사용하기 편한 것을 사용하면 된다. 주로 초기값과 증분이 정해져 있는 경우는 For Iterator 서브시스템을 쓰고, 증분이 정해져 있지 않고, 조건식만 있는 경우에는 While Iterator 서브시스템을 쓰는 경우가 많다.

앞에서 사용했던 MATLAB 코드를 다음과 같이 while문을 사용하는 형태로 바꿨다. 이를 모델링하면 그림 (5.16)과 같다.

```
x_time = [0:0.1:10];
y_result = zeros(size(x_time))
for ii = 1:length(x_time)
  iter_number = 0;
  while (iter_number < 6)
    iter_number = iter_number + 1;
    y_result(ii) = y_result(ii) + iter_number*sim(x_time(ii));
  end
end
```

While Iterator Subsystem 블록의 특징은 IC라는 인풋을 받게 되어 있다. 이는 Initial Condition의 약자로 초기 조건과 반복시의 조건을 다르게 줄 수 있다는 장점이 있다. For Iterator Subsystem과는 다르게 내부에 반복을 위한 변수등은 생성되지 않기 때문에 사용자가 직접 조건식을 만들어야 한다.

그림 (5.16(a))에서 IC의 역할을 보기 위해서 Constant 블록의 값을 0으로 바꿔서 모델을 실행해 보면 초기 조건 자체가 거짓으로 들어 가서 반복을 한 번도 하지 않음을 알 수 있다.

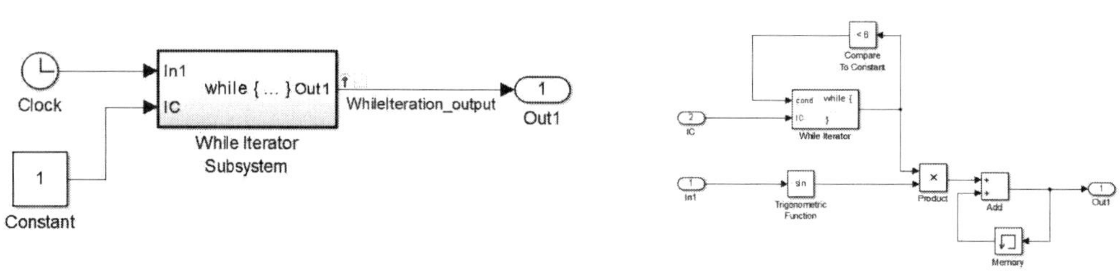

(a) 전체 모델 (b) While Subsystem의 내부 모델

그림 5.16: While 구문의 MATLAB 알고리즘과 동일한 모델
(WhileIteratorSubsystem.slx)

Whilte Iterator 블록의 파라메타 창은 그림 (5.17)과 같으며, 각각에 대한 설명은 다음과 같다.

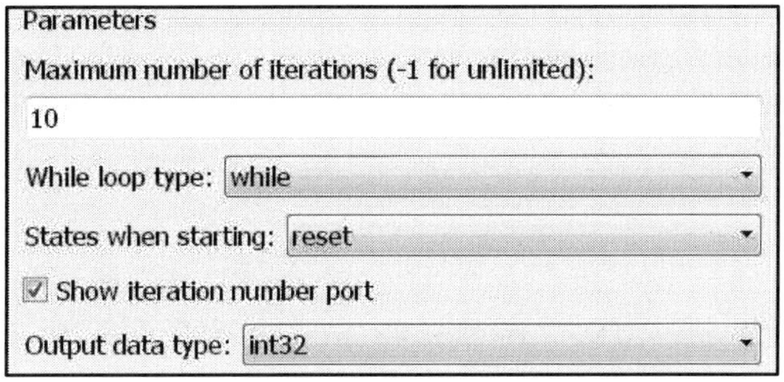

그림 5.17: While Iterator 블록의 파라메타 창

Maximum number of iterations While Iterator 블록의 인풋중에 cond인 인풋에 들어 오는 조건이 계속해서 참인 경우 무한루프에 빠질 수 있으므로 여기에 최대로 반복하는 횟수를 적어 놓으면 cond는 참이더라도 반복을 중지한다. -1로 입력하면 이 조건은 생각하지 않는다. 디폴트로 5로 입력되어 있다.

While loop type while문의 타입중에 do-while문으로 변경이 가능하다. do-while 문은 초기에 들어오는 조건값이 거짓이더라도 무조건 반복문을 한번은 실행시킴을 보장하는 반복문의 구조이다. 디폴트로 while로 정해져 있다.

State when starting While Iterator 서브시스템 내부에 state가 있는 경우 그 값을 유지할 것인지 아니면 변경할 것인지 정하는 옵션이다. 디폴트로 held로 되어 있다.

Show iteration number port While Iterator의 아웃풋으로 반복문의 횟수를 내보낼지 여부를 정하는 옵션이다. 디폴트로 체크가 해제 되어 있다.

주의할 점은 While Iterator 서브시스템은 반복문의 횟수를 조건으로 넣는 경우에는 일반적으로 생각하는 경우와 다르게 동작할 수 있다는 점이다. 모델을 그림 (5.16)처럼 만들면 내부적인 코드는 다음과 같다. 아래 코드에서 max_iter는 While Iterator 블록에서 파라메타로 넣는 값이다.

```
iteration_number = 0;
cond = IC;
while (cond ~= false)
  iteration_number = iteration_number + 1;
  y_result(ii) = y_result(ii) + jj*sin(x_time(ii));
  if (iteration_number >= 6 || iteration_number > max_iter)
    cond = false;
  end
end
```

그림 (5.16)을 실행하면 MATLAB 코드와 모델의 아웃풋을 비교하는 그래프가 생성된다. 값이 같으므로 굳이 여기서 보여 주지는 않겠다. 모델링을 할때 반복문이나 다음에 설명하는 조건문등은 실제로는 Stateflow라는 제품으로 하는 것이 훨씬 이해하기도 쉽고 모델링하기도 쉽다. 따라서 실제로 모델링할 때는 가급적 Stateflow 제품을 활용하는 것을 권장한다.

5.3 if, switch 블록 및 서브시스템

알고리즘을 구현하게 되면 필연적으로 필요한 구문이 if와 switch 구문이다. 이를 위해서 Simulink에서는 라이브러리로 If 블록과 If Action Subsystem 블록을 활용해서 if 구문을 구현할 수 있으며, Switch Case 블록과 Switch Case Action Subsystem 블록으로 구현할 수 있다.

5.3.1 If 블록과 If Action Subsystem

간단하게 다음과 같은 코드를 모델링하면서 If 블록과 If Action Subsystem 블록으로 구현해 보자.

```
if ((u1 > 0) & (u2 > 0))
  y = 1;
elsief (u1 > 0)
  y = 2;
elsief (u2 > 0)
  y = 3;
else
  y = 4;
end
```

그림 (5.18)은 위 코드를 모델링한 것이다. If 블록은 항상 If Action Subsystem 블록, Merge 블록을 필요로 한다. 그림 (5.18(a))에서 ①이 If 블록인데, 이 블록은 인풋의 갯수와 조건식을 쓰는 블록이다. 그리고 조건이 참이면 해야할 일은 If Action Subsystem 블록에 모델링 한다. 그리고 If Action Subsystem 블록의 아웃풋들을 모아서 Merge 블록의 인풋으로 입력한다. 항상 If Action Subsystem 블록의 갯수는 If 블록의 아웃풋인 조건식의 갯수와 일치하고 Merge 블록의 인풋도 항상 If Action Subsystem 블록의 갯수와 일치한다.

그림 (5.18(b))는 If Action Subsystem 내부인데, 여기서 중요한 블록은 Action Port 블록이다.

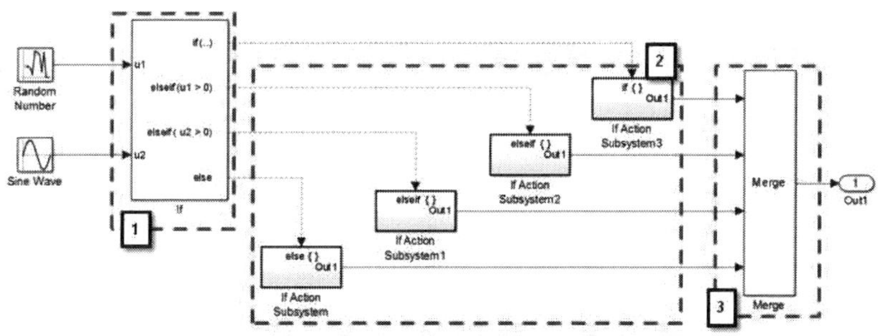

(a) 전체 모델

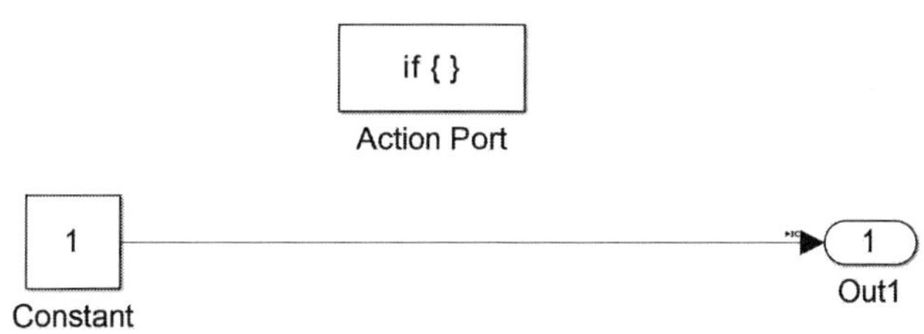

(b) If Action Subsystem 내부의 모델

그림 5.18: If 블록을 활용한 모델 (IfSubsystem.slx)

그림 (5.19(a))는 If 블록의 파라메타 창으로 다음과 같은 파라메타를 가진다.

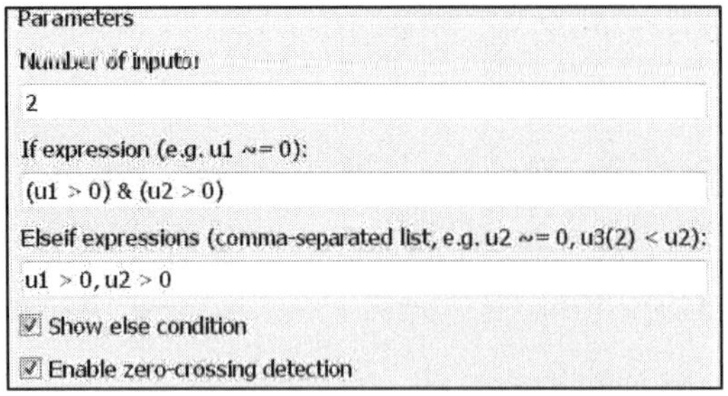

(a) If 블록의 파라메타 창

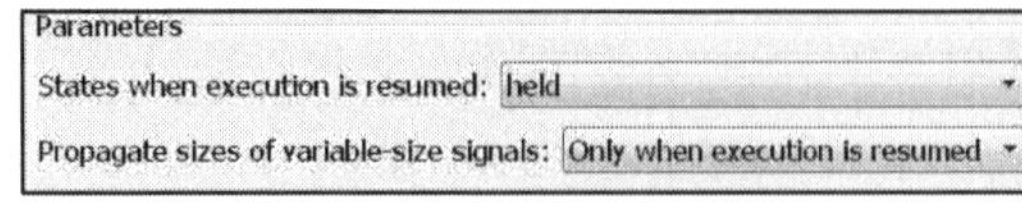

(b) Action Port 블록의 파라메타 창

그림 5.19: If 구문을 위한 파라메타 창

Number of Inputs 인풋의 갯수를 정하며, 정해진 갯수만큼 If 블록에 인풋 포트가 생긴다. 위에서부터 u1, u2순으로 이름이 붙는다.

If expression if문에서 첫번째 조건을 적는 곳이다.

Elseif expressions elseif를 적는 곳이며, elseif가 두 개이상이면, 콤마(,)로 구분해서 적으면 된다.

Show else conditon else 문이 필요한 경우 체크하면 아웃풋 포트가 생긴다.

If Action Subsystem 블록 내에는 Action Port 블록이 있으며, 그 파라메타 창은 그림 (5.19(b))와 같으며, 내부에 있는 state를 held 시킬 것인지 아니면 reset 시킬 것인지에 대한 파라메타를 결정할 수 있다.

그림 (5.18(a))에서 ③은 Merge 블록인데, Merge 블록의 역할은 인풋으로 들어 오는 시그널 중에서 가장 최근에 값이 계산된 시그널을 아웃풋으로 보내는 것이다. If 블록과 연결된 If Action Subsystem의 연결은 실선이 아니라 일점 쇄선으로 연결되어 있다. 이는 If 블록과 연결된 If Action Subsystem 블록들 중에 한 개만 실행되고 나머지 블록들은 실행이 안되는 것을 표시하는 것이다. 그래서 Merge 블록에서 값이 계산된 시그널만 받아서 아웃풋으로 내보내는 것이다. Merge 블록의 특성상 Switch Case Action블록과도 연결된다.

5.3.2 Switch Case 블록과 Switch Case Action Subsystem

Switch case 블록의 사용법도 다음과 같은 MATLAB 코드를 모델링으로 구현해서 설명하겠다. 아래 코드에서 case 2, 3으로 되어 있는 것은 2인 경우와 3인 경우를 다 처리하는 것이며, otherwise는 다른 프로그래밍 언어에서 default 구문이라고 하는 것으로 아래 코드에서는 u가 1, 2, 3, 4의 네 가지 경우를 제외한 나머지 경우는 전부 otherwise 아래에 실행문이 실행된다.

```
switch u
  case 1
    y = 1;
  case {2, 3}
    y = 2;
  case 4
    y = 3;
  otherwise
    y = 4;
end
```

그림 (5.20)은 위 MATLAB 코드를 모델로 구현한 것으로 If 블록을 사용해서 구현하는 것과 유사하게 Switch Case 블록은 Switch Case Action Subsystem 블록과 Merge 블록을 꼭 사용해야 한다.

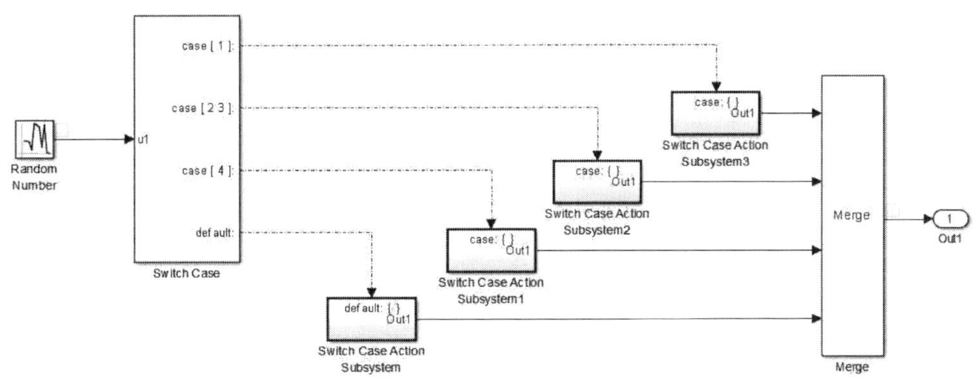

그림 5.20: Switch Case 블록을 활용한 모델

그림 (5.21)은 Switch Case 블록의 파라메타 창으로 case의 조건을 적는 곳이다.

MATLAB 코드처럼 조건은 두 개인데, 하나의 case 문을 쓰는 경우에는 [와]로 묶으면 된다. 그리고 Show default case 파라메타가 체크되어 있으면, 항상 default를 위한 아웃풋 포트가 생성된다.

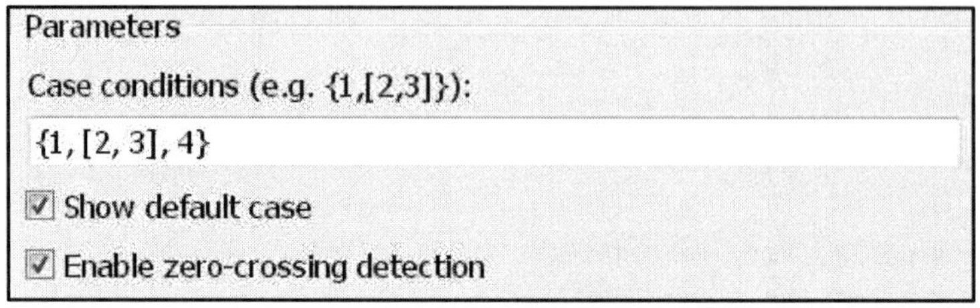

그림 5.21: Switch Case 블록의 파라메타 창

Switch Case Action Subsystem 블록 안에는 If Action Subsystem 블록과 똑같이 Action Port 블록이 있어서 내부에 state에 대해서 held할 것인지 reset할 것인지 결정할 수 있다.

앞에서도 말했지만, 여기서 설명한 반복문을 위한 서브시스템과 조건문을 위한 서브시스템들은 실제로 Stateflow를 이용해서 하는 경우가 훨씬 많고, 이해하기도 쉽다. 반복문과 조건문을 많이 사용해야 하는 경우에는 꼭 Stateflow를 고려해 보기 바란다.

Chapter

Simulink의 다양한 기능들 6

6.1 Algebraic Loop이란?

Algebraic Loop을 알기 전에 먼저 Direct Feedthrough를 이해해야 Algebraic Loop을 이해할 수 있다.

6.1.1 Direct Feedthrough

Simulink에서 사용하는 블록중에 블록의 아웃풋을 계산하기 위해서 먼저 인풋을 알아야 하는 블록들이 있으며, 이런 경우를 Direct Feedthrough라고 한다. 즉 현 시점에서의 인풋이 아웃풋에 영향을 주는 블록들이다. 예를 들자면, Gain 블록, Add 블록들이 대표적인 Direct Feedthrough인 블록들이다. Direct Feedthrough 가 아닌 블록의 경우가 대표적으로 Unit Delay 블록이다. Unit Delay 블록의 경우 현재 시뮬레이션 시간에 들어온 인풋은 현재 시뮬레이션 시간에 아웃풋과는 관련이 없고, 다음 시뮬레이션 시간에 아웃풋이므로 Direct Feedthrough 블록이 아니다.

6.1.2 Algebraic Loop

Algebraic Loop은 Direct Feedthrough인 블록의 아웃풋이 그 자신의 인풋과 연결될 때 나타나는 경우이다. 간단하게 Add 블록과 Gain블록을 가지고 체크해 보자. Algebraic Loop이 있는 경우 경고를 띄우고 계속 시뮬레이션을 할 것인지, 아니면 에러를 띄우고 시뮬레이션을 중단할 것인지, 혹은 경고나 에러를 전혀 띄우지 않고 시뮬레이션을 할 것인지에 대한 옵션이 그림 (6.1)에서 보는 것처럼 있다. 디폴트 값은 Warning이므로 필요한 경우 옵션을 변경해야 한다.

그림 (6.2(a))는 Add 블록과 Gain 블록으로 연결된 Algebraic Loop이 있는 모델이다. 그림 (6.2(a))모델을 실행하면 모델 에디터 밑에 바에 View 1 warning 이라고 나오며, 이 글을 클릭하면 그림 (6.2(b))가 나온다. 예전 Simulink에서는 이런 경고 문구들이 전부 MATLAB의 명령 창에 가득 보였는데, R2014a 버전부터 경고와 에러 관련 메시지가 전부 Diagnostic Viewer에서 보여 주고 MATLAB의 명령창에는 아무것도 보여 주지 않는다.

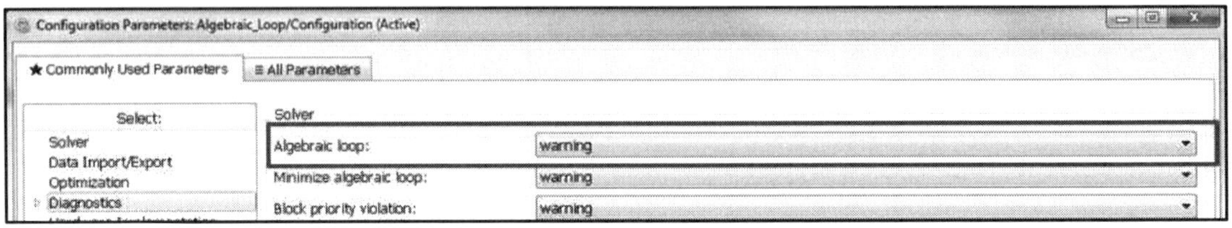

그림 6.1: Algebraic Loop에 대한 옵션

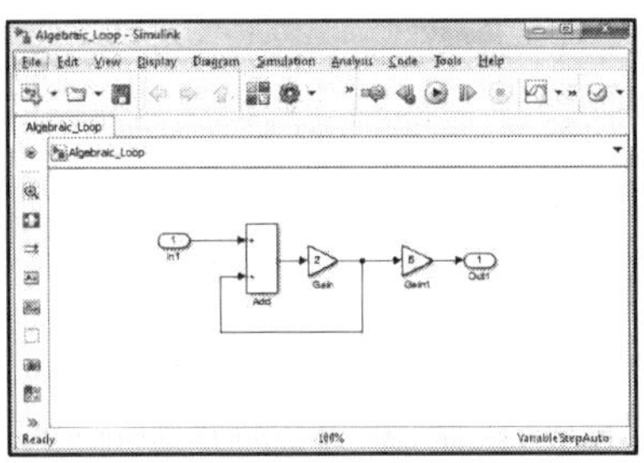

(a) Algebraic Loop이 있는 모델

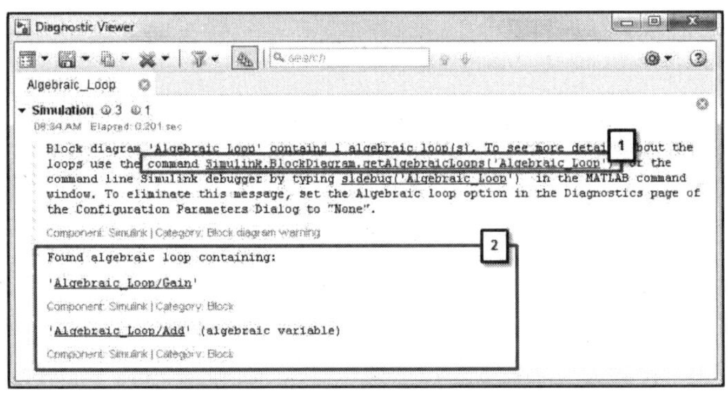

(b) Warning을 보기 위한 Diagnostic Viewer

그림 6.2: Algebraic Loop이 있는 모델, Algebraic_Loop.slx

그림 (6.2(b))를 보면 ①에 어떤 경고 메시지인지 자세히 나오며, ②를 보면 어떤 블록이 Algebraic Loop과 연관되어 있는지 알 수 있다. ①의 경고 메시지를 보면, 1개의 Algebraic Loop이 있으며, 더 자세한 내용을 보고 싶으면, 다음과 같이 MATLAB 명령창에 입력하라고 나와 있다. 혹은 Simulink의 디버거를 이용하라고 되어 있는데, Simulink 의 디버거는 사용을 권장하지 않는다. 너무 많은 내부의 정보를 주기 때문에 일반 사용자들은 어떤 의미인지 알기가 어렵다. ②를 보면 실제로 어떤 블록들이 Algebraic Loop을 이루는지 알려 준다.

```
>> Simulink.BlockDiagram.getAlgebraicLoops('Algebraic_Loop')
```

위 MATLAB 명령을 실행하거나 그림 (6.2(b))에 ①에 있는 명령어를 클릭하면, 그림 (6.3(a))와 같이 모델에 실제로 하이라이트되어서 보여 주며, 그림 (6.3(b))와 같은 하이라이트에 대한 설명을 위한 창도 같이 보여 준다. 물론 MATLAB 명령 창에도 그림 (6.2(b))에 있는 Diagnostic Viewer에서 보여 준 내용을 그대로 보여 준다.

Algebraic Loop이 발생하면 내부적으로 반복적인 계산을 많이 해야 하므로, 일반적으로 시뮬레이션 속도가 많이 늦어지며, Embedded Coder라는 C/C++ 코드 생성 툴을 사용해서 코드를 생성할 수 없게 된다. 그러므로 가능한 Algebraic Loop 이 발생하지 않도록 모델링을 해야 한다. 이것을 피하는 방법은 어떤 블록들이 Algebraic Loop이 발생하는지 분석해서 블록들 사이에 Direct Feedthrough 되는 블록들로만 연결되어서 루프를 만들지 않도록 하는 것이다. 시뮬레이션 중에 한 스텝 정도 늦어져도 상관 없으면, Unit Delay 블록을 적절히 포함하면 Algebraic Loop이 발생하지 않을 것이다.

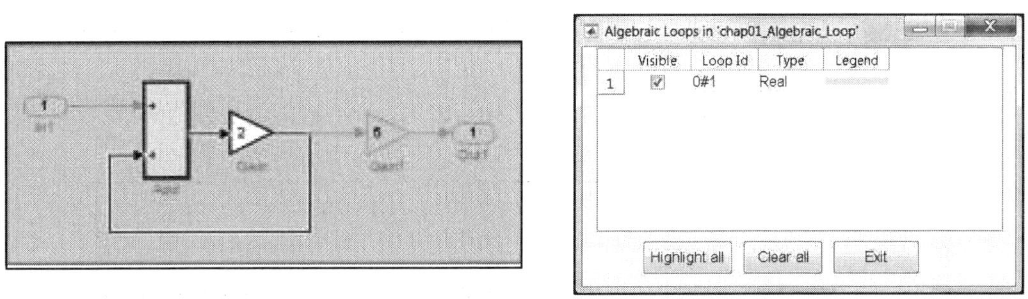

(a) Algebraic Loop이 하이라이트된 모델

(b) Algebraic Loop 설명 창

그림 6.3: 하이라이트 된 Algebraic Loop에 대한 분석

6.2 Multirate 시스템에 대한 모델링

6.2.1 Sample Time에 대한 이해

Simulink를 사용할때 Sample Time이란 실제로 Simulink가 계산을 수행하는 시간 간격을 말하며, 이산 시스템의 경우 sampling rate와 같은 뜻이다. 하지만 연속 시스템의 경우는 실제적으로 Simulink가 계산하는 시간 간격을 뜻한다. Variable-step solver면 sample time이 매 계산 시점마다 새롭게 계산되어 항상 변할 수 있으며, fixed-step solver의 경우 고정된 계산 간격을 가진다.

Simulink에서 제공하는 모든 블록은 실제로 sample time을 가지고 있지만, Gain 블록과 같이 사용자 입장에서 sample time을 바꿔야 할 필요가 없는 블록들에는 바꾸는 항목 자체가 없다. 블록의 파라메타 윈도우를 열어 보면, Sample time:이라는 메뉴가 있는 경우에는 단위는 초로서 시간을 입력하면 된다. 만약 연관되어 있는 블록들로부터 그 값을 그대로 사용하겠다면 -1을 대입해도 된다. 하지만, 가급적 사용하는 블록에 sample time은 직접 입력하는 것이 좋다. 만약 모델에 있는 모든 블록들의 sample time이 -1이면 모델의 Configuration parameters에서 입력한 sample time이 사용된다.

Sample time을 Simulink 모델에서 볼 수 있는 방법은 Simulink 메뉴에서 Display → Sample Time 메뉴 아래에 여러 가지 옵션이 있다. 이 중에서 Annotations라는 항목을 선택하면 그림 (6.4)와 같이 모델에 색깔로 표시하며, 그 색깔이 의미하는 sample time을 표시하는 창이 생긴다.

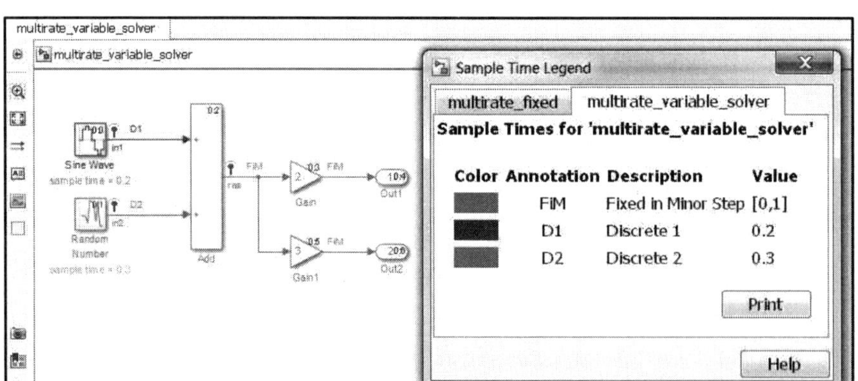

그림 6.4: Annotation과 함께 Sample Time의 표시 (mutirate_variable_solver.slx)

6.2.2 Multirate 시스템

Simulink의 경우 sample time이 다른 시스템을 묶어서 모델링을 할 수 있으며, 이렇게 하나의 모델에 두 개 이상의 sample time을 가진 경우에 Multirate 시스템이라 한다. 사용자가 Variable-step 솔버를 사용하면, 이런 다른 sample time을 가졌더라도 Simulink가 내부적으로 적절히 필요한 sample time을 선정하므로 문제가 발생하지 않지만, Fixed-step 솔버의 경우 multirate의 경우 문제가 발생할 여지가 있으며, 사용자가 셋팅을 multirate에 맞게 잘 해야 한다.

그림 (6.5)의 모델에 대해서 Variable-step 솔버와 Fixed-step 솔버를 사용해서 sample time을 좀 더 자세히 확인해 보자. 그리고 솔버가 어떻게 영향을 주는지 대략적인 개념을 잡아 보자.

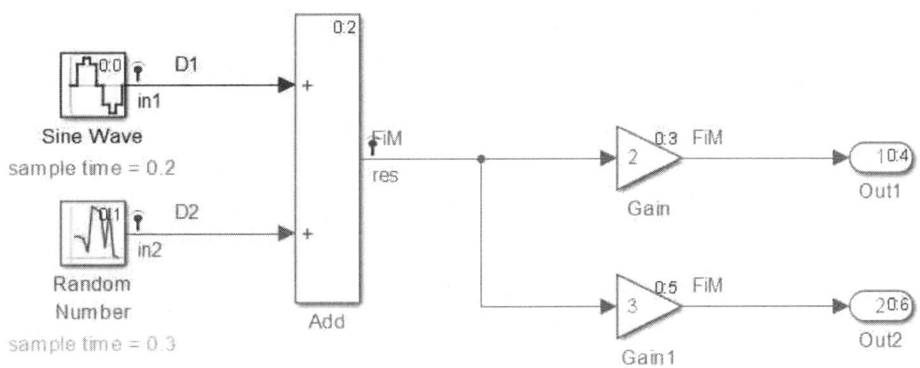

그림 6.5: Variable-step 솔버를 사용하는 Multirate 시스템 (multirate_variable_solver.slx)

6.2.2.1 Variable-step 솔버를 사용하는 Multirate 시스템

그림 (6.5)는 Variable-step 솔버를 사용하도록 되어 있으므로 시뮬레이션 시에 어떻게 동작되는지 확인해 보자.

1. 블록의 실행 순서에 따라 Sine Wave 블록이 가장 먼저 실행된다. 그리고 다음으로 Random Number 블록이 실행된다. 이는 두 블록의 sample time을 보면 당연히 0.2초인 Sine Wave 블록이 먼저 실행되어야 하기 때문이다.

2. Add 블록의 경우 두 개의 인풋이 서로 다른 sample time을 가지고 있는데, 어떻게 동작하면 좋을까? 여기서 Variable-step 솔버가 Add 블록의 sample time을 필요한 만큼 조정하는 것이다. 그래서 실제로 Add 블록의 아웃풋을 저장해서 값을 보면 0초, 0.2초, 0.3초, 0.4초, 0.6초 등과 같이 두 인풋의 sample time에 모두 다 계산을 한다. 그림 (6.6)은 각 블록의 아웃풋을 계산한 시뮬레이션 시간과 함께 보여 주고 있다.

3. 0초일때의 계산은 블록은 0초일때의 값을 가지고 있다. Sine Wave 블록의 0초일때의 아웃풋은 0, Random Number 블록의 0초일때의 아웃풋은 1.1650이므로 Add 블록의 0초일때의 아웃풋은 1.1650이다.

Sine Wave		Random Number		Add	
0	0	0	1.1650	0	1.1650
0.2000	0.1987	0.3000	0.6268	0.2000	1.3636
0.4000	0.3894	0.6000	0.0751	0.3000	0.8255
0.6000	0.5646	0.9000	0.3516	0.4000	1.0163
0.8000	0.7174	1.2000	-0.6965	0.6000	0.6397
1.0000	0.8415	1.5000	1.6961	0.8000	0.7924
1.2000	0.9320	1.8000	0.0591	0.9000	1.0690
1.4000	0.9854	2.1000	1.7971	1.0000	1.1931
1.6000	0.9996	2.4000	0.2641	1.2000	0.2355
1.8000	0.9738	2.7000	0.8717	1.4000	0.2889

시뮬레이션 시간

그림 6.6: Multirate 시스템의 계산 결과

4. 0.2초일때의 계산을 해보자. 0.2초일때 Sine Wave 블록의 아웃풋은 0.1987이다. 그리고 Random Number 블록의 아웃풋은 계산하지 않고, 바로 그 전 sample time 때의 값을 사용한다. 여기서는 0초일때의 Random Number 블록의 아웃풋을 사용하므로, 1.1650이다. 그래서 0.2초일때의 Add 블록의 아웃풋은 1.3636이다. 이 부분은 그림 (6.6)의 두 번째 칸을 보면 알 수 있다.

5. 0.3초일때의 계산에서는 Sine Wave 블록의 아웃풋이 없으므로, 0.2초 때의 값을 그대로 사용한다. 그래서 Add 블록의 경우 0.3초일때의 아웃풋은 0.2초일때의 Sine Wave 블록의 아웃풋과 0.3초일때의 Random Number 블록의 아웃풋을 합한 값이 아웃풋이다.

6.2.2.2 Fixed-step 솔버를 사용하는 Multirate 시스템

이번에는 Fixed-step 솔버를 사용했을때의 동작을 확인해 보자. 먼저 그림 (6.5)의 모델을 다른 이름인 multirate_fixed.slx 로 저장한다. 그리고 그림 (6.7)과 같이 ①을 수정해서 Fixed-step 솔버로 변경해 보자.

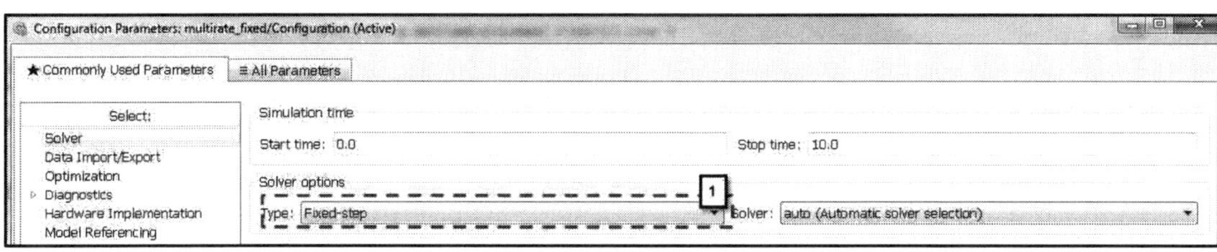

그림 6.7: Fixed-step 솔버로 옵션 변경 (multirate_fixed.slx)

솔버를 변경한 후 시뮬레이션을 실행해보면 그림 (6.8)과 같이 에러를 표시하는 Diagnostic Viewer가 나온다. 에러 메시지를 자세하게 보면, Add 블록의 인풋 두 개가 서로 sample time이 다르므로 이를 해결하기 위해서 Rate Transition 블록을 추가하거나 혹은 Multitask (or Single task) rate transition 옵션을 사용하라고 알려 준다.

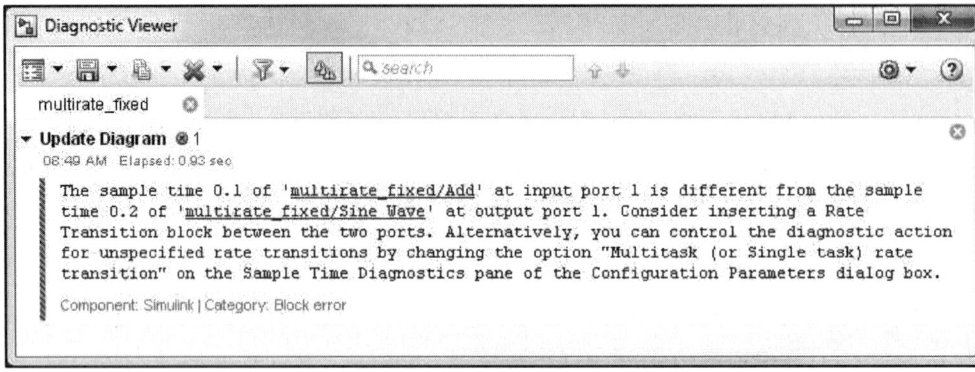

그림 6.8: Fixed-step 솔버의 시뮬레이션 에러 (multirate_fixed.slx)

Diagnostic Viewer에서 설명한 것처럼 두 가지 경우를 다 확인해 보자. 하지만, 권장하는 방법은 필요한 경우에 Rate Transition 블록을 추가하는 방법이다.

6.2.3 Multirate 시스템에 Rate Transition 블록을 사용하는 경우

Simulink의 Signal Attribute 라이브러리에 Rate Transition이라는 블록이 있지만, 이 블록의 경우 다양한 옵션과 함께 결과에 영향을 주므로 그림 (6.9(b))에서 표시한 것과 같이 주로 많이 사용되는 옵션을 확인해 보겠다.

Rate Transition 블록의 경우 시뮬레이션 결과와 Embedded Coder라는 제품을 이용한 C/C++ 코드 생성에 큰 영향을 주는 블록이므로 특별한 이유가 없는 한 아래 설명하는 옵션을 제외한 부분은 가급적 변경하지 않는 것이 좋다.

블록 아이콘 이름 그림 (6.9(a))의 모델을 보면 Rate Transition 블록의 왼쪽 상단에 적혀 있는 이름이 1/z 또는 ZOH로 적혀 있다. 이는 Rate Transition 블록의 인풋과 아웃풋에 연결된 블록들의 sample time을 기준으로 Rate Transition 블록의 동작을 설명하는 것이다. 이에 대한 자세한 내용은 그림 (6.9(b))의 위쪽 블록 설명을 보면 나와 있다.

Initial condition Rate Transition 블록의 경우 무조건 초기값을 셋팅하도록 되어 있다. 그래서 필요한 경우에는 이 초기값을 아웃풋으로 한다. 그림 (6.9(a))와 같이 느린

sampe time인 0.2초에서 빠른 sample time인 0.1초로 연결할때 Rate Transition 블록이 연결되어 있으면, 이 블록은 Unit Delay 블록처럼 동작하면서 그림(6.9(b))의 ①에 있는 초기값을 Sine Wave 계산전에 Outport 블록으로 보내 줄 것이다.

Output port sample time Rate Transition 블록의 경우 아웃풋에 대한 sample time을 연결된 블록에 따라서 그대로 할 건지 (-1), 혹은 직접 sample time을 초 단위로 입력할 수 있다.

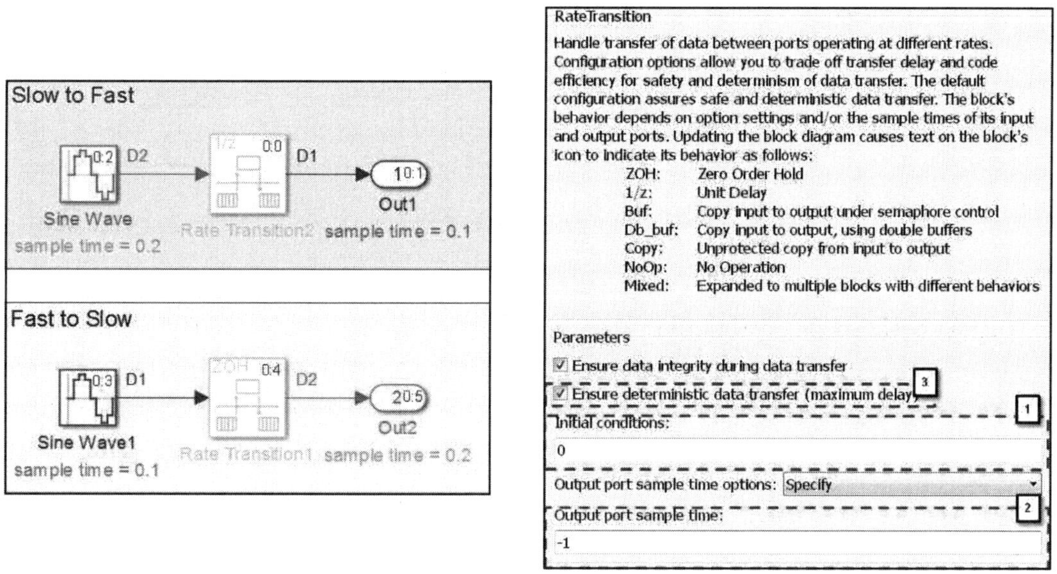

(a) Rate Transition 블록의 사용　　(b) Rate Transition 블록의 옵션

그림 6.9: Rate Transition 블록의 사용 모델 (rate_transition_block.slx)

Ensure deterministic data transfer (maximum delay) Multirate 시스템의 경우 각각의 sample time이 서로 다른 멀티 태스킹 시스템에서 동작을 할 수도 있기 때문에 이런 데이터의 복사가 문제가 될 수 있다. 이런 문제를 해결하기 위해서 아예 항상 한 스텝 지연 시킨 데이터를 사용할 수 있다. 이 옵션은 특히나 Simulink 모델에서의 결과와 Embedded Coder라는 제품을 이용해서 C/C++ 코드를 생성할때

그 동작이 같음을 보장하기 위해서 존재하는 옵션이다. 이 옵션은 특별한 이유가 없는 한 디폴트인 체크가 된 상태로 그대로 두는 것이 좋다.

6.2.3.1 빠른 sample time에서 느린 sample time으로 연결

앞에서 에러가 났었던 multirate_fixed.slx 모델에 그림 (6.10(a))와 같이 Rate Transition 블록을 추가하고 Update Diagram을 실행 (Ctrl-D, 혹은 메뉴에서 Simulation → Update Diagram) 하면 그림 (6.10(b))와 같은 에러 메시지가 나온다.

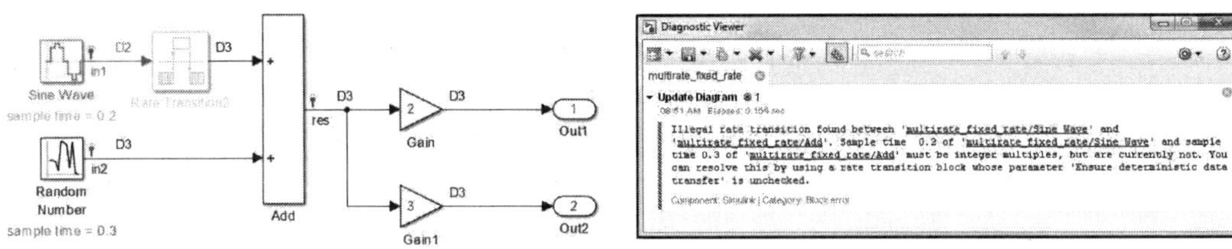

(a) Rate Transition 블록을 포함한 모델

(b) Rate Transition 블록에 대한 에러

그림 6.10: Rate Transition 블록을 포함한 모델 (multirate_fixed_rate.slx)

에러 메시지를 해석해보면 Add 블록에 두 개의 인풋인 Sine Wave 블록과 Random Number 블록의 sample time이 각자의 배수로 되어야 하는데, 지금은 0.2와 0.3으로 배수가 안되므로 그림 (6.9(b))의 ②에 있는 Rate Transition 블록의 옵션 중 "Ensure deterministic data transfer"의 체크를 해제 하라는 의미이다. 이 경우에는 이 옵션은 항상 바로 전 sample time에 계산한 값을 사용해야 하는데, 0.3초에서 계산할 때 바로 전 sample time이 0.2초인 블록의 아웃풋을 가져 오는 경우도 있고, 아닌 경우도 있으므로 이 옵션을 해제 해야만 한다. 이 옵션을 해제하고 결과를 분석해 보자.

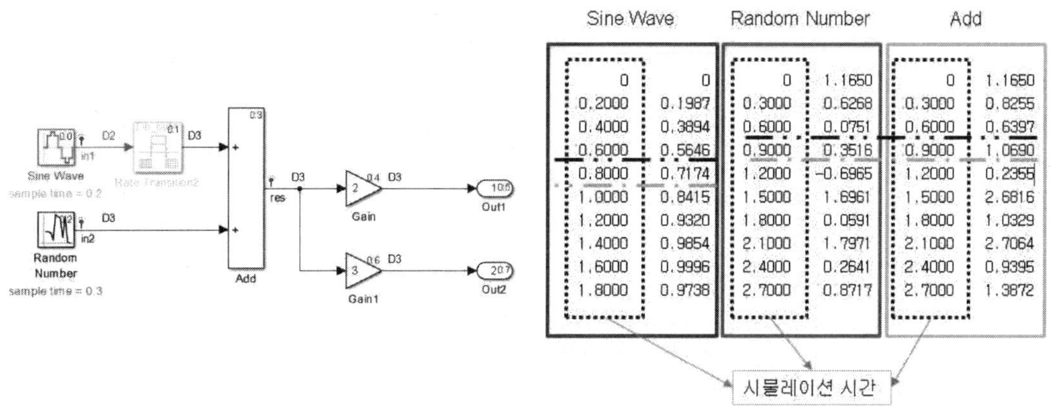

(a) 옵션을 해제하여 에러 없는 모델 (b) 시뮬레이션 결과

그림 6.11: Rate Transition 블록을 추가한 모델 (Fast to slow, multi-rate_fixed_one_rate_above.slx)

그림 (6.11(b))에서 0.6초의 결과를 확인해 보자. 0.6초의 경우는 Sine Wave 블록의 경우 0.6 초에 계산을 하고 Random Number 블록의 경우도 계산을 하기 때문에 두 개의 아웃풋이 더해진 값이 나온다. 이 경우가 “Ensure deterministic data transfer” 옵션과 맞지 않다. 0.9초의 경우 Sine Wave 블록의 경우 0.9초에는 계산하지 않으므로 Sine Wave의 블록의 전 sample time인 0.8초의 아웃풋과 Random Number 블록의 0.9초의 아웃풋을 더한 값이 Add 블록의 아웃풋이다.

6.2.3.2 느린 sample time에서 빠른 sample time으로 연결

이번에는 반대로 느린 sample time 에서 빠른 sample time 으로 연결할 경우 Rate Transition이 어떻게 동작하는지 확인해 보자. 그림 (6.12)는 Rate Transition 블록의 “Ensuare deterministic data transfer” 옵션을 해제했을때의 모델과 결과이다. 앞에 모델과 차이는 일단 Add 블록의 sample time이 이번에는 0.3초가 아니고 0.2초이다. 이는 Rate Transition 블록이 sample time이 0.3초인 Sine Wave 블록에 연결되어 있어서 Sine Wave 블록의 아웃풋을 0.2초 단위로 Add 블록에서 사용할 수 있도록 해주는 것이다.

결과를 분석하면 다음과 같다.

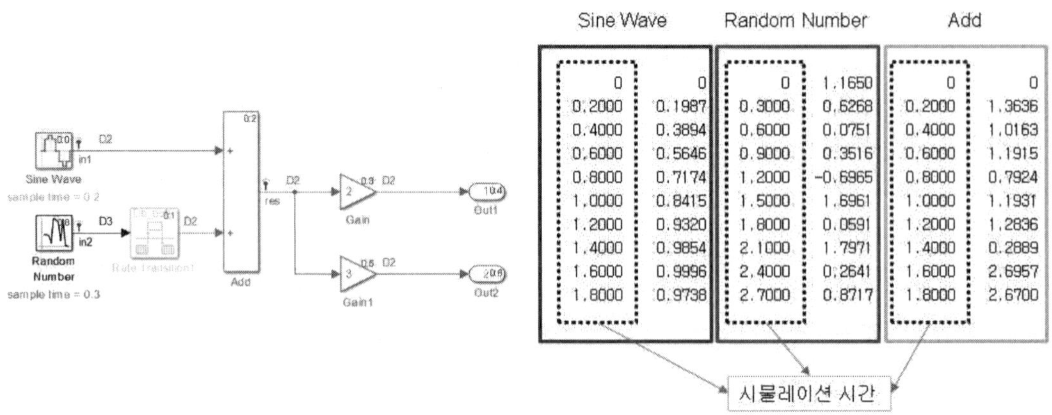

(a) 옵션을 해제하여 에러 없는 모델 (b) 시뮬레이션 결과

그림 6.12: Rate Transition 블록을 추가한 모델 (Slow to fast, multi-rate_fixed_one_rate_lower.slx)

0.2초 결과 1.3636(0.2 초에서의 Add 블록의 아웃풋) = 0.1987(0.2 초에서의 Sine Wave 블록의 아웃풋) + 1.1650(0초에서의 Random Number 블록의 아웃풋)

0.4초 결과 1.0163(0.4 초에서의 Add 블록의 아웃풋) = 0.3894(0.4 초에서의 Sine Wave 블록의 아웃풋) + 0.6268(0.3초에서의 Random Number 블록의 아웃풋)

0.6초 결과 1.1915(0.6 초에서의 Add 블록의 아웃풋) = 0.5646(0.6 초에서의 Sine Wave 블록의 아웃풋) + 0.6268(0.3초에서의 Random Number 블록의 아웃풋)

0.6초 결과에서 Random Number 블록의 아웃풋의 경우 0.6초의 것을 사용하지 않고, 0.3초의 것을 사용하는 것은 Simulink가 항상 sample time이 빠른 쪽이 우선 순위가 높기 때문에 Add 블록의 아웃풋을 계산할 때는 Random Number 블록의 아웃풋이 계산되기 전으로 보고 Rate Transition 블록에서 한 sample time 이전 것을 주기 때문이다.

즉, 빠른 sample time에서 느린 sample time으로 Rate Transition 블록을 연결하면 그 시점에 값을 사용하지만 (6.11(b)) 느린 sample time에서 빠른 sample time으로 Rate Transition 블록이 연결되는 것은 다르게 동작한다는 것이다.

6.2.3.3 두 개의 Rate Transition 연결

"Enable deterministic data transfer" 옵션을 해제한 Rate Transition 블록을 양쪽에 연결하면 그림 (6.13)과 같다. 이는 실제로 그림 (6.11)과 같은 모델이다. 그림 (6.13)에서 위에 있는 Rate Transition 블록의 블록 아이콘에 있는 이름을 보면 NoOp으로 동작을 안한다는 얘기이다.

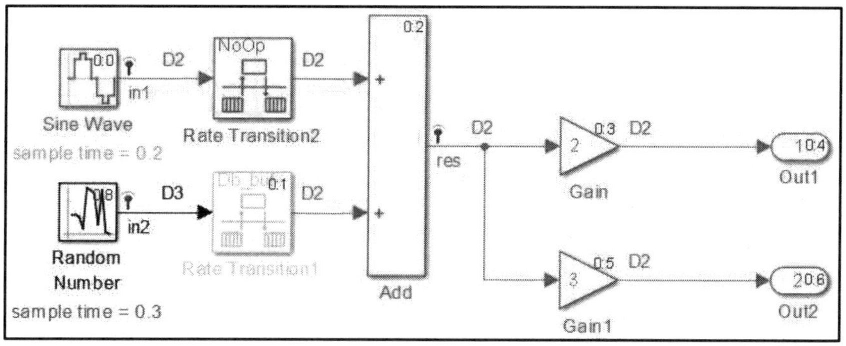

그림 6.13: 두 개의 Rate Transition 블록을 연결한 모델 (multirate_fixed_two_rate.slx)

6.2.3.4 공통 되는 sample time으로 연결

마지막으로 Add 블록의 sample time을 두 블록의 최소 공배수인 0.1초로 셋팅하면 어떤 영향을 주는지 확인하자. Add 블록은 R2016a 버전에는 블록의 파라메타 창에서 sample time을 변경할 수 없게 되어 있다. 내부적으로 -1로서 연결된 블록의 sample time을 따라 가게 되어 있다. 따라서 Add 블록의 sample time을 변경하고자 하면 Rate Transition 블록의 sample time을 0.1로 셋팅하거나 Add 블록 뒤에 있는 블록중에 sample time을 셋팅할 수 있는 Outport 블록에 0.1초로 sample time을 셋팅하면 된다. 그림 (6.14)는 Out1 블록에 sample time을 0.1로 셋팅한 모델이다.

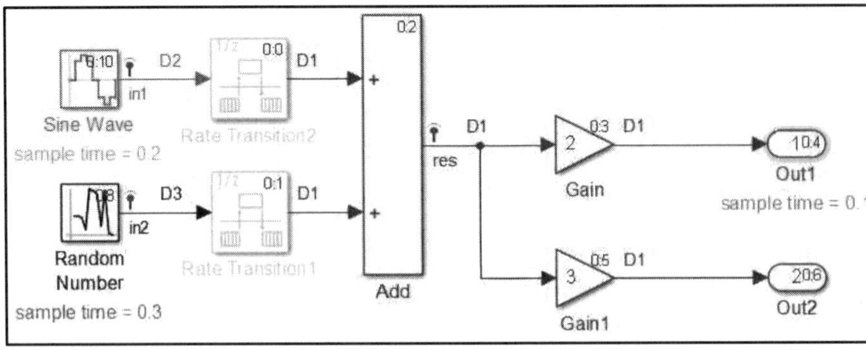

그림 6.14: 모델 multirate_fixed_two_rate_common_sample.slx

이렇게 되면 "Enable deterministic data transfer" 옵션을 체크할 수 있다. 이번에는 이 옵션을 해제한 경우와 설정한 경우 두 경우에 그 결과값이 어떻게 다른지 그림 (6.15)를 보고 체크해 보자.

0.4초때의 값을 계산하는 것을 보면 이해하기 쉬울 수 있다. 일단 그림 (6.14)에서 Rate Transition 블록의 아이콘에 이름을 보면 1/Z 즉 Unit Delay 블록과 같이 동작하는 것이다. 따라서 "Enable deterministic data transfer" 옵션이 Off 되어도 항상 시뮬레이션 시간보다 이전에 값을 이용한다.

다음은 옵션이 Off된 경우를 설명하는 것이다.

0.1초일때 Sine Wave 블록과 Random Number 블록 모두 0.1초일때는 계산하지 않으므로 이 시간보다 전에 각자의 블록에서 계산한 sample time의 아웃풋을 가져 온다. 즉 Sine Wave 블록의 경우 0, Random Number 블록의 경우 1.1650으로 0.1초에서 Add 블록의 아웃풋은 1.1650이다.

0.2초일때 Sine Wave 블록의 경우 0.2초에 계산을 하지만, 한 sample time 이전의 값인 0초에 값을 이용하므로 Add 블록의 0.1초일때와 0.2초일때의 값이 같다.

0.3초일때 Sine Wave 블록의 경우 0.3초에 계산을 하지 않으므로 그 이전 값인 0.2초의 값을 이용하고 Random Number 블록의 경우 0.3초에 계산 값을 사용하지 않고, 0초의 계산 값을 이용한다.

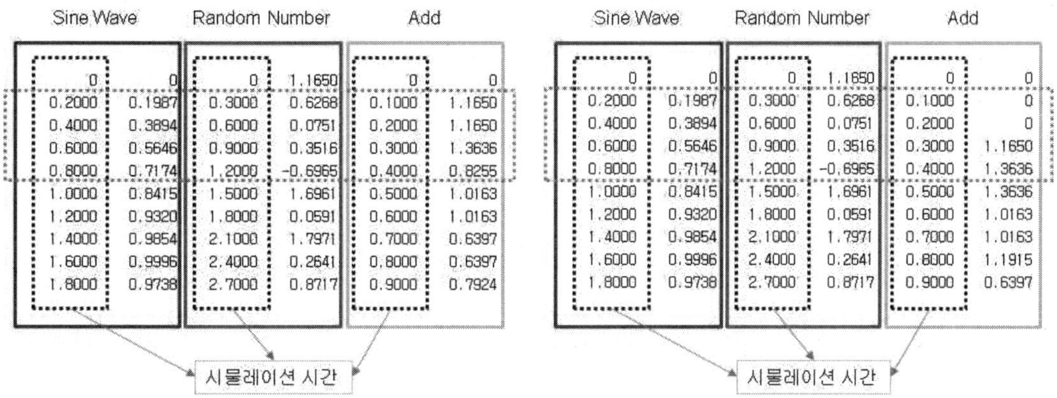

(a) 옵션 Off　　　　(b) 옵션 On

그림 6.15: "Enable deterministic data transfer" 옵션의 효과

0.4초일때 Sine Wave 블록의 0.2초일때의 계산 값과 Random Number 블록의 0.3초일때의 값을 이용한다.

옵션 "Eanble deterministic data transfer"이 On 된 경우에는 시뮬레이션 시간의 전 스텝의 시간을 가져 오는 것이 아니고, 각 블록의 실제 계산 시간을 한 스텝씩 뒤로 해서 계산하게 된다.

0.1초일때 Sine Wave 블록과 Random Number 블록 모두 0초일때의 계산 값이 있지만, 옵션에 따라서 0초일때의 값을 사용하지 않고, Rate Transition 블록의 초기값을 이용한다. 모델에서 이 부분을 직접 체크해 보기 바란다.

0.2초일때 0.2초일때 역시나 Sine Wave 블록의 0초일때의 값과 Random Number 블록의 경우는 아직 한 스텝전이 없으므로 역시나 Random Number 에 연결된 Rate Transition 블록의 초기값을 이용한다. 그래서 0.2초에도 Add 블록의 아웃풋이 0이다.

0.3초일때 Sine Wave 블록의 0.2초의 전 계산인 0초일때의 값인 0과 Random Number의 경우 0.3초에 계산을 하지만 한 스텝전인 0초일때의 계산인 1.1650의 값을 사용한다. 그래서 Add 블록의 아웃풋이 1.1650이다.

0.4초일때 Sine Wave 블록이 0.4초에 계산을 하지만, 그 이전에 계산인 0.2초의 값과 Random Number의 경우 0.3초 이전에 계산한 0초때의 계산 결과를 사용해서 Add 블록의 아웃풋이 1.3636이다.

이와 같이 옵션에 따라 시뮬레이션 결과가 달라지니 Rate Transition 블록을 사용할 경우에는 어떤 옵션이 사용되는지 확인이 필요하다.

6.2.4 Multirate 시스템에 모델 전체 옵션을 이용는 경우

옵션을 이용하는 경우는 솔버 변경하는 옵션 윈도우에서 그림 (6.16)과 같이 Additional options를 확장하면 옵션 ①을 볼 수 있으며, 이를 체크하는 것이다.

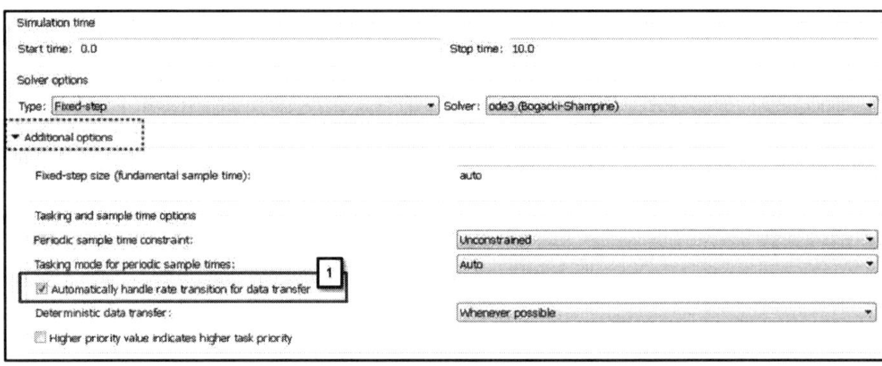

그림 6.16: 옵션을 통한 Rate Transition의 처리

그림 (6.17(a)) 모델의 Block sorted order와 sample time에 대해서 주목할 만한 사항이 있다. Sine Wave 블록, Random Number 블록, Add 블록들의 Block sorted order를 보면 Add 블록이 2로 현재 보이는 전체에서 제일 먼저 계산되는 블록이다. 하지만 Simulink Block sorted order를 계산할때는 항상 0부터 시작이다. 즉 이 모델에서는 보이지는 않지만, 0번과 1번인 두 개의 블록이 어딘가에 있다는 얘기이다. 또한 sample time을 보면 Add 블록부터는 0.1초인 sample time을 가진다.(모델에서 직접 확인해 보기 바란다.) 즉, 그림 (6.14)와 같은 모델이 된다.

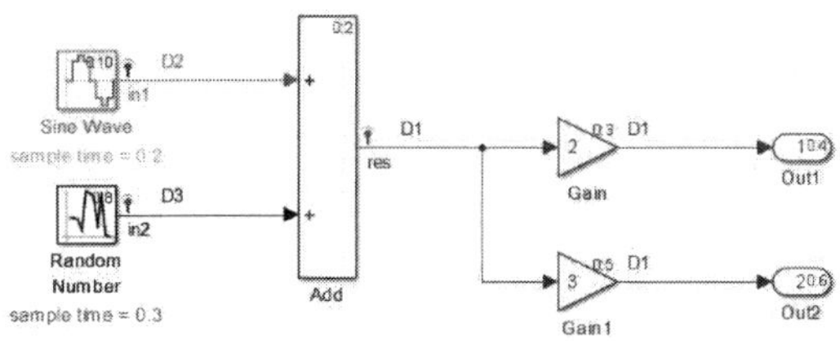

(a) 변경된 sample time

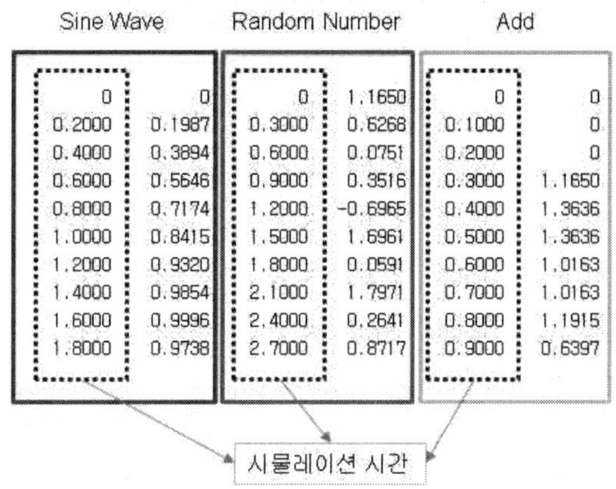

(b) 시뮬레이션 결과

그림 6.17: 옵션을 활용한 경우의 모델과 그 결과 (multirate_fixed_with_option.slx)

6.3 Block Annotation과 Model Callback

전체 모델의 sample time을 보기 위해서는 앞에서와 같이 색깔과 이름으로 확인하는게 제일 좋은 방법이다. 하지만 특정 블록의 sample time 을 모델에 표시해 주고 싶을 때는 Block Annotation 기능을 사용하면 된다. 이는 단순히 sample time 뿐만 아니라 블록의 속성을 모델 에디터상에 표시하므로 블록의 파라메타 창을 열지 않고 그 값을 알 수 있는 방법이다.

6.3.1 Block Annotation을 이용한 블록의 속성 표시

Block Annotation의 경우 모든 블록에 적용이 가능하다. 블록에서 마우스 오른쪽 클릭하여 나온 팝업 메뉴에서 거의 마지막에 있는 Properties...선택하면 나오는 창에서 Block Annotation 탭을 선택하면 나오는 화면이 그림 (6.18(a))이다. ①에서 마우스로 선택하여 ②를 선택하여 ③에 표시한다. ③의 경우 직접 편집이 가능하므로 편집을 해서 그림 (6.18(a))처럼 표시하면 그림 (6.18(b))와 같이 모델 에디터에 표시된다.

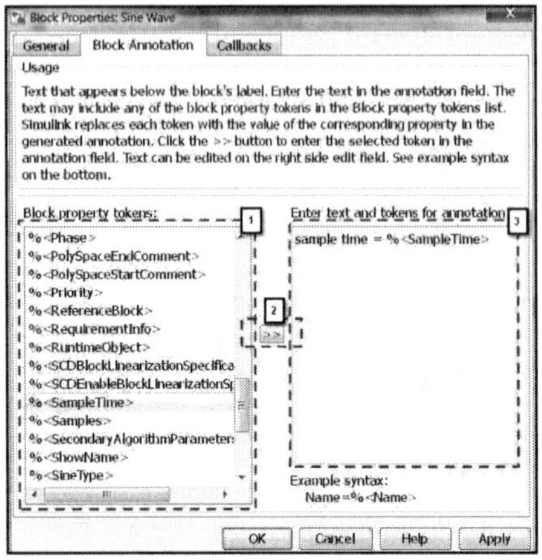

(a) Block Annotation을 위한 Properties 창

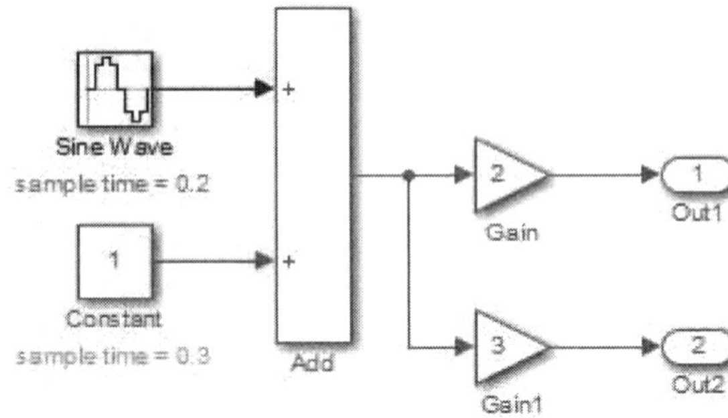

(b) Block Annotation이 추가된 모델

그림 6.18: Block Annotation에 관한 모델 (sample_time_block_annotation.slx)

Block Annotation의 경우 Sample Time 표시보다 오히려 Saturation 블록과 같이 파라메타가 한눈에 안 들어와서 내용을 보기 위해서 항상 파라메타 창을 열어서 보는 불편함을 해소하기 위해서 사용하는 경우가 더 많다.

Simulink 라이브러리중에 Discontinuities에 있는 예를 든 Saturation 블록의 파라메타 창에는 그림 (6.19)와 같이 Upper limit과 Lower limit을 입력하도록 되어 있다. Saturation 블록이 하는 역할이 인풋이 Upper limit이나 Lower limit 범위 바깥에 값이 들어 오면 Upper limit이나 Lower limit으로 아웃풋을 내주므로 이 범위가 가장 중요한 블록이다. 하지만 이는 항상 그림 (6.19)와 같이 파라메타 창을 열지 않으면 알 수 없다. 하지만 이를 Block Annotation을 이용하면 모델에서 확인을 할 수 있다.

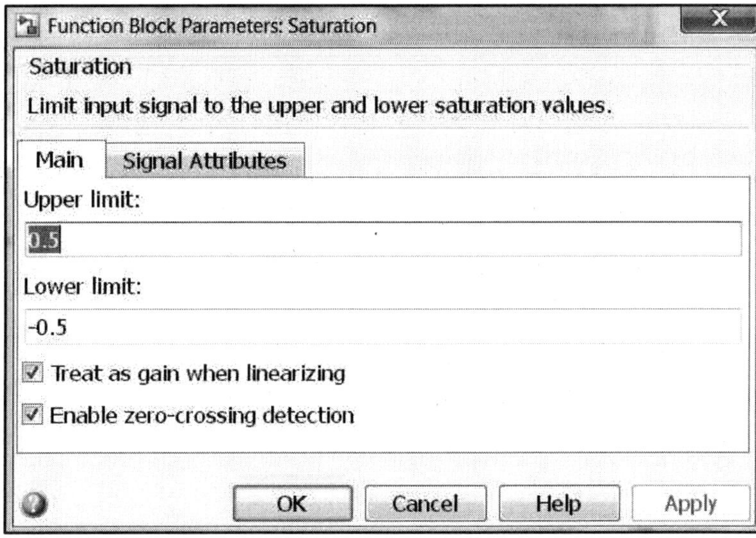

그림 6.19: Saturation 블록 파라메타 창

그림 (6.20(a))와 같이 Block Annotation을 셋팅하면 그림 (6.20(b))의 아래쪽에 있는 Saturation 블록 아래에 각각의 범위를 파라메타 창을 열지 않고도 알 수 있으므로 모델을 분석할 때 편리하다.

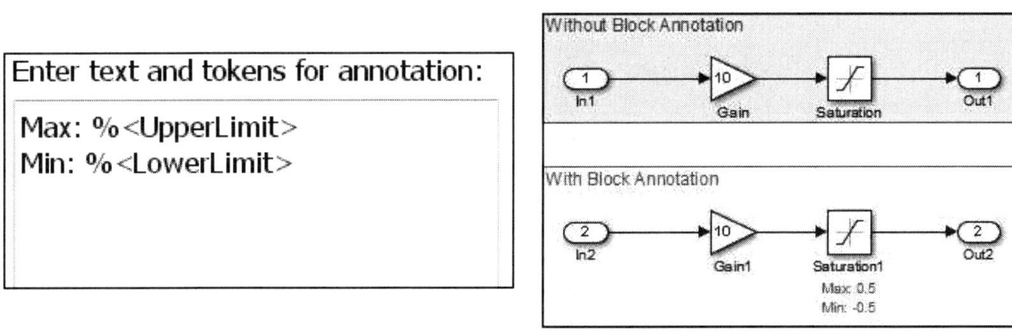

(a) Saturation 블록에 대한 Block Annotation

(b) Block Annotation이 적용된 모델

그림 6.20: Saturation 블록에 대한 Block Annotation (block_annotation_saturation.slx)

6.3.2 Model Callbacks

모델링시에 파라메타에 변수를 입력하고 그 변수를 MATLAB의 작업 영역에 만들어서 사용하는 것이 일반적인 방법이다. 하지만 MATLAB의 작업 영역은 모델에 저장이 안 되므로 사용자가 따로 필요한 변수에 대한 관리를 해주어야 한다. 보통은 필요한 변수를 MAT 파일로 저장을 하거나 스크립트로 만들어서 시뮬레이션 시작 전에 작업 영역으로 필요한 변수를 로드해야 한다. 즉 사용자가 직접 이런 작업을 해줘야 한다.

콜백 함수를 이용해서 모델을 로드할 경우 혹은 시뮬레이션의 특정 시점에 MAT 파일을 로드하거나 스크립트를 실행하는 것을 자동화하면 사용자가 이런 내용을 꼭 기억해야 할 필요도 없고 다른 사람에게 모델을 줄 때도 특정 변수가 로드되지 않아서 생기는 문제를 해결할 수 있다.

콜백 함수를 이용하기 위해서는 모델 속성 창을 열어야 하는데, 모델 에디터의 빈 여백을 마우스 오른쪽 클릭을 했을때 나오는 팝업 메뉴에서 Model Properties를 선택하면 된다.

그림 (6.21)은 모델 속성 창에 Callbacks 탭을 선택한 화면이다. 왼쪽에 Model callbacks에 있는 콜백 함수 중에서 * 표시가 명령어가 입력된 콜백 함수임을 알려준다. 그림 (6.21)은 PreLoadFcn 콜백에 오른쪽에 있는 명령어들이 입력되어 있으며, StopFcn 콜백에도 명령어가 있음을 알 수 있다.

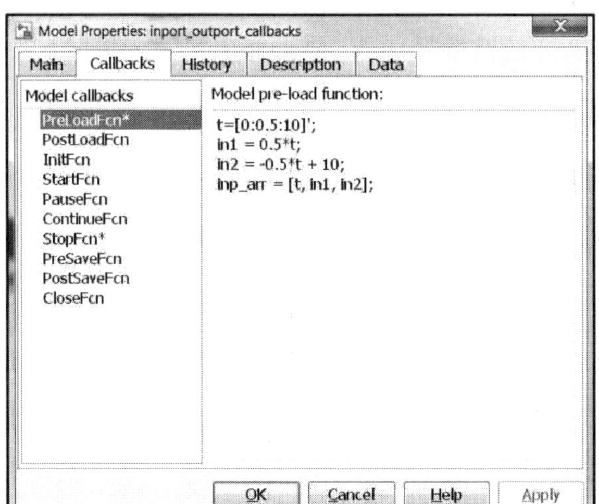

그림 6.21: 모델 속성 창에서의 Callbacks(inport_outport_callbacks.slx)

모델 inport_outport_callbacks.slx 모델을 열어 보면 자동으로 인풋으로 사용될 변수들이 작업 영역에 생성되며, 시뮬레이션이 끝나면, 자동으로 Figure 창이 뜨면서 그래프를 그려 줄 것이다. 이와 같이 하기 위해서 각각의 콜백 함수를 간단하게 설명하겠다.

6.3.2.1 Pre/Post Load Function

모델을 오픈해서 실행하기 위해서 MATLAB 상에서 모델 이름을 명령어로 실행하거나 현재 폴더 창에서 모델을 선택한 후 팝업 메뉴에서 Open 명령을 실행하거나 모델 이름을 더블 클릭하는데, PreLoadFcn은 모델을 실제로 오픈하기전에 즉, 모델이 로드되기 전에 실행되는 콜백 함수이다. PostLoadFcn은 모델이 메모리상에 로드되고 나서 실행되는 콜백 함수이다. 일반적으로 파라메타 값을 위한 변수들을 실행하는 것은 PreLoadFcn에 입력한다.

6.3.2.2 Init/Start/Stop Function

시뮬레이션을 시작하기전에 하는 일은 앞에서 배웠듯이 모델이 실행 가능한지, 옵션들은 잘 되어 있는지, 파라메타에 변수로 되어 있으면, 변수의 값을 찾아서 실제 값으로 변경하는 작업과 같은 초기화 작업을 하게 된다. InitFcn은 말 그대로 초기화 단계에서 실행하고자 하는 명령어를 입력하는 부분이다. 주의할 점은 모델에서 사용되는 파라메타 변수의 값을 InitFcn에서 정의하면 MATLAB의 작업 영역에 있는 변수를 수정해도 실제로 시뮬레이션 전인 초기화 단계에서 InitFcn에 의해 다시 변경되므로 파라메타의 값을 변경하지 못하는 경우가 생긴다.

StartFcn은 초기화 작업을 끝내고 시뮬레이션이 시작되는 단계에서 실행되는 명령어를 입력할 수 있으며, StopFcn은 시뮬레이션이 끝나고 자동으로 해야할 명령어를 입력할 수 있다. StopFcn의 경우는 주로 데이터 로깅을 하는 경우 시뮬레이션이 끝나고 로깅한 데이터로 후처리하는 작업을 입력하면, 시뮬레이션과 후처리 작업까지 한 번에 끝나게 할 수 있다.

6.3.2.3 Pre/Post Save/Close Function

PreSaveFcn과 PostSaveFcn은 각각 사용자가 모델을 저장할 경우 저장하기 전에 실행되거나 저장하고 나서 실행되는 Callback이다. CloseFcn은 모델을 종료할때 실행되는 콜백 함수이다.

6.4 디버깅을 위한 기능들

대부분의 개발 환경에는 디버깅을 위한 기능들이 존재한다. Simulink에도 디버깅을 위한 Simulink Debugger라는 툴이 있다. 하지만, 이 툴은 Simulink의 동작에 대한 너무 많은 정보를 제공해줘서 오히려 사용자들이 사용하기가 너무 어려운 툴이다. 따라서 여기서는 Simulink Debugger라는 툴을 설명하기보다 유저가 생각하기에 디버거로서 생각하는 기능들을 제공하는 Simulink의 여러 가지 기능을 모아서 디버깅하는 방법을 소개하겠다.

일반적으로 사용자에게 필요한 디버깅 기능은 다음과 같다

- 특정 조건이 맞으면 시뮬레이션이 중지 되어야 한다.
- 중지된 지점에서 시뮬레이션의 앞으로 가기 혹은 뒤로 가기가 가능해야 한다. 여기서 앞으로 가기와 뒤로 가기는 시뮬레이션 시간에 맞춰서 앞으로 진행하거나 뒤로 진행하는 것을 말한다.
- 각각의 시뮬레이션 시간마다 직접 한 스텝씩 앞으로 가거나 혹은 뒤로 가기가 가능해야 한다.
- 시뮬레이션이 중지된 상태에서 필요한 시그널의 값들을 볼 수 있어야 한다.
- 보고 있는 시그널이 어떤 시그널들과 블록으로 연결되어 있는지 볼 수 있어야 한다.

6.4.1 Simulation Stepper 기능과 중지점 설정

Simulation stpper의 기능은 시뮬레이션 시간에 맞춰서 한 스텝 앞으로 가거나 뒤로 시뮬레이션의 시간을 움직일 수 있다. 그림 (6.22)의 아이콘을 보면 앞으로 가기나 뒤로 가기는 바로 알 수 있다. 모델에서 실제로 이 내용을 활용해보자.

그림 6.22: Simulink 에디터 툴바에서의 Simulation stpper 이용

그림 (6.23(a))와 같이 모델에서 원하는 시그널에서 마우스 오른쪽을 클릭해서 팝업 메뉴에서 "Add Conditional Breakpoint"를 선택하면 그림 (6.23(b))와 같이 시그널값에 대한 중지점을 설정하는 창이 나온다. 이 창에서 시그널이 특정 값과의 비교로 시뮬레이션을 중지하게 된다. 여기서는 1.5보다 큰 경우에 중지하기 위한 셋팅을 했다.

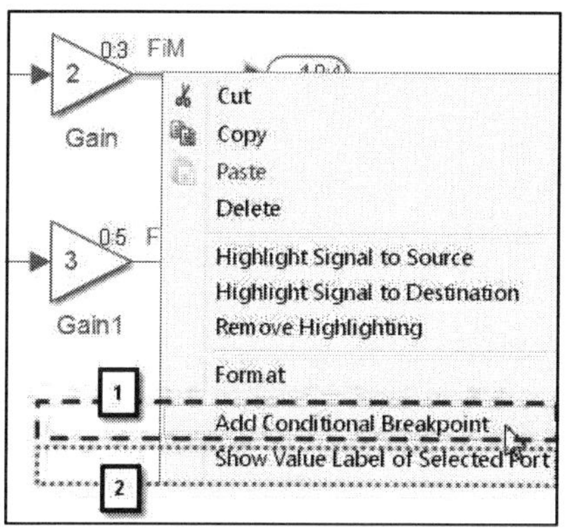

(a) 시그널 선택과 메뉴

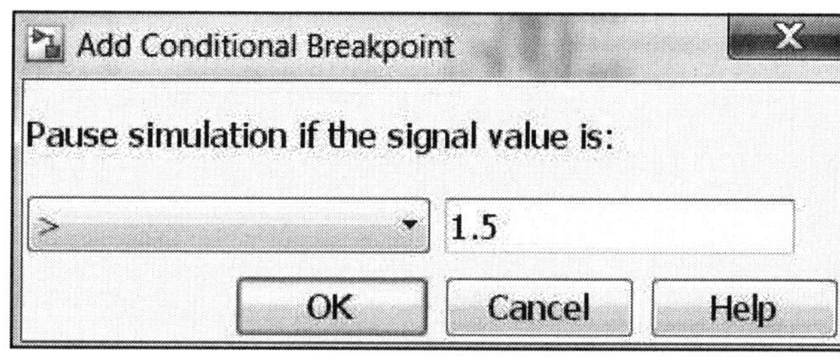

(b) 중지점을 위한 창

그림 6.23: Simulation stepper를 사용하기 위한 셋팅 (simulation_stepper.slx)

그림 (6.24)에서 ①은 위 그림 (6.23)과 같이 셋팅을 하면 시그널 위에 중지점이 설정되었다는 아이콘이 표시된 것이다. ②는 그림 (6.23(a))에서 "Show Value Label of Selected Port"를 시그널 위에서 선택한 경우에 나온다.

모델에서 그림 (6.24)와 같은 상태에서 시뮬레이션을 시작하면 그림 (6.25)와 같이 시뮬레이션이 중지된 상태로 사용자의 인풋을 기다린다.

- 그림 (6.24)의 ①과 그림 (6.25)의 ①을 보면 아이콘이 바뀐 것을 알 수 있다.
- 그림 (6.24)의 ②와 그림 (6.25)의 ②를 보면 값이 있는 것과 없는 것을 알 수 있다. 이 값이 현재 중지된 상태에서의 값이다.

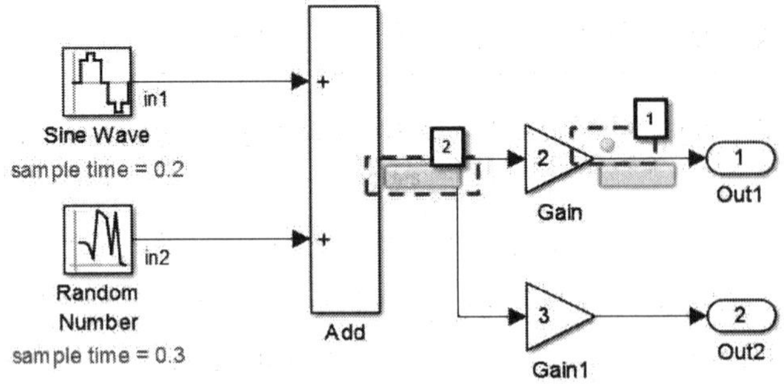

그림 6.24: Simulation stepper **테스트 모델** (simulation_stepper_done.slx)

- 그림 (6.25)의 ④는 시뮬레이션이 중지된 상태임을 알 수 있다.
- 그림 (6.25)의 ⑤는 시뮬레이션이 중지된 시간을 알려 준다.
- 그림 (6.25)의 ⑥과 ⑦은 Simulation stepper의 단위로 한 스텝 앞으로 가거나 뒤로 가는 버튼이다.
- 다음 중지점으로 가고자 하면 시뮬레이션 시작 버튼을 누르면 된다.

위의 내용을 숙지하고 모델에서 앞으로/뒤로 가기등을 자꾸 실행해 보기 바란다. 그리고 중지된 상태에서 Gain 블록의 게인값을 변경해서 앞으로 가기를 하면 변경된 게인값이 적용되서 시뮬레이션이 이어서 동작한다.

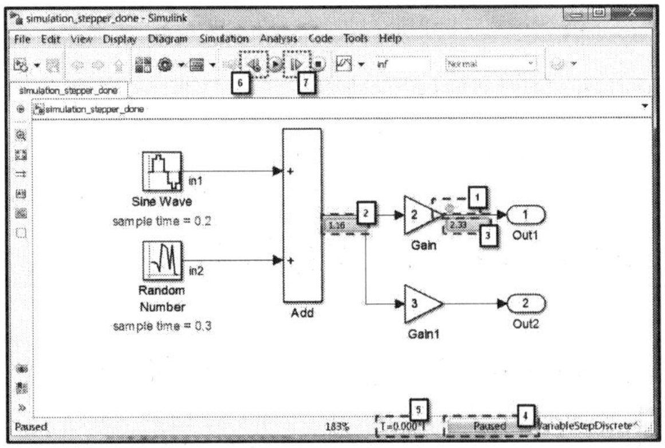

그림 6.25: 중지 조건에 의해 중지된 시뮬레이션

바로 앞에서 그림 (6.25)의 ⑥과 ⑦은 Simulation stepper의 단위로 한 스텝 앞으로 간다고 했는데, 이 의미를 잘 알아야 한다. Simulation stepper에서 앞으로/뒤로 가기를 할 때의 한 스텝은 시뮬레이션의 한 스텝하고 다르다. 이는 메뉴에서 Simulation → Stepping Options를 실행하면 그림 (6.26)과 같은 옵션 설정을 위한 창에서 그 차이를 알 수 있다.

- 그림 (6.26)의 ①에 그림 (6.25)의 앞으로/뒤로 가기 버튼을 실행했을때 얼마나 많은 시뮬레이션 스텝을 묶어서 실행할 것인지를 셋팅하는 것이다.

- 그림 (6.26)의 ②는 시뮬레이션 시간중에 셋팅된 시간에 도달하면 중지되도록 하는 시간에 따른 중단점을 설정하는 것이다.

- 그림 (6.26)의 ③은 특별한 이유가 없는 한 설정하지 않는게 편하다. 간단히 디버깅을 하기 위해서는 이 내용을 굳이 알 필요는 없으므로 더 알고 싶으면 아래와 같은 명령어를 입력했을때 나오는 링크중에 첫 번째 링크를 클릭하면 자세한 설명이 나온다.

```
>> web(fullfile(docroot, 'simulink/ug/how-stepping-through-a-simulation-works.html'))
```

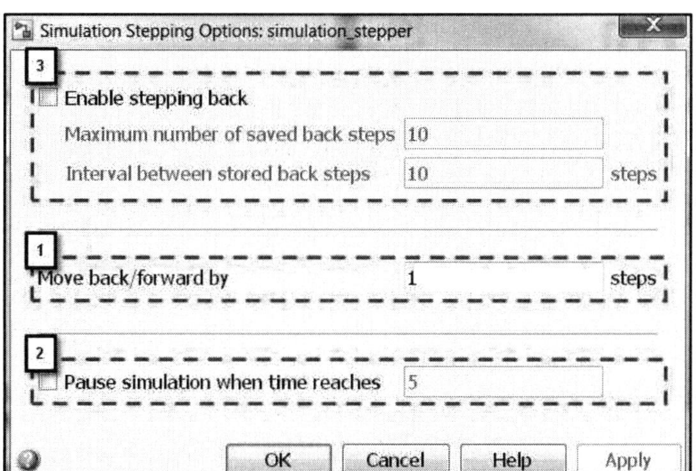

그림 6.26: Simulation stepper 옵션

6.4.2 시그널 추적 하이라이트 기능

이 기능은 시그널이 어느 블록에서 와서 어떻게 분기 되었는지를 알고 싶거나 반대로 시그널이 어느 블록의 인풋으로 들어 가는지를 알고 싶을때 사용하는 기능이다. 단순하지만 모델이 복잡해지면 유용한 기능이다.

약간은 복잡한 모델을 사용하기 위해서 Simulink 제품내에 있는 데모 모델을 이용해서 설명하겠다. MATLAB의 명령 창에서 아래와 같이 실행하면 그림 (6.27)과 같은 모델이 나올 것이다.

```
>> vdp
```

그림 (6.27)에 있는 시그널중에 x1, 즉 Out1 블록에 연결된 시그널에서 마우스 오른쪽 버튼 클릭으로 나온 팝업 메뉴에서 그림 (6.28)과 같이 나온 부분을 이용하는 것이다.

그림 (6.29(a))는 "Highlight Signal to Source"기능을 실행한 것이다. 즉 x1 시그널의 소스가 되는 블록이 하이라이팅되는 것이고, 그림 (6.29(b))는 "Highlight Signal to Destination"는 x1 시그널의 도착점인 블록들이 하이라이팅되는 것이다. 이런 하이라이팅을 제거하기 위해서는 "Remove Highlighting"을 사용하면 된다.

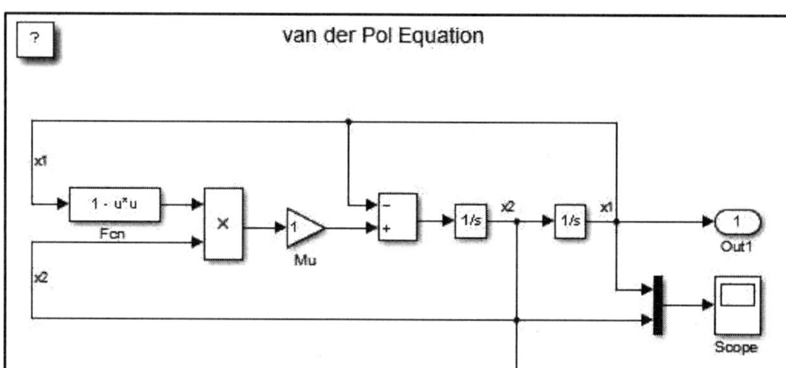

그림 6.27: Simulink 모델

그림 6.28: 시그널 추적 하이라이트 팝업 메뉴

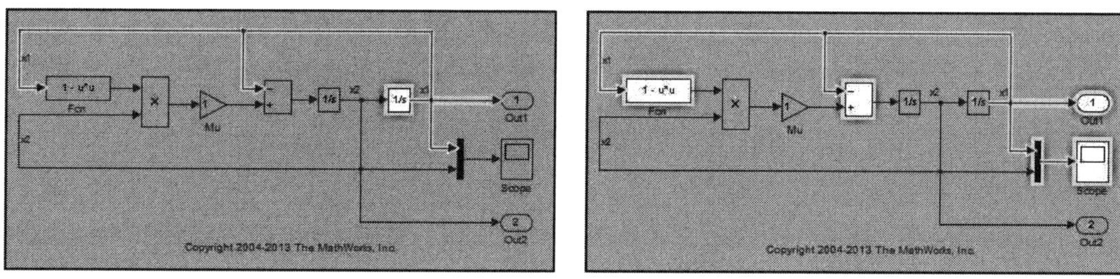

(a) Highlight Signal to Source (b) Highlight Signal to Destination

그림 6.29: 시그널 추적 하이라이트 기능

6.5 영역 주석과 Masking

영역 주석은 R2015b에 생긴 기능으로 서브시스템을 만드는 것은 아니지만, 모델 에디터에서 특정 영역을 지정해서 사각형 박스를 만들고, 그 박스에 이름을 지정한다던지, 배경 색깔을 지정하는 작업등을 할 수 있다. 이때까지 모델을 보여 주면서 영역 주석 기능을 많이 사용 했었다. Masking은 이와 달리 서브시스템의 파라메타를 서브시스템 내부에 들어 가지 않고, 파라메타 창을 사용자가 만들어서 직접 사용할 수 있게 하는 기능이다. Masking은 아주 예전 버전부터 있었던 기능으로 Simulink로 모델링을 할때 중급자로 가기 위해서는 꼭 알아야 하는 기능이다.

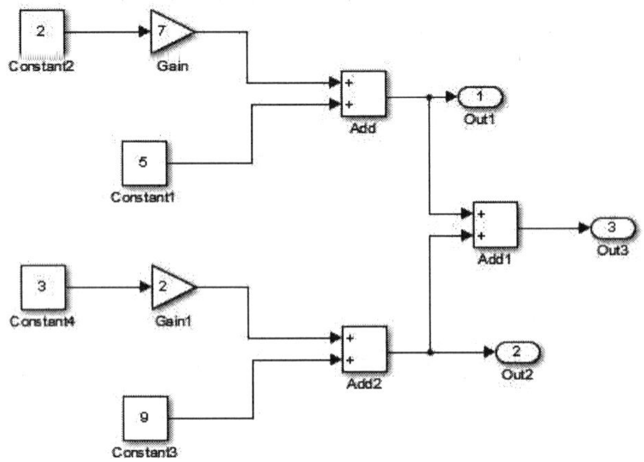

그림 6.30: 영역 주석과 Masking을 설명할 기본 모델 (area_annotation_masking_01.slx)

6.5.1 영역 주석

영역 주석으로 만들어 볼 형태는 그림 (6.31)과 같은 모델이다. 여기서 "First Area"라고 적혀 있는 사각형 박스와 "두 번째 영역"이라고 적혀 있는 부분이 바로 영역 주석을 붙인 것이다.

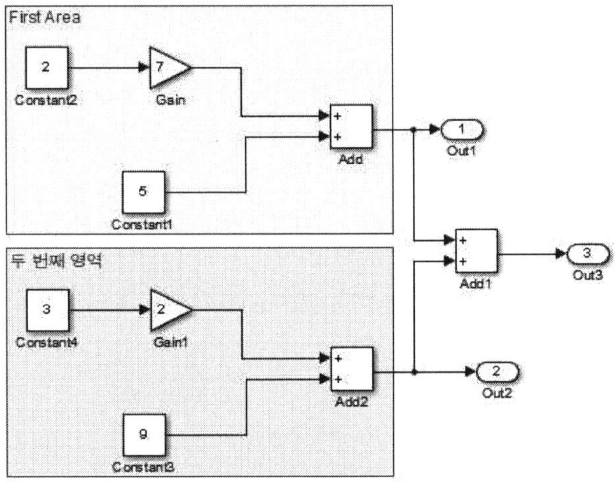

그림 6.31: 영역 주석이 완성된 모델 (area_annotation_masking_02.slx)

그림 (6.31)과 같이 만들기 위해서는 다음과 같은 순서로 작업을 하면 된다.

1. 그림 (6.32(a)): 마우스로 모델 에디터의 빈 공간을 마우스 왼쪽 버튼을 클릭한 채로 드래깅하여 원하는 영역을 만든다.
2. 그림 (6.32(b)): 마우스 왼쪽 버튼을 놓으면 오른쪽 박스 밑에 점 3개가 보이는 아이콘이 생긴다.

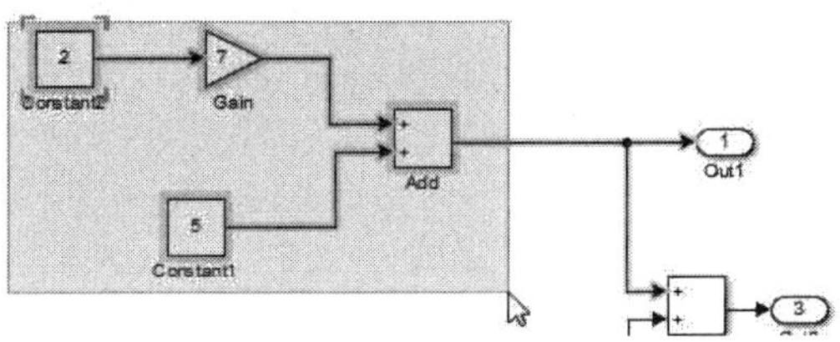

(a) 드래깅에 의한 블록 선택

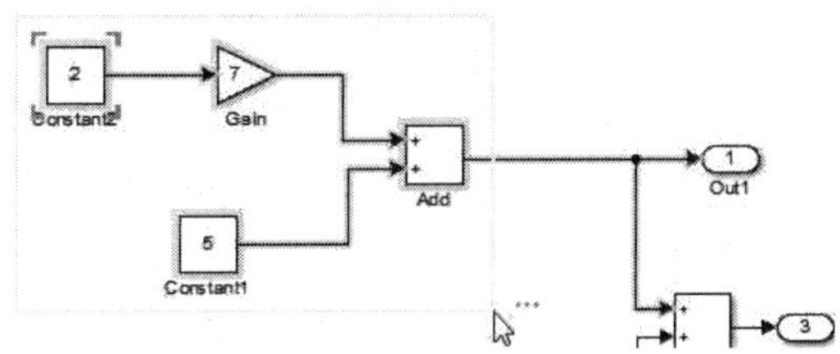

(b) 선택된 블록에 대한 동작을 위한 아이콘

그림 6.32: 영역 주석을 위한 영역 선택 및 아이콘

3. 그림 (6.33(a)): 아이콘에 마우스를 가져가면 옆으로 메뉴가 퍼지면서 현재 선택된 아이콘의 설명이 나온다.
4. 그림 (6.33(b)): 영역 주석을 위해 영역을 만드는 아이콘을 선택한다.

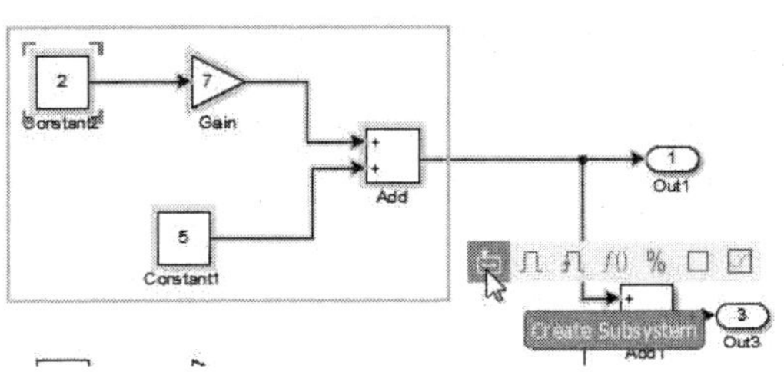

(a) Create Subsystem 아이콘

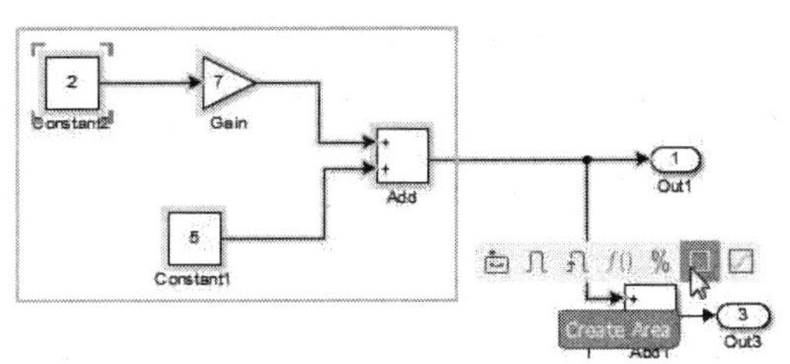

(b) Create Area 아이콘

그림 6.33: 선택된 블록에 대한 다양한 동작을 위한 아이콘

5. 그림 (6.34(a)): 영역이 만들어지며, 디폴트인 보라색(Violet)으로 영역이 칠해지며, 맨 위쪽에 주석을 쓸 수 있도록 커서가 깜빡인다.

6. 그림 (6.34(b)): 마우스 클릭 필요없이 바로 타이핑을 하면 글을 쓸 수 있으므로 First Area라고 쓴다. 물론 주석 영역이므로 한글로 써도 상관 없다.

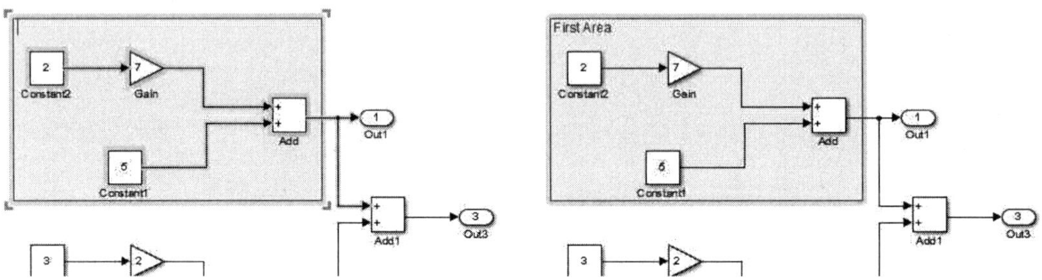

(a) 주석 없는 영역　　　　(b) 영역 주석

그림 6.34: 영역 주석이 만들어진 모델

7. 내부에 칠해진 색깔을 바꾸는 것은 영역 안에서 마우스 오른쪽 버튼을 클릭하여 팝업 메뉴중에서 Area Color를 선택하면 다양한 색깔로 변경이 가능하다. 그림 (6.31)은 Cyan을 선택한 결과이다.

여기까지 했으면, "두 번째 영역"이라고 적혀 있는 부분은 직접 해보기 바란다. 이렇게 만들어진 영역은 단순히 모양만 내는 것이 아니고, 영역의 경계선을 움직이면 전체 영역이 같이 움직이게 된다. 이렇게 영역 전체를 움직이기 위해서는 사각형 테두리 근처로 마우스를 가져가서 그림 (6.35)와 같이 마우스 커서가 변경되면 마우스 왼쪽 버튼을 클릭한 상태로 드래깅을 하면 영역 전체가 같이 움직인다.

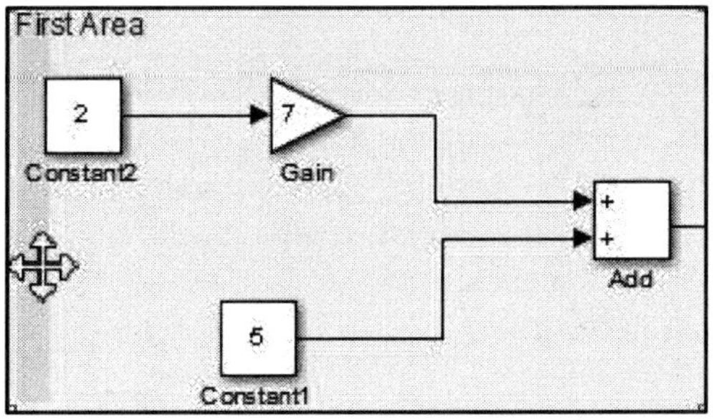

그림 6.35: 지정된 영역 전체를 옮기기 위한 방법

그림 (6.35)를 잘 보면 왼쪽 테두리쪽에 음영이 있는 것을 알 수 있다. 마우스가 이 영역에 가면 마우스 아이콘이 변경되는 것을 알 수 있다. 이런 음영은 왼쪽뿐만 아니라 전체 테두리에 존재한다.

설명이 필요한 부분에서는 적극적으로 사용하면 나중에 모델을 분석할 때 많은 도움을 받을 수 있다. 물론 필요한 경우에는 서브시스템을 만드는 게 더 좋을 수도 있지만, 사용자가 본인의 필요에의해 구별해서 사용하면 좋겠다.

6.5.2 Masking

Masking을 위해서 다시 한번 앞에서 영역 주석을 완료한 그림 (6.36)과 같은 모델을 보자. "First Ara"와 "두 번째 영역"부분을 주의 깊게 보면 똑같은 패턴이지만, 값들만 다를 뿐임을 알 수 있다. 모델링을 하다 보면 이런 식으로 패턴은 똑같은데 파라메타만 다른 경우가 생길 수 있다. 이와 같이 패턴은 같지만 파라메타만 다르고 여러 곳에서 사용될 때 Masking을 하면 편리하게 사용할 수 있다. 특히나 라이브러리로 사용자가 직접 만들때 이런 형태로 많이 만들게 된다.

Masking을 하기 위해서 먼저 area_annotation_masking_01.slx 파일은 masking_01.slx로 저장한다. Masking을 하기 위해서는 기본적으로 필요한 사항이 있다.

- Masking하고자 하는 패턴은 서브시스템이어야 한다.
- Masking에서 변경하고자 하는 파라메타는 변수이어야 한다.[6)]

6) 꼭 이럴 필요는 없지만, 안 그러면 MATLAB으로 프로그래밍을 해야 하므로 쉽게 사용하기 위한 방법이다.

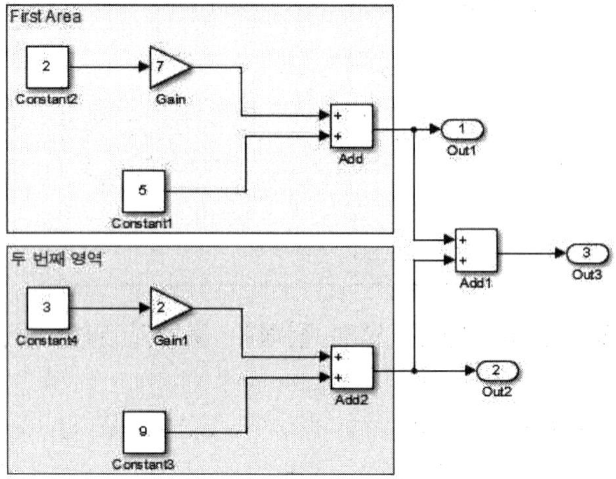

그림 6.36: Masking을 설명할 기본 모델

masking_01.slx 모델을 위 두 가지 조건에 맞게 그림 (6.37(a))와 같이 바꿔야 한다. 그리고 그림 (6.37(b))와 같이 만들어진 서브시스템을 선택하고 메뉴에서 Diagram → Mask → Create Mask를 선택하거나 서브시스템을 마우스 우측 버튼으로 클릭해서 나온 팝업 메뉴에서도 똑같이 Mask → Create Mask 메뉴를 선택한다.

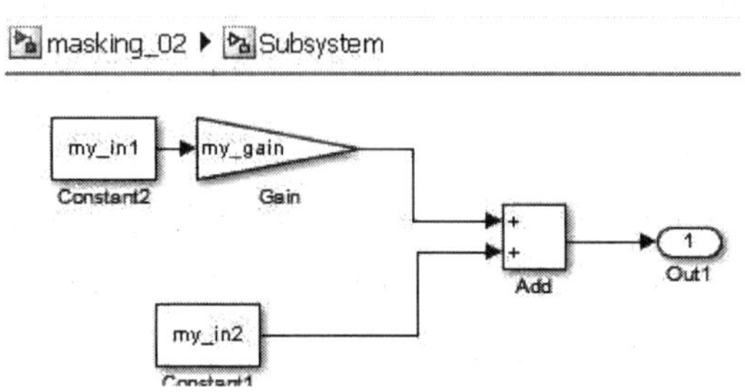

(a) Masking을 위한 준비 작업

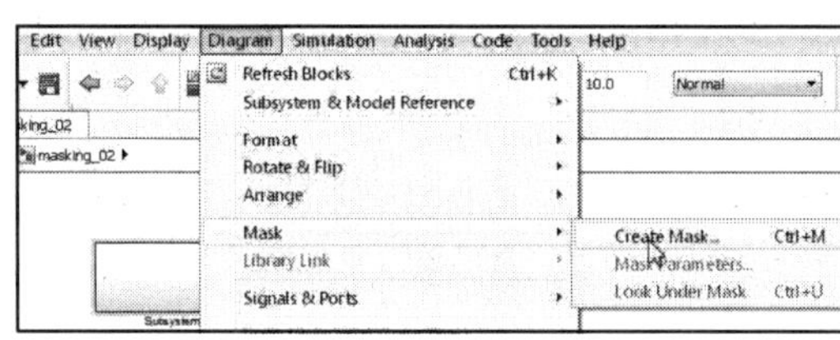

(b) Masking을 위한 메뉴

그림 6.37: Masking을 위한 준비 (masking_02.slx)

그림 (6.38)은 Create Mask 를 선택하면 나오는 Mask 에디터이며, 이를 이용해서 파라메타 창을 구성하게 된다. ①에서 필요한 항목을 선택해서 ②에 있는 Parameter 밑에 추가하면 된다. 그리고 ②에서 선택된 항목에 대한 속성 에디터가 ③에 있다.

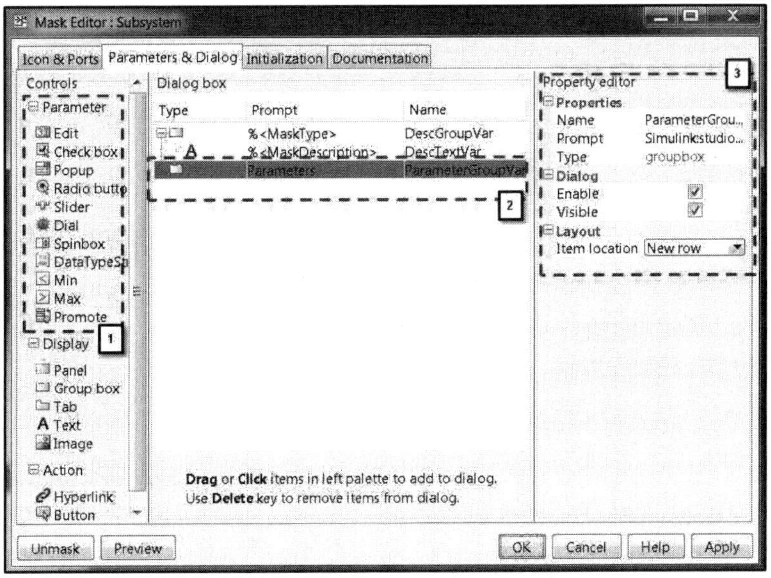

그림 6.38: Mask 에디터 개요

그림 (6.38)의 ①에서 Edit을 드래깅해서 ②위로 마우스를 가져 갔을때 그림 (6.39(a))와 같이 겹쳐 질때 버튼을 떼면, 그림 (6.39(b))처럼 Editor 항목이 Parameters 밑에 추가 된다.

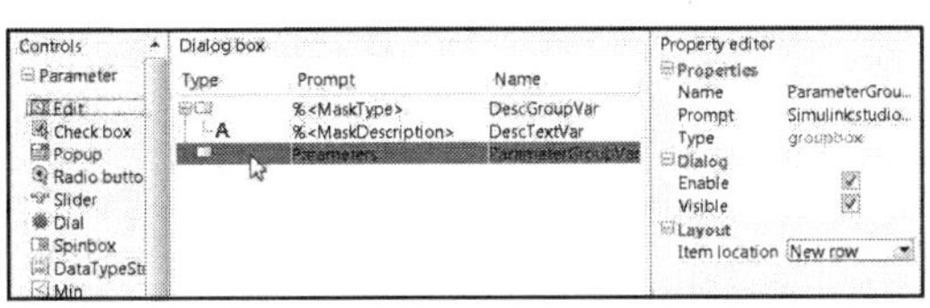

(a) Parameter Group안에 Editor 추가

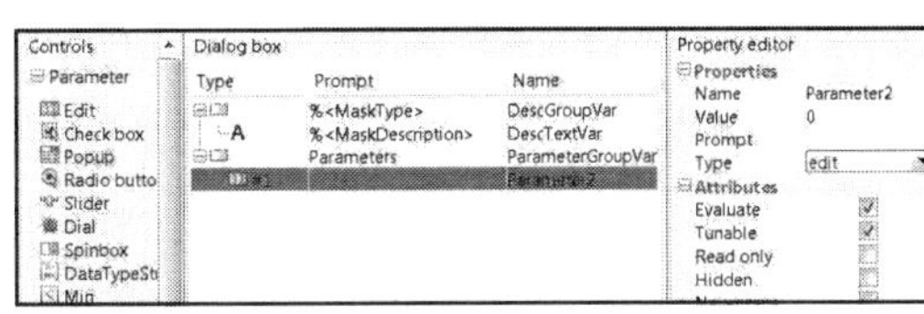

(b) Parameter Group안에 Editor 추가 완료

그림 6.39: Mask 에디터에서 Edit 항목 추가

그림 (6.37(a))의 my_in1을 값으로 가지는 Constant 블록의 값을 외부로부터 받기 위해서 그림 (6.40(a))에 ②에 있는 속성을 변경한다. Name이 Masking한 서브시스템 내부에 있는 변수 이름으로 파라메타 창에서 여기에 적히는 값이 Name 에 적혀 있는 변수로 연결된다. 여기서는 my_in1으로 적어 준다. Value 속성은 파라메타 창

인 그림 (6.40(b))에서 에디팅하는 곳에 보이는 것처럼 디폴트 값이다. 사용자가 이 값을 바꾸고 변경하면 변경한 값이 되지만, 아무것도 변경하지 않는 경우 여기 적혀 있는 디폴트 값으로 보여 진다. Prompt는 파라메타 창인 그림 (6.40(b))에서 에디팅 부분 위에 나타나는 것과 같다.

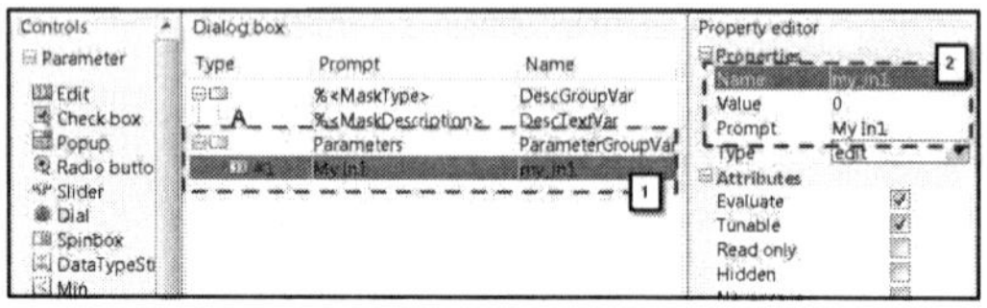

(a) Edit 속성 추가

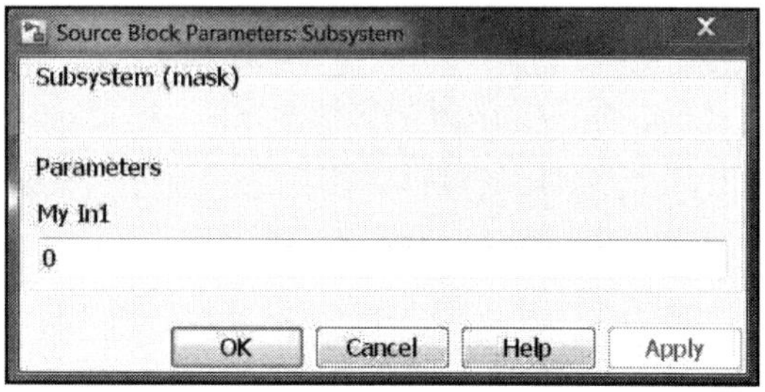

(b) 파라메타 창

그림 6.40: Mask 에디터와 그 파라메타 창

Masking은 이와 같이 사용자가 원하는 형태로 파라메타를 뽑아 내서 재사용성이 쉽도록 하는 것이다. Masking할때 그림 (6.38)에서 ①에 있는 항목중에 Promote 라고 하는 맨 마지막 항목에 대해서 좀 더 자세히 알아 보자.

그림 (6.41(a))와 같이 Promote 항목을 추가하고 ②에 있는 Type operation에 오른쪽에 있는 버튼을 클릭하면 그림 (6.42)와 같은 Promoted Parameter Selector 창이 나온다.

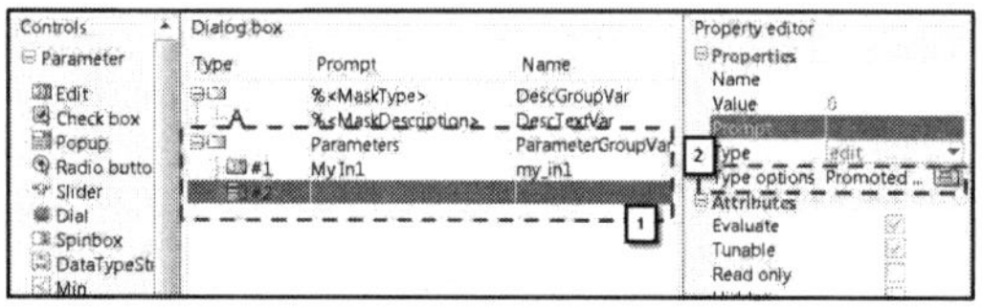

(a) 초기 Promote 추가된 상태

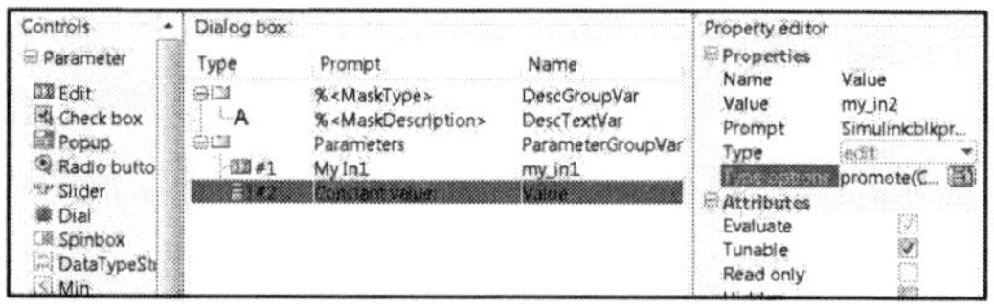

(b) Promoted Parameter Selector로 선택한 이후

그림 6.41: Promote 항목

그림 (6.42)는 이미 그림 (6.37(a))의 모델에서 Constant1 이라는 이름의 블록을 선택해서 그 값을 파라메타 창에서 변경하겠다는 셋팅이 된 창이다. 다음과 같은 방법으로 Promoted Parameter Selector를 사용한다.

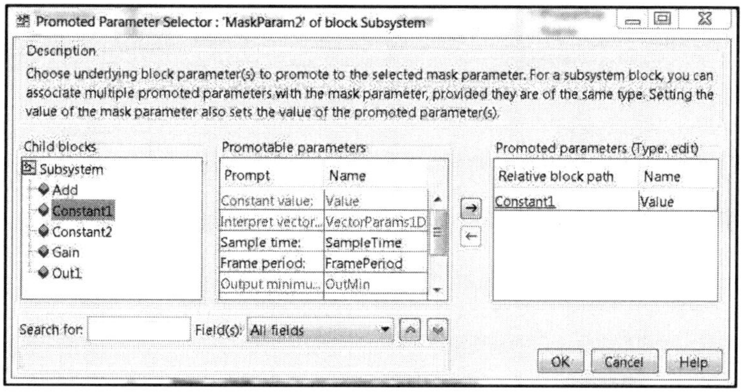

그림 6.42: Promoted Parameter Selector 창

1. Child blocks에서 원하는 블록을 선택한다.
2. 선택된 블록에 맞춰서 Promotable parameters에서 변경하고자 하는 파라메타를 선택하면 되는데, 글자색이 연한 회색은 변경이 불가능한 경우이다.
3. Promotable parameters에서 선택했으면, 오른쪽 방향 화살표 버튼을 클릭하면 Promoted parameters에 표시된다.
4. 같은 값으로 변경하고자 하는 파라메타는 여러 개 추가할 수 있다. 만약 현재의 서브시스템에서 Constant1 블록과 Constant2 블록을 사용자가 파라메타 창에서 5만 넣어도 두 블록이 모두 5를 가지게 하기 위해서 두 블록의 파라메타를 여기서 Promoted parameters에 넣으면 된다.

그림 (6.43)은 총 3개의 파라메타를 Mask Editor 에서 추가해서 만들어진 파라메타 창이다. 이와 같이 직접 만들어 보기 바란다.

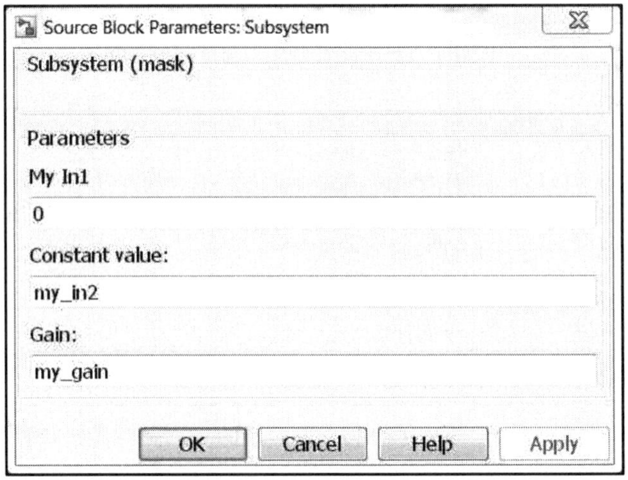

그림 6.43: 3개의 파라메타를 추가한 Masking 파라메타 창

서브시스템을 Masking 하게 되면 서브시스템을 더블 클릭했을 때 더 이상 서브시스템 내부를 볼 수 없고, Mask 에디터로 만든 파라메타 창을 보게 된다. Masking 된 서브시스템의 내부 모델을 보고 싶으면, 그림 (6.44)의 서브시스템의 왼쪽 하단에 아래 방향의 화살표를 클릭하면 Look inside mask가 실행되면서 내부 모델을 볼 수 있다. 또한 서브시스템을 마우스 오른쪽 클릭을 했을때 나오는 팝업 메뉴에서 Mask → Look Under Mask 가 같은 역할을 한다.

Masking을 했을 때의 또 하나의 특징은 그림 (6.44)와 같이 Icon & Ports 탭에서 입력을 하면, Masking 된 서브시스템에 이미지를 씌운 상태로 블록을 보이게 할 수 있다. 단순히 색깔을 입힌 것보다는 서브시스템의 역할을 보여 주는 특정 이미지로 만들면 훨씬 모델을 이해하기 쉬워 질 수 있다.

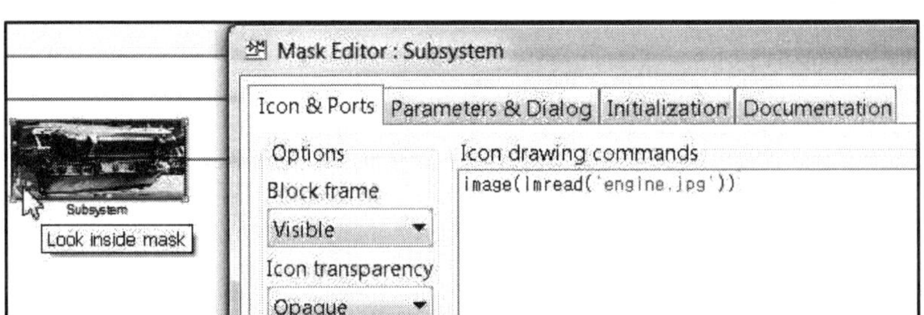

그림 6.44: 이미지를 활용한 Masking 서브시스템

저자소개

이 영준

현 매스웍스 코리아 근무
연락처 : simulink@decipher.co.kr

Simulink®를 배우자

A-JIN

지은이와 협의 인지 생략

인 쇄 : 2017년 08월 15일
발 행 : 2017년 08월 20일
저 자 : 이영준
발 행 처 : 도서출판 아진
437-120
경기도 의왕시 이미로 40 (포일동 653번지)
인덕원IT밸리 A동 1019호
TEL:02-737-0663 FAX:02-737-0664
Homepage:ajin.to
E-mail:kgb@ajin.to
발 행 인 : 김 근 배
등록번호 : 제330-1995-56호
I S B N : 978-89-5761-514-0 93560

가격 25,000원